江北新区发展研究报告(2019)

李北群　朱帮助　魏向杰　张武林 等　著

科学出版社
北京

内 容 简 介

　　南京江北新区作为国家级新区的后起之秀,在建设全国一流新区进程中主动作为、先行先试,进行大量卓有成效的实践探索。本书围绕江北新区的发展定位,结合"一带一路"背景下江苏乃至长三角区域发展新格局的基本战略和发展思路,采用实证与规范相结合的方法,从产业、城市、人才、企业、乡村等维度开展应用性研究,系统总结了江北新区发展进程中遇到的热点、难点问题,并提出一系列有针对性和可操作性的建议举措。

　　本书可为从事国家级新区高质量发展研究和决策管理的理论研究工作者及政府管理部门提供素材、研究方向和决策参考。

图书在版编目(CIP)数据

　　江北新区发展研究报告.2019/李北群等著. —北京:科学出版社,2019.10

　　ISBN 978-7-03-062350-8

　　Ⅰ.①江… Ⅱ.①李… Ⅲ.①经济开发区–研究报告–南京–2019
Ⅳ.①F127.531

　　中国版本图书馆 CIP 数据核字(2019)第 202342 号

责任编辑:刘翠娜　陈姣姣/责任校对:王萌萌
责任印制:吴兆东/封面设计:蓝正设计

科 学 出 版 社 出版
北京东黄城根北街 16 号
邮政编码:100717
http://www.sciencep.com

北京建宏印刷有限公司 印刷
科学出版社发行　各地新华书店经销

*

2019 年 10 月第 一 版　开本:787×1092　1/16
2019 年 10 月第一次印刷　印张:17 3/4
字数:402 000

定价:188.00 元
(如有印装质量问题,我社负责调换)

序 言

国家级新区是国务院批准设立的承担国家重大发展和改革开放战略任务的综合功能区。习近平总书记在河北省安新县进行实地考察、主持召开河北雄安新区规划建设工作座谈会中强调，雄安新区将是我们留给子孙后代的历史遗产，必须坚持"世界眼光、国际标准、中国特色、高点定位"理念，努力打造贯彻新发展理念的创新发展示范区①。习近平总书记关于雄安新区建设的发展理念，是新的历史条件下所有国家级新区发展思路、方向和发展着力点的集中体现，是谋划和推动高质量发展的根本遵循和行动指南。

江北新区地处长江经济带与东部沿海经济带的重要交汇节点，区位条件优越、产业基础雄厚、创新资源丰富、基础设施完善、承载能力较强，具备加快发展的条件和实力。江北新区秉承"世界眼光、国际标准、中国特色、高点定位"理念，坚持自主创新先导区、新型城镇化示范区、长三角地区现代产业集聚区、长江经济带对外开放合作重要平台的发展定位，努力建设成人才高地、创新高地、产业高地，打造全省未来的创新策源地、引领区和重要增长极。

蓝图绘就，步履铿锵，江北新区正在以时不我待、只争朝夕的精神推动改革发展，以更开阔的视野、更高的标准、更系统的统筹规划和高质量的建设，演绎着化茧成蝶的新篇章。中国台湾地区的台湾积体电路制造股份有限公司、紫光集团、ARM(英国)、Synopsys(美国)，一个个行业巨头签约落户；剑桥大学–南京科技创新中心、南京大学–伦敦国王学院联合医学研究院、北京大学分子医学南京转化研究院，一所所高端院所陆续进驻；绿地金融中心、地下综合管廊、中央商务区地下空间，一项项优质配套资源陆续开建启用，拉开了江北新区高端定位、高位迈进、高速崛起的序幕。

站在新时代新征程以及改革开放41周年新起点上，围绕"三区一平台"的定位，江北新区主动对标浦东新区的高质量发展水平和雄安新区的高质量发展理念，围绕学习贯彻党的十九大精神和江苏省委、省政府"六个高质量发展"部署，紧紧抓住创新引领、高端集聚、功能提升、改革示范突破口，营造最优创新生态，培育"两城一中心"现代产业体系，发力建设宜居新城，打造开放合作新高地，努力成为南京乃至全省创新发展、高质量发展的示范引领区和国家级新区高质量发展的样板区。

展现在我们面前的是全面建成小康社会的美丽画卷，江北新区在这方热土上为这幅美丽画卷增添了浓墨重彩的一笔，奋发有为的实践为我们推动理论创新和实践创新提供了丰富土壤和天然素材。南京信息工程大学抓住这一历史机遇，联合中国社会科学院工业经济研究所、江苏省人民政府研究室、中共江苏省委《群众》杂志社、南京市社会科学院等多家单位成立江北新区发展研究院，积极为政府决策提供智力支持，解决国家和

---

① [央视快评]"千年大计"不负伟大时代——祝贺雄安新区成立一周年. (2018-03-31) [2019-05-07]. http://www.myzaker.com/article/5abfb84b77ac6434db1a3216.

区域战略需求问题，是富有远见卓识的举措。

以李北群研究员为主的研究团队撰写的《江北新区发展研究报告(2019)》，基于大量翔实的数据和案例，围绕江北新区的发展定位，结合"一带一路"背景下，江苏乃至长三角区域发展新格局的基本战略和发展思路，系统总结了江北新区发展进程中遇到的热点、难点问题，并提出一系列有针对性和可操作性的建议举措。相信该书的发布，能为江北新区相关部门的决策提供富有建设性的启发，也能为理论部门研究区域经济社会发展提供可供借鉴的素材和方向。

高校智库是党和政府科学决策的重要智力支撑，为党和政府的科学决策提供有力的人才保障，是高等教育现代化水平的显著标志。希望江北新区发展研究院能够在政府与专家学者之间充分发挥桥梁和纽带作用，紧扣江北新区经济社会发展的现实，坚持问题导向，及时获取信息，加强服务政府决策咨询研究，继续贡献有前瞻性、战略性的研究成果，为国家和江苏区域的决策科学化和治理现代化提供专业支撑。

著名经济学家、南京大学原党委书记

2019 年 8 月

前　言

　　国家级新区是中国于 20 世纪 90 年代初期设立的承担国家重大发展和改革战略任务的大城市综合功能区。各个新区围绕国家赋予的战略定位，坚持改革创新和开放融合，已经或正在成为各地高质量发展的重要风向标。地处东部发达地区的南京江北新区作为国家级新区的后起之秀，在建设全国一流新区进程中主动作为、先行先试，进行大量的卓有成效的实践探索，为我们进行理论和应用研究提供了丰富的素材和方向。

　　本书以江北新区为主要研究对象，采用实证与规范相结合的方法，从产业、城市、人才、企业、乡村等维度开展应用性研究。

1. 产业篇

　　本篇主要围绕"两城一中心"建设，运用产业竞争力、产业集群、绿色金融、新金融等理论，通过横向与纵向比较揭示发展现状及主要问题；对标先进和产业规划目标，设计推动产业高质量发展的路径；借鉴发达国家或地区发展经验，提出具有建设性的建议举措。此外，本篇还着重对推进大数据、人工智能与实体经济的融合发展进行研究，旨在加快推动实体经济转型升级和企业创新发展。

2. 城市篇

　　本篇主要涉及城市建设、交通及商业布局等方面，以先进的城市建设理念为指引，综合考虑江北新区基础设施建设水平、土地和环境承载能力、交通和商业空间布局，运用智慧城市发展水平综合评价指标、GIS 空间分析方法、交通拥堵预测方法等分析工具，度量城市化发展水平；结合各级各类与城市建设相关的规划要求，借鉴国外典型案例的成功经验和启示，提出进一步优化和改进的思路和对策举措。

3. 人才篇

　　本篇主要从集聚和服务高层次人才的视角，采用实地调查和案例研究等方法，分析当前制约新区在引进和服务高层次人才中的体制机制、市场化等因素；梳理和总结新区在集聚高层次人才上的优势和服务高层次人才上取得的成绩。最后建议通过借鉴美国波士顿人才集聚经验和国内其他产业园区服务高层次人才的举措，从创新政策举措、优化工作环境、整合服务平台、应用大数据管理、提升管理人员服务能力等方面发力，实现对高层次人才的"引得来、留得住、用得好"。

4. 企业篇

　　本篇主要聚焦中小企业融合和企业管理标准认定两个问题，构建评价指标体系和管理认证绩效水平模型，评估中小企业融资能力和企业国际管理标准认定对经济绩效的影响程度；梳理和分析了当前有关中小企业融资的相关政策举措及需要进一步改进的地方；依据政策供给不足与中小企业自身发展瓶颈，提出相关政策建议。

5. 乡村篇

本篇基于"乡村振兴"战略的大背景，着重从美丽乡村建设中农民共建共享、"党建+"、矛盾纠纷化解等方面，采用实地调研方式，搜集和整理了典型案例，以点带面，总结了江北新区在美丽乡村建设中取得的成就和存在的不足，并提出了有针对性的建议和举措。

本书由李北群总体设计，朱帮助、魏向杰、张武林策划、组织和统稿，是江北新区发展研究院集体智慧的结晶。前言主要由李北群撰写，第1章主要由魏向杰、张三峰、陈英武、朱帮助、张武林等撰写，第2章主要由 Ehsan Elahi 等撰写，第3章主要由何正全、何文剑、杨莉、朱帮助等撰写，第4章主要由于波、李平华、朱恩涛、朱帮助等撰写，第5章主要由李欣、郑世明、花磊、张武林、魏向杰、朱帮助、陈抗等撰写，第6章主要由黄建、冯蕾、牛彦涛、魏向杰、朱帮助、陈抗等撰写，第7章主要由石飞、徐建刚、尹海伟、魏向杰、朱帮助、陈抗等撰写，第8章主要由何杰、成诚、卢文慧等撰写，第9章主要由王树盛、张小辉、王涛等撰写，第10章主要由李玮玮、张武林、朱帮助等撰写，第11章主要由刘军、余菜花、程中华、李北群等撰写，第12章主要由蒋莹、李北群、朱帮助等撰写，第13章主要由侯赟慧、钱晔、朱婧瑜、魏向杰等撰写，第14章主要由钟念、张武林等撰写，第15章主要由唐美丽、徐海红、韦敏、张武林等撰写，第16章主要由曾维和、咸鸣霞、李北群、朱帮助、魏向杰等撰写，第17章主要由王亚明、徐骏、吴英姿、魏向杰等撰写。在本书的撰写过程中，姜彩楼、蔡翔等参与了修订工作，吴谦做了基础性工作。在此向他们表示衷心的感谢并致以崇高的敬意！

我们期望本书的研究成果能够为从事国家级新区高质量发展研究和决策管理的理论研究工作者以及政府管理部门提供素材、研究方向和决策参考。由于自身水平和时间有限，本书难免有疏漏与不足之处，敬请广大读者批评指正，以便我们在今后的工作中加以改进。

2019 年 6 月 6 日

目　录

第四篇　企　业　篇

第五篇　乡　村　篇

第一篇 产 业 篇

第一篇 气业武

第1章 江北新区培育世界级产业集群研究

1.1 产业集群概述

1.1.1 产业集群的内涵特征

迈克尔·波特在《国家竞争优势》一书中首次提出了"产业集群"的概念。他对 10 个工业化国家的考察研究发现，产业集群是工业化发展过程中的普遍现象。产业集群的形成旨在通过产业高度集中和集聚，降低企业的生产与交易等成本，产生规模经济效应和范围经济效应，提高区域产业整体竞争力，其基本含义在于"区域内企业通过产业集聚和地域性合作获取绩效优势"。具体来说，产业集群是指在特定区域中，由具有竞争与合作关系，且在地理上集中，有交互关联性的企业、专业化供应商、服务供应商、金融机构、相关产业的厂商及其他相关机构等组成的一个有机整体。其主要特征表现为三个方面：一是地理区位上的接近；二是组成产业集群的企业、机构之间具有分工、依附与竞合等关系；三是构成产业集群主体的企业作为一个集群整体参与市场竞争。

党的十九大报告提出了培育若干世界级先进制造业集群[①]。这不仅要继承传统产业集群的经典特征，还应根据技术变革背景下产业发展的新趋势、新特点深化拓展产业集群的内涵。本书认为，世界级产业集群是由龙头企业、研究机构、相关支持机构等高度集聚形成的技术领先、协同度高、具有全球影响力且能在全世界范围内占据产业制高点的先进制造网络。世界级产业集群除了具备一般产业集群的共性外，还具备以下显著特征：

(1)以高新技术产业为主导。以高新技术产业为发展方向，产业属于知识密集型和技术密集型，代表着未来产业的发展方向。产业引领性强，能够带动其他相关产业技术进步，推动区域整体创新。

(2)坚持创新驱动。拥有以产业创新为目标，由龙头企业、研究机构、相关支持机构等共同组成的集群创新系统。创新效率高，企业是创新系统的核心主体，以开放的方式引导全社会创新资源的投入，负责组织或实施具体的产业创新活动。

(3)国际竞争力强。拥有一批占据全球价值链中高端的龙头企业，在细分行业中处于领先地位，不仅其产出、资产等总体规模指标在全世界细分行业中排名前列，而且利润、技术、品牌等绩效指标也居于世界领先水平。

(4)占据产业价值链高端。掌控产业发展所需的核心技术和关键工艺，占据价值链"微笑曲线"两端，对行业核心技术与专利研发、营销渠道、自主品牌建设等具备较强的控制力。

(5)集群发展协同高效。产业集群具有较高的产出效率和较强的正外部性。集群内循

---

① 人民网. 习近平在中国共产党第十九次全国代表大会上的报告. (2017-10-28) [2019-05-07]. http://cpc.people.com.cn/n1/2017/1028/c64094-29613660-7.html.

环利用率高，实现绿色生产、绿色生活、绿色生态、绿色能源等融合发展，建成"优产、宜居、乐活"的绿色集群。

1.1.2 产业集群的鉴别方法

产业集群鉴别是进行产业集群及相关研究的基础。20 世纪 90 年代以来，国内外学者和政府部门分别从理论研究和实际操作层面就产业集群鉴别的研究思路、研究技术与方法进行了大量的探索，并形成了一系列研究成果。这些研究既包括判别产业集群的共性标准，又涉及不同层面产业集群化程度的度量指标。考虑到本书主要指向一个较小区域的产业集群鉴别，因此选取了部分具有针对性的鉴别方法。

(1)区位熵法。该法主要用于判别产业集群存在的可能性，数学表达式为：$LQ = (E_{ij} / E_i) / (E_{kj} / E_k)$，其经济含义是一个地区产业占有的份额与整个区域经济中该产业占有的份额的比值。这里 E_{ij} 指 i 地区 j 产业的产值，E_i 指 i 地区工业总产值；E_{kj} 指 k 区域 j 产业的产值，E_k 指 k 区域的工业总产值。当产业规模区位熵大于 1 时，表明这地区该产业具有比较优势。如果产业规模区位熵大于 1.5，则表明该产业在当地具有明显的比较优势。产业规模区位熵越大，表明该地区该产业的比较优势越显著，竞争力越强。

(2)波特案例分析法。"钻石模型"由美国哈佛商学院著名的战略管理学家迈克尔·波特提出，主要用于分析一个国家某种产业在国际市场上的竞争力。迈克尔·波特认为，决定一个国家的某种产业竞争力有四个要素：①生产要素，包括人力资源、天然资源、知识资源、资本资源、基础设施；②需求条件，主要是本国市场的需求；③相关产业和支持产业的表现，这些产业和相关上游产业是否有国际竞争力；④企业战略、结构、竞争对手的表现。这四个要素具有双向作用，形成钻石体系(图 1-1)。在四大要素之外还存在政府与机会两大变数。机会是无法控制的，政府政策的影响是不可忽视的。

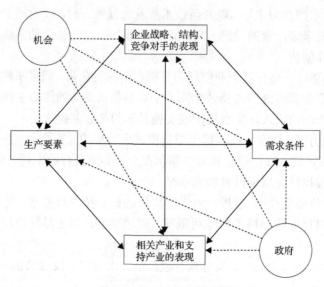

图 1-1 波特"钻石模型"

迈克尔·波特通过对产业历史演进和现状的考察，对产业竞争优势的源泉进行钻石分析,重点对生产要素,需求条件,相关产业和支持产业的表现,企业战略、结构、竞争对手的表现等要素之间的关联程度进行分析,考察产业集群效应的强弱,以此来评价该产业的未来竞争力。

1.1.3　政府对产业集群的认定

目前,各级政府部门对产业集群没有统一的界定,但在各类产业集群的认定中,体现了产业集群的特征(表 1-1)。例如,《国务院办公厅关于创建“中国制造 2025”国家级示范区的通知》中对申请城市(群)提出了主导产业特色鲜明、产业配套体系相对完善,产业创新支撑能力强、协同创新体系较为完善,微观政策支撑体系比较灵活、市场发展环境好等要求。工业和信息化部认定的新型工业化示范基地要求主导产业特色鲜明、发展水平和规模效益居行业领先地位,在协同创新、集群集约、智能融合、绿色安全等方面具有示范作用。科学技术部创新型产业集群试点认定中综合考虑了创新环境(政府引导、政策措施、协同机制、文化氛围)、主导产业(经济总量、产业规模、主导产品、研发能力、知识产权)、服务体系(企业培育、技术服务、金融服务)等因素。江苏省特色产业集群认定中提出了产业集聚度高、产业成长性好、产业创新能力强、公共服务完善、发展环境优良、带动力强等相关要求。

表 1-1　目前与集群相关的示范区、基地等认定(申请)要求

集群名称	相关要求
“中国制造 2025”国家级示范区	(1)主导产业特色鲜明,产业配套体系相对完善,在建设国家级新区、国家级开发区和国家新型工业化产业示范基地等产业集聚区方面具有明显优势。 (2)产业创新支撑能力强,研究机构和创新人才集聚,拥有一批较高水平的创新企业、载体和平台,协同创新体系较为完善。 (3)微观政策支撑体系比较灵活,市场发展环境好,能有效发挥示范带动作用
新型工业化示范基地	主导产业特色鲜明、发展水平和规模效益居行业领先地位,在协同创新、集群集约、智能融合、绿色安全等方面具有示范作用。具体包括产业实力和特色、创新能力、质量效益、节能环保、集约程度、安全生产、两化融合、公共服务、发展环境、合法合规等方面
创新型产业集群	(1)规划的主导产业市场前景广阔,主导产业在细分领域处于国内领先地位。 (2)集群所在地政府(原则上为地级市政府)制定了促进集群产业发展的政策措施,建立了政府引导下的集群产业链协同机制,设立了试点工作管理机构。 (3)集群产业链企业、研发和服务机构相对集聚,建立了产业或技术联盟;骨干企业应为高新技术企业或创新型(试点)企业,具有核心知识产权的品牌产品,参与了国际、国家或行业标准的制定;科技型中小微企业与骨干企业形成了生产配套或协作关系。 (4)拥有与集群产业链相关联的研发设计、创业孵化、技术交易、投融资和知识产权等服务机构,以及研究机构和教育培训机构等,其功能、能力符合集群产业的战略发展需求

资料来源:根据公开资料整理

1.1.4　产业集群发展阶段

产业集群是一个有生命力的群落,存在着萌芽、成长、成熟和衰退消亡或二次发展的历程。然而,产业集群并非一定按照生命周期演进,新兴产业如不能及时通过科技创新降本增效,契合市场需求,会提早步入生命周期的末端;传统产业如能借助创新匹配市场需求,也能迎来二次发展(图 1-2)。

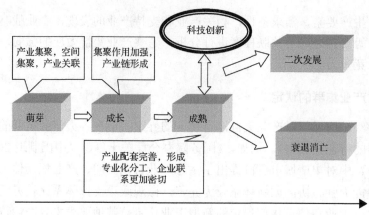

图 1-2 产业集群发展阶段

1.2 江北新区产业集群发展现状

1.2.1 区域社会经济发展现状

1）区域经济高速增长

近年来，江北新区经济持续保持稳中向好的态势。江北新区地区生产总值已由批复前的 1435 亿元增加到 2017 年的 2212 亿元，累计增长 54.15%。特别是 386 平方千米的直管区，已经成长为南京优质经济资源的集聚区和创新增长的潜力区（表 1-2）。2017 年，直管区统计口径的江北新区地区生产总值达到 1068.96 亿元，占到南京市地区生产总值的 9.12%，每平方千米创造地区生产总值约 2.77 亿元，是南京市平均水平的 1.6 倍。2018 年 1～6 月，江北新区直管区主要经济指标保持稳中向好的态势，实现地区生产总值 741 亿元，较上年同期增长 13%，增速高于全省 6 个百分点，高于全市 5 个百分点，居全市各区之首。

表 1-2 江北新区总量规模情况

时间	地区生产总值		规模以上工业总产值		全社会固定资产投资/亿元	一般公共预算收入/亿元
	绝对值/亿元	占南京市比重/%	绝对值/亿元	占南京市比重/%		
2016 年	1839.63	15.7	3988.74	31	1563.31	208.19
2017 年	2212	18.9	2593.9*	14	1655	—
2018 年上半年	705	11.4	1572	—	385.29	96.80

* 该数据仅统计江北新区直管区

资料来源：根据公开数据整理

2）产业结构不断优化

江北新区紧扣"4+2"现代产业体系建设，坚持先进制造业和现代服务业双轮驱动，加快建设"两城一中心"现代产业，产业发展质量和效益在结构优化中不断提升。2018 年上半年，三次产业分别增长–10.6%、13.5%、12.3%，三次产业国民经济占比为 0.37%、64.70%、34.93%，先进制造业和服务业发展势头良好。新材料制造业完成产值 666.5 亿元，同比增长 32.3%；医药制造业完成产值 49.1 亿元，同比增长 22.8%。服务业同比增长 12.3%，高于全市 2.9 个百分点，位居全市各区之首；信息技术服务业保持较快发展势头，实现销售收入 65.9 亿元，同比增长 37.9%。

3) 龙头企业加快集聚

随着江北新区营商环境不断改善，企业集聚效应明显加强（表 1-3）。2017 年新登记企业超过 1 万家，同比增长 34.4%。江北新区累计上市企业 11 家，其中主板上市 7 家；新三板挂牌 49 家。集成电路产业方面，集聚中国台湾地区的台湾积体电路制造股份有限公司（简称台积电）、ARM（英国）、Synopsys（美国）等龙头企业和百余家上下游企业，国内排名前十的集成电路设计企业有一半落户江北新区。生物医药产业方面，依托生物医药谷、国际健康城等核心载体，集聚深圳华大基因股份有限公司、强新科技集团等重点企业 400 余家，国家健康医疗大数据中心及产业园建设有序推进，生命健康全产业链初步形成。新金融方面，全面推动扬子江新金融集聚区中心区建设，吸引工银金融资产投资有限公司等 20 余家新金融机构和华泰证券产业基金、红土智能创投基金等 70 余支基金。

表 1-3　江北新区主要龙头企业基本情况

名称	主要产品	技术水平	产量	主要客户	总部
台积电	制造业	12 英寸*、16 纳米制程	2 万片/月	苹果、高通、博通、中国台湾联发科技股份有限公司、海思半导体等	中国台湾
紫光集团	通信基带芯片、射频芯片、物联网芯片、电视芯片、图像传感器芯片等	3D-NAND FLASH 工艺技术	10 万片/月	政府部门、手机生产商等	中国北京
晶门科技有限公司	显示器集成电路芯片	新一代自互一体电容式感应技术	—	华为、BOSE、佳能等	中国深圳
展讯通信有限公司	无线移动通信集成电路、基带、射频、多媒体芯片和相关数字电视芯片	无线宽带技术、信号处理技术、集成电路设计技术等	—	三星等	中国上海
ARM（英国）	RICS 处理器、相关技术及软件	ARM 技术	—	英特尔、IBM（国际商业机器公司）、微软、三星、华为等	英国剑桥
Synopsys（美国）	集成电路接口类 IP	电子和芯片设计自动化技术	—	三星、华为、东芝等	美国硅谷
Cadence（美国）	电子设计的整个流程，包括系统级设计、功能验证、集成电路布线和布局布线，模拟、混合信号及射频集成电路设计等	Cadence 软件	—	全球知名半导体企业	美国加州圣何塞
深圳华大基因股份有限公司	无创产前基因检测、遗传性耳聋基因检测、儿童安全用药基因检测、新生儿 DNA 档案及 HPV 基因检测（宫颈癌预防）	大规模测序、生物信息、基因检测、农业基因组、蛋白组等技术	—	国内外的研究机构、独立实验室、制药公司等，以及国内外的各级医院、体检机构等	中国深圳
强新科技集团	癌症靶向药物	新一代基因靶向核心技术（非对称 RNA 基因靶向技术）、纳米药物与传递技术、合成生物学药物技术（synthetic biology therapeutics）、癌症干细胞及靶向治疗技术	—	医药公司和生物技术公司等	中国北京

* 1 英寸=2.54 厘米

资料来源：根据公开资料整理

4) 创新水平显著提升

江北新区积极落实南京市创新驱动"121"战略,创新能力和成效进一步凸显,高端资源加速集聚。目前,已建立江北新区硅谷创新中心、剑桥大学–南京科技创新中心、中德智能制造研究院、南京大学–伦敦国王学院联合医学研究院等高端创新平台,与东南大学共建东南大学江北新区创新研究院、南京集成电路产业服务中心,与南京工业大学共建南京先进生物技术和生命科学研究院等,与深圳清华大学研究院、中国科学院上海有机化学研究所等国内知名高校院所共建一批新型研究机构。江北新区已认定的市级新型研究机构占全市总量近40%。2017年新申报高新技术企业74家,新增新型研究机构16家,累计引进领军型科技创业人才、高层次创业人才近500名,江北新区日益成为南京乃至江苏高层次人才集聚度最高的区域之一。2018年上半年,江北新区有效发明专利拥有量达4930件,PCT专利申请量53件,完成高新技术产业产值801亿元,同比增长26.7%,占江北新区工业产值比重的50.4%。

5) 政策支撑不断加强

江北新区相继出台《南京江北新区知识产权强区建设三年培育计划(2018—2020年)》《南京江北新区加快建设扬子江新金融集聚区的若干意见(试行)》《江北新区科技创新规划(2016—2020)》等政策文件,聚焦江北新区"4+2"产业体系,统筹国际国内创新创业两类资源,构建功能完备的创新创业服务体系。加大引才育才的政策支持力度,重点宣讲南京市委、南京市人民政府"1号文"(《关于建设具有全球影响力创新名城的若干政策措施》)45个配套文件政策体系,以及《南京江北新区促进创新创业十条政策措施》和《关于优化升级"创业江北"人才计划十策实施办法》等创新配套扶持政策,先后开展宣传培训会50余场,惠及创新创业人才3800多人。积极探索国际创新合作新机制,研究制定《江北新区海外创新中心建设指引》,优化海外创新中心布局和建设规范,引进国际高端人才、科技资源、产业项目和金融资本。

1.2.2 产业集群发展评估

江北新区按照省市决策部署及全市"4+4+1"产业定位,围绕"4+2"产业体系,进一步聚焦重点,将打造集成电路和生物医药两个世界级产业集群作为建设"两城一中心"的主要抓手。鉴于此,本书重点分析集成电路产业和生物医药产业的集群化程度。本节采用区位熵法分析江北新区在市域范围内的产业集聚度,研判江北新区两个产业集群发育程度。

结合1.1.2节部分产业集群区位熵的计算公式,本书将南京市和江北新区分别作为大区和小区,i为江北新区,k为南京市;j为两个产业,即集成电路产业和生物医药产业。计算采用的数据和结果如表1-4所示,江北新区集成电路产业和生物医药产业的区位熵均大于1.5,在南京市域范围内具有明显的比较优势,产业集中集聚度高于其他市辖区,具有良好的集群化发展基础。

表 1-4　2017 年江北新区和南京市重点产业区位熵

项目	集成电路	生物医药	工业总产值
江北新区产值/亿元	42	380	2593.9
南京市产值/亿元	70.5	540	18280
区位熵	4.2	4.96	—

1.3　重点培育世界级产业集群之一——集成电路产业集群

1.3.1　集成电路产业发展分析

1)全球集成电路产业发展现状

作为半导体产业主导类型，集成电路产业在 20 世纪 60～90 年代的迅猛增长带动了全球半导体产业的快速发展。进入 21 世纪以后，随着市场日趋成熟，集成电路行业增速逐步放缓(图 1-3)。2011 年和 2012 年因受欧洲债务危机、美国量化宽松货币政策、日本地震及终端电子产品需求下滑等因素的影响，集成电路销售增速分别为 0.4%和-2.7%。2013 年以来，随着全球经济的逐步复苏，计算机、手机、液晶电视等消费类电子产品需求不断增加，在以物联网、可穿戴设备、云计算、大数据、新能源、医疗电子和安防电子等为主的新兴应用领域强劲需求的带动下，2013 年全球集成电路产业恢复增长，增速达 4.8%。2014 年全球集成电路销售市场继续保持增长态势，增速达 9.9%，销售额达 3358.4 亿美元。2015 年全球集成电路产业销售额与 2014 年基本持平，2017 年全球集成电路产业销售额增长至 3464.5 亿美元。据预测，未来几年集成电路产业将迎来发展高峰期，2020 年销售额将达到 5300 亿美元。

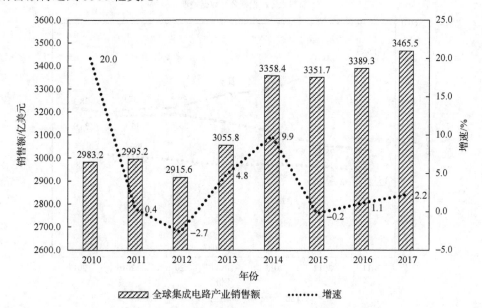

图 1-3　2010～2017 年全球集成电路产业销售额及增速

资料来源：根据公开数据整理

2)中国集成电路产业发展现状

在全球集成电路产业快速增长的带动下,中国集成电路产业快速发展(图 1-4)。根据中国半导体行业协会(CSIA)统计,中国集成电路产业销售额从 2010 年的 1440.0 亿元增长到 2017 年的 5411.3 亿元,年复合增长率 22%;我国集成电路设计业、制造业、封测业三业占比从 2011 年的 27.2%、22.3%、50.5%调整为 2017 年的 38.3%、26.8%、34.9%(图 1-5);销售额全球占比从 2010 年的 7.1%上升到 2017 年的 23.1%。据中国半导体行

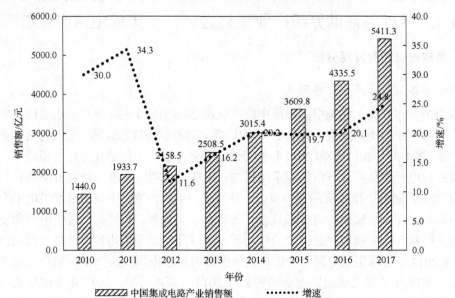

图 1-4 2010~2017 年中国集成电路产业销售额及增速

资料来源:根据公开数据整理

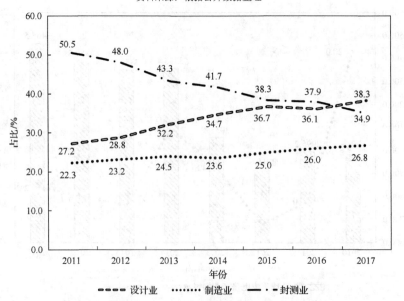

图 1-5 2011~2017 年中国集成电路三业占比情况

资料来源:根据公开数据整理

业协会预测，中国集成电路产业销售额在未来三年中年复合增长率约为 20.2%，到 2020 年中国集成电路产业销售额将达到 9300 亿元。

与旺盛的市场需求形成鲜明对比，中国集成电路产业整体竞争力不强，在各类集成电路产品中，中国仅移动通信领域的海思半导体、展讯通信有限公司能够比肩高通、中国台湾联发科技股份有限公司的国际水准。本土集成电路供需存在很大的缺口。2017 年 10 月，我国集成电路进口 307.8 亿块，进口金额 244.1 亿美元，出口 171.4 亿块，出口金额 55.4 亿美元，贸易逆差较 2017 年初进一步扩大。在集成电路产业中，计算机、服务器的 CPU 芯片及手机等移动终端中需求量最大的存储芯片几乎完全依赖进口。赛迪智库集成电路研究所的研究报告指出，CPU 和存储器占据国内集成电路产业进口总额的 75%。2013～2016 年，存储芯片进口额从 460 亿美元增至 680 亿美元，2017 年突破了 700 亿美元。存储器已经成为我国半导体产业受外部制约最严重的基础产品之一，因此存储器国产化也成为我国半导体产业发展大战略中的重要一步。

3）江苏集成电路产业发展现状

江苏省地处长江三角洲腹地，是我国集成电路产业起步早、基础好、发展快的地区之一，在我国集成电路产业中拥有举足轻重的地位，销售规模连续多年位居全国首位。2017 年江苏集成电路产业销售总额为 1687.7 亿元，同比增长 74.42%，销售额占全国的 31.2%（图 1-6）。从产业结构来看，集成电路设计业、制造业、封测业三业销售收入合计为 1318.8 亿元，同比增长 20.4%。其中集成电路设计业销售收入为 194.7 亿元，同比增长 22%，占比 14.8%；集成电路制造业销售收入为 245.9 亿元，同比增长 13.8%，占比 18.6%；集成电路封测业销售收入为 878.2 亿元，同比增长 22.1%，占比 66.6%。

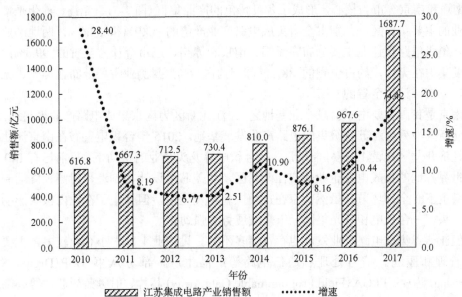

图 1-6　2010～2017 年江苏集成电路产业销售额及增速

资料来源：根据公开数据整理

从产业链看，江苏集成电路产业拥有电子设计自动化、设计、制造、封测、材料、设备等较为完备的产业链（表 1-5），是我国最重要的集成电路产业化基地之一。江苏集成电路产业拥有企业 200 多家，大部分设计企业处于 0.13～0.25 微米级水准；集成电路制造规模为全国第一，拥有两条 12 英寸生产线；封测销售额占全国同业的 41.9%，居全国第一；支撑、配套与服务企业 80 余家，产业综合配套能力较强。

表 1-5　江苏集成电路产业链各个环节的主要企业

产业链环节	主要企业
电子设计自动化	北京铿腾电子科技有限公司、北京华大九天软件有限公司等
设计	无锡华润矽科微电子有限公司、无锡友达电子有限公司、展讯通信有限公司、晶门科技有限公司、苏州东微半导体有限公司、奇景光电股份有限公司等
制造	华虹半导体有限公司、SK 海力士半导体（中国）有限公司、无锡华润微电子有限公司、台积电、无锡紫光存储系统有限公司、和舰科技（苏州）有限公司、江苏时代芯存半导体有限公司、扬州扬杰电子科技股份有限公司等
封测	江苏长电科技股份有限公司、通富微电子股份有限公司、苏州固铘电子股份有限公司、苏州晶方半导体科技股份有限公司、矽品科技（苏州）有限公司、英飞凌科技（无锡）有限公司、南京华天科技发展股份有限公司等
材料	苏州瑞红电子化学品有限公司、江苏鑫华半导体材料科技有限公司、宁波康强电子股份有限公司、江苏雅克科技股份有限公司、中环领先半导体材料有限公司、江苏南大光电材料股份有限公司、江苏中鹏新材料股份有限公司等
设备	阿斯麦中国有限公司、无锡华晶电子设备制造有限公司、吉姆西半导体科技（无锡）有限公司等

资料来源：根据公开资料整理

从区域分布看，江苏集成电路产业主要集中在沿江两岸的"硅走廊带"，以无锡、苏州、南通和南京等市为核心，形成了各具特色的产业集群（图 1-7）。无锡、苏州是集成电路产业的主要集聚区，分别占全省集成电路产业产值的 53.9% 和 34.6%，两地产业链也较全。集成电路设计业主要分布在无锡、南京和苏州，三市合计占全省的 99.6%；制造业主要集中在无锡，约占全省的 88%，苏州约占 7%；封测业主要分布在苏州、无锡和南通，三市合计占全省的 95.7%。

南京是我国主要电子信息产业基地之一，江北新区为南京集成电路产业聚集地，2016 年江北新区被列为江苏省级集成电路产业发展基地。2015 年台积电宣布在南京江北新区浦口经济开发区建设 12 英寸制造厂，在台积电等龙头企业的带动下，目前已有 140 余家来自世界各地的集成电路企业落户江北新区，涵盖芯片设计、制造、封测、终端制造等产业链上下游全部环节。虽然南京在规模上暂不及无锡，但聚集了在业内极具影响力的两大巨头——台积电和紫光集团，未来发展势头强劲。

但江苏省集成电路产业发展也存在诸多不足。设计业上，中小企业较多，主要从事电源管理和驱动、信号处理和通信电路等产品生产，部分从事 DSP（Digital Signal Processing）芯片、FPGA（Field Programmable Gate Array）芯片、射频蓝牙芯片等高端通用芯片设计的企业处于起步阶段，市场地位不强；缺乏龙头骨干企业，与海思半导体、紫光集团紫光展锐、深圳市中兴微电子技术有限公司、华大半导体有限公司、深圳市汇顶科技股份有限公司等企业相比差距较大，无一家企业进入国内集成电路设计公司前十强，

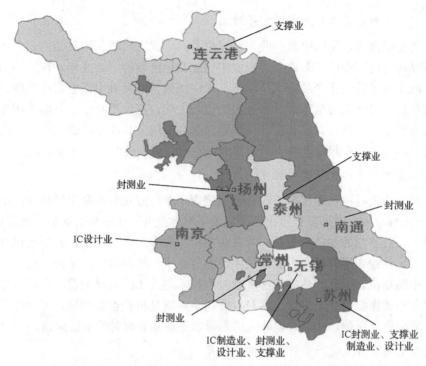

图 1-7　江苏集成电路产业主要地区分布

整体规模和技术水平处于国内设计业第二梯队。制造业在规模和技术水平等方面，无法和中芯国际集成电路制造有限公司、上海华虹集成电路有限公司等国内龙头制造企业竞争，差距较大，无法形成对中高端芯片研发设计企业、团队和人才的吸引和集聚效应。封测业上，虽然有江苏长电科技股份有限公司、通富微电子股份有限公司等国内龙头企业，但是产业集中度依然不高。

1.3.2　集成电路产业发展趋势分析

1）新兴领域需求带来广阔市场空间

随着全球物联网产业发展，物联网将成为一个极具突破性发展的巨大市场。对于中国物联网市场发展而言，2016 年，国家"互联网+"和"中国制造 2025"等的逐步落实，以及智能农业、智慧交通、智慧医疗、智能工业等行业的联动发展，都将成为物联网市场规模提速的重要推动力。预计在未来几年，如高精准度数据转换芯片、高速射频传输芯片等集成电路产品都将被更为广泛地应用在各类智能移动终端、工业机器人、新能源汽车、可穿戴设备等新兴产品中。由于这些新兴领域的电子产品在全球都处于初期发展及应用阶段，在国家政策扶持和市场需求的双重带动下实现产品自主化的可能性较高，如能把握住市场发展机遇，这些新兴领域不但将成为未来集成电路市场新的增长"蓝海"，而且将为国内集成电路产业带来前所未有的发展契机。

2) 集成电路行业将向发展中国家迁移

从全球范围来看，集成电路产业正在发生着第三次大转移，即从美国、日本及欧洲等发达国家和地区向中国、东南亚等发展中国家和地区转移。近几年，在下游通信、消费电子、汽车电子等电子产品需求拉动下，以中国为首的发展中国家集成电路市场需求持续快速增加，已经成为全球最具影响力的市场之一。在此带动下，发展中国家集成电路产业快速发展，整体实力显著提升。伴随着未来制造业智能化升级浪潮，高端芯片需求持续增长，将进一步刺激发展中国家集成电路行业的发展和产业迁移进程。

3) 行业资本运作和兼并重组加速

从并购趋势上看，在近几年的收并购案例中，参与方几乎都是半导体业内的一线厂商，这在一定程度上反映出整合重组已经成为半导体企业寻求业务突破的重要发展策略。在此背景下，行业内的知名企业及行业龙头加快了资本运作的步伐，希望通过并购整合的方式，加速产业布局或提升企业的技术及业务水平，增强市场竞争力，进一步巩固自身在市场中的地位。因此，从规模经济及吸收技术与人才的角度来看，我国集成电路行业不可避免地要面临新一轮整合，这对行业内企业既是机遇也是挑战，如何增强自身技术实力、突破资金瓶颈、壮大人才队伍成为每家企业都要面对的重要问题。

4) 集成电路设计业在产业链占比持续提升

目前，国内集成电路各产业链环节中，封测业产值始终保持较高的比例。但是，由于封测业和制造业本身毛利水平及技术水平相对较低，而设计业毛利水平相对较高，同时对资本的需求相对较低，越来越多的企业开始进入芯片设计领域，从销售额增速来看，设计业增速较高，占整个产业的比例逐年上升。预计到 2020 年，国内集成电路设计业占比将超过 50%，与发达国家看齐。

5) 国内先进工艺项目将陆续进入建设阶段

根据国际半导体设备与材料产业协会(SEMI)2016 年发布的报告，2017～2020 年投产的半导体制造厂约为 62 座，其中 26 座设于中国，占全球总数的 42%。这些建于中国的制造厂 2017 年有 6 座上线投产。可以预测，在本轮投资之后，未来中国厂商将要在先进工艺领域，与国际大厂进行更加激烈的争夺。此外，在存储器领域，国内正在形成以武汉新芯集成电路制造有限公司、福建晋华集成电路有限公司、合肥长鑫集成电路有限责任公司为代表的三足鼎立的战略格局，产业布局已经在 2016 年初步完成，随着三个主要项目的持续推进，预计将在技术层面和生产线建设层面均会有所突破。

1.3.3 江北新区集成电路产业集群对标分析

全球集成电路产业主要分布在美国、中国等地，我国主要集中在无锡、苏州、南京等苏南地区和京津冀地区等。本节采用波特案例分析法，选取中国台湾新竹和美国硅谷两个在集成电路产业上发展较好的地区作为对标对象，分别从产业方面、企业方面和政策支撑方面剖析江北新区集成电路产业集群发展的优势和不足(表 1-6)。

表 1-6　江北新区与国内外重点地区集成电路产业集群的对标分析

对标维度	指标		江北新区集成电路产业集群		中国台湾新竹集成电路产业集群		美国硅谷集成电路产业集群	
			基本情况	定性判断	基本情况	定性判断	基本情况	定性判断
产业方面	规模效益	规模总量	70.5 亿元（2017 年）	弱	约 525 亿美元（2015 年）	强	1735 亿美元（2015 年）	强
		质量和效益	—	较好	—	好	—	好
	产业链环节		主要集中在集成电路设计、制造、芯片等环节	中高端	涵盖集成电路设计、制造、封测、检测服务、设备及材料等	高端	主要集中在集成电路设计、设备及材料等	高端
企业方面	企业竞争力	龙头企业影响力	台积电、紫光集团、展讯通信有限公司、创意电子有限公司、ARM（英国）、Synopsys（美国）、Cadence（美国）、晶门科技有限公司等	大	台积电、中国台湾联发科技股份有限公司、联华电子股份有限公司、力成科技股份有限公司、联咏科技股份有限公司、瑞昱半导体股份有限公司等	大	苹果、亚马逊、微软、谷歌、Facebook、Netflix 及 eBay+PayPal	大
		产品类型	制造	中间产品	制造、芯片、设备	中间产品、终端产品	芯片、材料、设备	中间产品、终端产品
	企业创新能力	企业创新投入				较高		高
		创新人才	拥有 500 余名高层次人才	较多	—	多	近 1/4 的诺贝尔奖获得者及众多高层次人才	多
		研究机构支持度	江北新区硅谷创新中心、剑桥大学–南京科技创新中心、中德智能制造研究院、南京大学–伦敦国王学院联合医学研究院等十余家国内外高端研究机构	强	财团法人工业技术研究院、台湾高速网络与计算中心、台湾太空中心、台湾芯片系统设计中心、台湾纳米元件实验室、仪器科技研究中心等高端研究机构	强	斯坦福大学、加利福尼亚大学伯克利分校等大学，众多由公司资助的一流实验室	强
政策支撑方面	政策支持力度		享有省市区土地、人才、资金等政策	强	税费、人才政策，入园企业雇用台湾本地科技人员的数量必须占科技人员总数的 50%	强	政府采购、研发投入及土地规划等	一般
	国际性平台载体		2017 年中国集成电路产业发展研讨会暨第 20 届中国集成电路制造年会	有	国际半导体展	有	国际峰会	有

续表

对标维度	指标	江北新区集成电路产业集群		中国台湾新竹集成电路产业集群		美国硅谷集成电路产业集群	
		基本情况	定性判断	基本情况	定性判断	基本情况	定性判断
政策支撑方面	生产性服务业	拥有较完备的金融服务、人才培训服务等	较强	以大力发展科技服务业为主线，整合岛内外创新资源，构建了良好的区域创新系统	强	拥有服务研发创新的人力资源、技术转移、金融资本服务、管理信息咨询、律师事务所等完整的服务体系	强
	基础设施	区内外交通便捷、市政基础设施较完备	好	便捷的交通、市政基础设施	好	便捷的交通、市政基础设施	好
对标结果	竞争力	一般		较强		强	
	影响力	一般		大		大	

1) 产业方面

从规模总量看，2017 年江北新区集成电路产业收入为 70.5 亿元，仅占全省的 4.2%；中国台湾是全球第四大集成电路生产地区，在 2014 年已突破兆亿元；美国硅谷 2015 年信息技术产业总量达到 1735 亿美元。从产业链环节看，江北新区以集成电路设计与制造业为主；中国台湾新竹经历了从封装到制造，再到设计，从低端到高端的集成电路产业发展过程，现在已形成完整的产业链；美国硅谷专注于更核心、基础的研发层面，建立了包含终端应用、品牌与软件的完整生态体系。

2) 企业方面

从企业竞争力看，江北新区已经集聚 140 余家集成电路企业，涵盖产业链上下游全部环节，国内排名前十的集成电路企业已有一半落户江北新区。拥有中国台湾地区的台积电、紫光集团、展讯通信有限公司、创意电子有限公司、ARM (英国)、Synopsys (美国)、Cadence (美国)、晶门科技有限公司等国内外企业，但本土企业综合竞争力较弱。中国台湾新竹拥有台积电等世界级龙头企业，2016 年全球前 20 大企业，中国台湾占据 3 席。美国硅谷集聚了全球十大科技公司中苹果、亚马逊、微软、谷歌、Facebook、Netflix 及 eBay+PayPal 7 家企业，在全球具有极强的竞争力。从企业创新能力看，江北新区拥有数量众多的高校和研究机构，集聚了全省大部分集成电路高端人才，拥有高密度封装国家工程实验室、国家专用集成电路系统工程技术研究中心等高水平研究机构。中国台湾新竹早在 1973 年就成立了工业技术研究院，是集成电路产业创新的领头羊。美国硅谷拥有众多研究机构，设计研发能力占据全球领先地位。

3) 政策支撑方面

从政策支持力度看，在发展集成电路产业过程中，江北新区和中国台湾新竹科学工业园享受了引导资金、人才资源等政策优惠，美国硅谷地区的支持政策主要包括政府采购、研发投入和土地规划等方面。从国际性平台载体看，江北新区比较单一，以全国性会议为主，影响力相对有限；中国台湾新竹和美国硅谷地区比较多元化，包括国际展览、国际峰会等，全球影响力较大。从生产性服务业看，江北新区支撑集成电路发展的生产性服务业体系正处于建设完善阶段，中国台湾新竹和美国硅谷经过多年的发展已经形成完整的生产性服务体系。此外，三地均拥有较为完善的基础设施。

4）综合评价

通过与美国硅谷集成电路产业集群和中国台湾新竹集成电路产业集群的对标分析，从综合评价结果看，江北新区基本构建起以设计与制造为主的较为完整的产业链，且集聚了一批国内外知名企业和研究机构，随着支撑政策、生产性服务体系和基础设施的不断健全完善，行业整体竞争力将会得到较大水平的提升，未来发展潜力巨大。但江北新区内的龙头企业和研究机构均以外来为主，自主可控性较弱，产业发展可持续性受到一定的影响。

1.3.4　培育世界级集成电路产业集群的基本思路和主要路径

1. 基本思路

按照南京发展集成电路产业 "一核、两翼、三基地" 的规划布局，将江北新区重点打造成具有国际影响力的集成电路产业集群的核心区。建成主要以江北新区软件园为载体的集成电路设计产业基地，以江北新区产业技术研创园为载体的集成电路设计及综合应用基地，以浦口经济开发区、江北新区智能智造产业园为载体的集成电路与半导体装备先进制造产业基地。到 2025 年，全市集成电路产业综合销售收入力争达到 1500 亿元，其中江北新区达到 1000 亿元，进入国内第一方阵；在 5G 通信及射频芯片、先进制造、人工智能、物联网、汽车电子等高端芯片设计细分领域，形成"全省第一、全国第三、全球有影响力"的产业地标。

2. 主要路径

1）完善集成电路产业"基础设施"服务体系

一是引进集成电路设计企业所需的全球配套服务企业。集成电路设计过程是复杂的上下游资源合作过程，集成电路设计企业在每一个环节都需要行业配套服务企业的参与。为了让集成电路设计企业能够在本地享受配套企业的服务，更好地在本地落户研发，江北新区需引进流片服务、制造、测试、快封、成测等环节的企业与服务机构，让设计企业在本地享受全国甚至全球的服务资源，节省资金成本与时间成本。二是打造全国最大的集成电路工程师实训基地。集成电路设计行业是人才密集型行业，企业研发主要依靠有技术含量的工程师。为快速有效地提供大量工程师团队，需在区内建造具备研发实验室环境的专业化集成电路人才实训基地，同时基地在学员招募、课程教学上与南京本地高校及龙头企业开展战略合作，培训课程内容与一线企业联合编制，实训过程真实模拟集成电路设计工程化流程，使实训基地成为输送工程师的"军工厂"。三是建立专业化公共技术服务平台。针对集成电路设计企业研发成本较高的特点，在软件园内建立具备专业化、市场化、精准服务特点的集成电路公共服务平台，其重要基础内容是公共技术服务平台，包含电子设计自动化共享服务、研发仪器共享服务、研发性小批量封测服务等专项服务。

2) 打造高端"人才链"

一是强化人才支撑，打造高端"人才链"。以东南大学、南京大学的国家示范性微电子学院为核心，联合南京邮电大学、南京理工大学、南京航空航天大学、南京工业大学、南京信息工程大学发起建立国家示范性微电子学院(南京)人才培养联盟，同时由工程应用型高校成立江苏工程应用型集成电路人才培养联盟，整合国内外顶级培训资源，在集成电路设计、封测、制造、应用等领域，开设线上和线下课程重点培养高层次、复合型、技能型集成电路人才，缓解集成电路专业人才缺乏和企业用工难、成本高等问题。二是加强与顶级研究机构合作。与全球半导体大脑——比利时微电子研究中心(IMEC)、香港应用科技研究院等顶级研究机构开展合作，吸引学术界智囊支持，加快研究机构和技术支撑平台建设步伐，增强企业研发实力和创新能力，保持科技成果产业化通道的畅通，吸引来自省内外的研究成果在园区落地，实现龙头企业与知名研究机构协同发展。三是引进顶级专家及专家项目。引进国内外顶级专家及团队项目，给予人才政策支持、研发环境配置支持，为高级人才研发项目落地提供完整的服务，使研发团队能够集中精力搞研发。

3) 提升产业集聚度

一是提升产业资源配置能力。围绕中国台湾地区的台积电，联合 Synopsys(美国)、ARM(英国)、创意电子有限公司、紫光集团紫光展锐等优质企业，优化产业资源配置，鼓励引导企业强强联合、兼并重组、境外并购和投资合作，积极推动产业链整合和产业协同，提高产业集中度，做优做强一批骨干企业，将江北新区集成电路产业资源配置提升至国际领先水平，形成高端化产业生态。二是提升核心技术自主可控能力。聚焦北京华大九天软件有限公司、紫光存储科技有限公司等国内优质企业，从产品链、产业链、价值链和创新链进行布局，提升核心技术的自主可控能力；通过举办全国性的 FPGA、嵌入式大赛等活动吸引人才和企业，将江北新区集成电路产业打造成国产芯片自主可控的先行者。三是围绕"芯片之城"目标延链、补链、强链。以集成电路产业链为基础，寻找和弥补产业链的薄弱环节，确定目标企业，主动出击，打造产业集群。积极开展与世界百强、国内十强等知名集成电路企业的沟通引进工作，重点引进集成电路领域龙头型企业、独角兽型企业及瞪羚型企业，迅速集聚一批产业链龙头项目。

4) 进一步完善产业生态链

在企业快速集聚的同时，有序推进产业生态链的完善。一方面，进一步引进集成电路设计、制造、封测、材料、设备等上下游产业链企业；另一方面，通过承办"半导体市场年会"等各项大型行业活动，主动促进落地集成电路设计企业与市场对接，与大型整机系统应用企业对接，不断做大规模，提高竞争力。以集成电路设计为主要方向，坚持走市场化、专业化的路子，深入对接企业需求，从项目落户、业务拓展、科技研发、金融税收、人才培养引进、知识产权保护、公共平台支撑、产品应用推广等各个方面，给予企业全方位、全周期、全链条的精准服务，以优质服务、良好环境吸引和支持各类集成电路专业人才与项目，实现优势互补、互利共赢。

1.4　重点培育世界级产业集群之二——生物医药产业集群

1.4.1　生物医药产业发展分析

1）全球生物医药产业发展现状

生物医药产业是涵盖应用基因工程、遗传工程、细胞工程及酶工程等现代生物技术的技术密集行业。数据显示，全球研制中的生物技术药物超过 2200 种，其中 1700 余种进入临床试验。生物技术药品数量的迅速增加表明，21 世纪世界生物医药产业正逐步进入投资收获期，产业快速增长。20 世纪 90 年代以来，全球生物医药产业销售额以年均 30%以上的速度增长，远高于全球医药行业年均不到 10%的增长速度。2016 年全球生物医药产业销售额达到 2020 亿美元，生物医药产业现已成为增长最快的经济领域之一。2020 年生物医药产业将进入快速发展期，并逐步成为世界经济的主导产业。

欧美少数发达国家和地区在全球生物医药市场中占有绝对比重，处于产业主导地位。全球生物技术公司总数已达 4362 家，其中 76%集中在欧美，欧美公司的销售额占全球生物技术公司销售额的 93%，而亚太地区的销售额仅占全球的 3%左右。美国是生物技术产业的龙头，其开发的产品和市场销售额均占全球的 70%以上，全球市场 90%的生物药品来自美国企业，如默克、强生、罗氏、诺华等。继汽车、机械制造业之后，生物医药产业已成为第三大产业，欧美政府重视生物医药发展，通过实施一系列全方位的科技计划推进生物科技创新，大力扶持创新性生物技术企业，把生物医药作为新的经济增长点来培育。

2）中国生物医药产业发展现状

受我国经济发展、生活环境的变化、人们健康观念的转变及人口老龄化进程加快等因素的影响，与人类生活质量密切相关的生物医药产业近年来保持持续稳定增长的趋势。2010～2017 年我国生物医药产业销售收入不断增加，且保持了较快的增速(图 1-8)。其

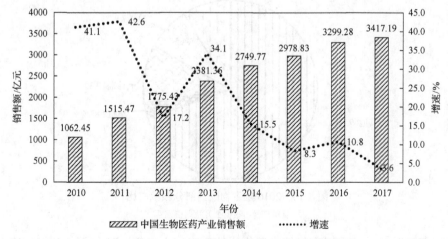

图 1-8　2010～2017 年中国生物医药产业销售额及增速

资料来源：根据公开数据整理

中，2011 年生物医药产业销售额为 1515.47 亿元，同比增长 42.6%，增幅最大；2017 年生物医药产业销售额为 3417.19 亿元，较 2016 年同比增长增速放缓。据预测，到 2020 年我国生物医药产业销售额可达到 4500 亿元。

从地区分布来看，2016 年，山东、江苏和河南三省的生物医药产业销售收入排名全国前三，其中山东实现销售收入 1021.61 亿元，占全行业销售收入比重的 30.96%；江苏位居第二，实现销售收入 432.72 亿元，占比 13.12%。销售收入前十的地区销售收入累积占比达 80.68%，行业区域分布较为集中(图 1-9)。

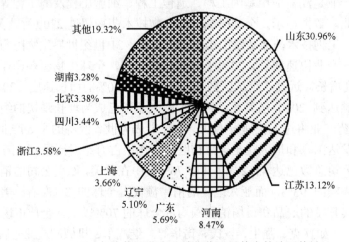

图 1-9　2016 年生物医药产业销售收入居前十的地区统计

资料来源：根据公开数据整理

从细分领域来看，生物医药主要包含血液制品、诊断、疫苗、单抗等。目前，我国四大生物医药细分领域规模占比集中度较低(图 1-10)。2016 年血液制品销售收入为296.93 亿元，占比 9.00%，而诊断和疫苗的销售收入占比分别为 10.39%和 7.97%。

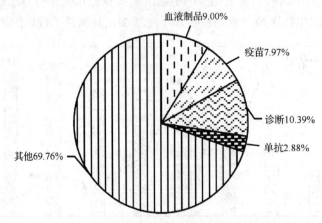

图 1-10　2016 年生物医药细分领域占比

资料来源：根据公开数据整理

从创新来看，一是重视生物技术药物、抗感染、心血管、消化系统和抗肿瘤新药研发；二是由于原创水平低，获批新药在近期很难带来巨大效益；三是研发高风险、高投入的基本特性已逐渐被人们接受；四是民营企业创新主体明显，而国有企业并未成为创新主体。

3) 江苏生物医药产业发展现状

江苏生物医药产业近年来发展迅猛，产值位居全国前列。研发创新水平不断提升，共承担国家重大新药创制专项项目 154 项，累计获新药证书的数量占全国的 1/6，新药研发的数量和质量均位居全国前列。产业集聚集群发展态势良好，拥有苏州、泰州、连云港、南京等医药研发基地，产值占全省的 2/3（表 1-7）。内外资企业齐头并进，全球 500 强中的 13 家药企已有 10 家落户江苏，扬子江药业集团、江苏恒瑞医药股份有限公司、正大天晴药业集团股份有限公司、江苏豪森药业集团有限公司、江苏康缘药业股份有限公司等一大批本土药企正成为引领区域生物医药发展的重要支柱。

表 1-7　江苏生物医药产业集聚区发展状况

城市	重点企业	产业园区名称	区域发展重点
苏州	礼来苏州制药有限公司、卫材(中国)药业有限公司、惠氏制药有限公司、西门子(中国)有限公司、罗氏诊断产品(苏州)有限公司等	苏州工业园区生物纳米科技园、昆山小核酸产业基地、太仓市生物医药产业园	生物医药纳米技术、小核酸产业、新型疫苗和基因工程
泰州	阿斯利康药业(中国)有限公司、赛诺菲巴斯德生物医药有限公司、江苏勃林格殷格翰生物制品有限公司、江苏美时医辽技术有限公司、泰凌医药(江苏)有限公司、扬子江药业集团、济川药业集团、苏中药业集团股份有限公司等	中国医药城、泰州医药高新技术产业开发区	以药物研发为主，建有生物疫苗、新型制剂、生物制品等特色产业基地和五大服务平台、五大支撑体系
连云港	江苏豪森药业集团有限公司、江苏康缘药业股份有限公司、江苏恒瑞医药股份有限公司、正大天晴药业集团股份有限公司等	连云港经济技术开发区新生物医药产业园	重点开发新型抗肿瘤药、新型抗肝病药物和现代中成药等
南京	江苏先声药业有限公司、金陵药业股份有限公司、南京华大基因科技有限公司、南京强新科技有限公司等	南京生物医药科技工业园、南京生物医药谷、南京市浦口生物医药产业基地	抗肿瘤药、心血管药、基因测序等

资料来源：根据公开资料整理

苏州是江苏生物医药研制的主要基地，目前集聚了礼来苏州制药有限公司、卫材(中国)药业有限公司、惠氏制药有限公司、西门子(中国)有限公司、罗氏诊断产品(苏州)有限公司等世界名牌药企和信达生物制药(苏州)有限公司、苏州康宁杰瑞生物科技有限公司、苏州泽璟生物制药股份有限公司等药物创新型企业，还集聚了一批从事基因检测和专门开发基因药物的技术创新企业。众多企业拥有自身核心技术和产品，但还处于产业化初期或即将产业化，产业发展潜力巨大。从技术水平来看，小核酸、单克隆抗体等基因工程药物、生物芯片等快速生物诊断试剂及血液制品等方面与世界水平保持同步。据统计，2017 年苏州生物技术和新医药产业规模以上企业实现产值 767 亿元，增速达 4.5%，占全市规模以上工业总产值比重的 2.4%，逐步成为苏州最具活力的战略性新兴产业。

　　泰州作为我国生物医药产业的前沿阵地和全省生物医药产业的新地标,医药工业产值占全省的 39.1%,位居全省首位。据统计,2016 年泰州生物制品申报数量占江苏的 60%,占全国的近 10%,新增临床批件 82 个。截至 2017 年底,泰州中国医药城已集聚了包括阿斯利康药业(中国)有限公司、赛诺菲巴斯德生物医药有限公司、江苏勃林格殷格翰生物制品有限公司等 9 家全球知名跨国制药企业和江苏美时医疗技术有限公司、泰凌医药(江苏)有限公司等一批重大项目在内的 900 多家国内外医药企业,已有 32 家药品生产企业取得生产许可证,20 家药企 50 条生产线通过 GMP 认证投产,入驻医疗器械生产企业 279 家;集聚了美国哈姆纳健康科学研究院、得克萨斯大学西南医学中心、中国药科大学等国内外高校和研究机构 70 多家,重点发展疫苗、诊断试剂及高端医疗器械、生物制药、化学药新型制剂、中药现代化和保健品六大产业。

　　连云港是江苏生物医药产业重镇,2016 年全市生物医药产业拥有规模以上企业 66 家,实现产值 580.8 亿元,同比增长 19%,占全省医药产业产值的 12.9%,占全国的 1.8%。形成了新型抗肝病药物、新型抗肿瘤药、麻醉镇痛药物、现代中成药、医用消毒灭菌设备及新型药用包装材料等在内的六大特色医药集群,建成全国最大的抗肿瘤药物、抗肝病药物生产基地及重要的现代中成药生产基地,涌现出了正大天晴药业集团股份有限公司、江苏恒瑞医药股份有限公司、江苏豪森药业集团有限公司、江苏康缘药业股份有限公司等一批国内同行业领军企业。全市拥有高层次人才 1565 人(正高职称 130 人、博士学位 98 人、国家"千人计划"人才 10 人、享受国务院政府特殊津贴 8 人),拥有国家级企业技术中心 4 家、国家级博士后科研工作站 4 家、省高新技术企业 19 家、省级企业中心 6 个。全市累计获批新药 336 种,5 个 1.1 类新药获批上市,成为全省乃至全国药品研发实力最强、创新成果最多的地级市之一。

　　南京市生物医药产业已初步形成了"一谷三园"产业布局,规模实力稳步提升。2017 年全市生物医药产业完成营业收入 540 亿元,同比增长 12%。研发能力全国领先,拥有相关领域 15 个国家级重点实验室,8 个国家级生物医药平台;拥有各类人才储备 7 万多人,其中国家"千人计划"人才 59 人、院士 10 人;企业竞争力和影响力显著提升,拥有江苏先声药业有限公司、金陵药业股份有限公司、正大天晴药业集团股份有限公司等医药生产、研发、销售企业 500 余家,在抗肿瘤、心脑血管疾病、自身免疫性创新药研发和产业化方面形成了全国特色品牌,新药研发总体水平位居全国前列。

1.4.2　生物医药产业发展趋势分析

　　1)市场需求持续增长

　　据麦肯锡报告数据,2014 年中国居民在医疗保健方面的花费达到 5210 亿美元,2016 年达到 6590 亿美元。目前中国 65 岁以上老年人的比例为 8.5%,预计到 2020 年达到 17.2%。随着全民医保体系健全、老龄化进程加快、二孩政策放开和民众健康意识提高,中国对医药产品的市场需求将不断增长。

2) 产业发展势头强劲

据全球畅销药数据, 2014 年全球前十位畅销药销售额均超过 55 亿美元,其中 7 个是生物制剂。这 7 个生物制剂销售总额为 600.43 亿美元,占前十位畅销药销售总额的 72.7%。上市新药中,20%属于生物技术药物,而超过 80%的新药研发都不同程度地应用了生物技术手段。生物技术药物正处于大规模产业化的起步阶段。据 IMS (艾美仕市场研究公司) 预计,2020 年之后,生物技术药物将进入快速发展期,占全球药物种类的 30%以上。

3) 新技术新业态不断涌现

以转化再生医学、精准医疗、干细胞和免疫细胞治疗等为代表的新一代医疗临床技术快速发展,为疾病诊断、治疗提供了全新的思路和解决方法。以云计算、大数据、移动互联网为代表的新一代信息技术正推动医疗器械向高度数字化、网络化、智能化、微型化、个性化、人性化方向发展。智能可穿戴医疗设备更加便捷、精巧,越来越受到市场认可,未来可穿戴医疗产品市场将呈现强劲的增长态势。"互联网+医药"模式不断融合创新发展,以智能制造、电商平台、智慧医疗为代表的新业态新模式,正促进医药产业转型升级。

4) 医药研发外包服务逐步形成

经济全球化背景下,以实现节约开支、分散风险和提高效率为目的的医药研发外包,成了诸多企业增强竞争力的战略选择。2014 年我国医药研发外包市场规模为 220 亿元,占全球医药研发外包市场规模的 9%。国内比较领先的医药研发外包企业主要分布在北京、上海、南京、广州等地。近年来我国医药研发外包服务行业将保持 22%~25%的增速,2017 年市场规模达 400 亿元以上。

1.4.3 江北新区生物医药产业集群对标分析

全球生物医药产业主要集中分布在美国、欧洲、日本、印度及中国等国家和地区,我国主要集中在长三角、环渤海、珠三角等地区。本节以上海张江生物医药产业集群、波士顿生物医药产业集群为对标对象(表 1-8),主要从产业方面、企业方面及政策支撑方面等进行比较分析,探索江北新区培育世界级产业集群的努力方向。

表 1-8 江北新区与国内外部分地区生物医药产业集群的对标分析

对标维度	指标		江北新区生物医药产业集群		上海张江生物医药产业集群		波士顿生物医药产业集群	
			基本情况	定性判断	基本情况	定性判断	基本情况	定性判断
产业方面	规模效益	规模总量	280 亿元(2016 年)	较多	593.1 亿元(2017 年)	较多	301.4 亿美元(2012 年)	多
		质量和效益	—	较好	—	好	—	好
	产业链环节		药物研制、医疗器械及诊断试剂、中药及健康服务、生物医药研发外包等	中高端	肿瘤、免疫性疾病、代谢性疾病、心血管系统、神经系统等	中高端	新药研发和生产、医疗健康产品、医疗仪器和设备、环境与兽医等领域	高端

续表

对标维度		指标	江北新区生物医药产业集群		上海张江生物医药产业集群		波士顿生物医药产业集群	
			基本情况	定性判断	基本情况	定性判断	基本情况	定性判断
企业方面	企业竞争力	龙头企业影响力	南京绿叶思科药业有限公司、南京药石药物研发有限公司、南京微创医学科技股份有限公司、南京海昌中药集团、深圳华大基因股份有限公司、强新科技集团	较大	上海复宏汉霖生物技术股份有限公司、盟科医药技术(上海)有限公司、上海君实生物医药科技股份有限公司、上海再新医药科技有限公司、再鼎医药(上海)有限公司、华领医药技术(上海)有限公司、上海勃林格殷格翰药业有限公司	大	美国百健、健赞、辉瑞、罗氏、阿斯利康等世界TOP20制药公司	大
		核心技术	大规模测序、生物信息、基因检测、农业基因组、蛋白组等技术,新一代基因靶向核心技术、纳米药物与传递技术、合成生物学药物技术、癌症干细胞及靶向治疗技术等	部分掌握	肿瘤免疫治疗技术、细胞治疗技术、基因治疗技术、下一代基因测序技术等	部分掌握	大脑-免疫-肠道轴相关治疗技术、基因测序技术、慢性病治疗技术、神经炎性治疗技术等	完全掌握
		产品类型	无创产前基因检测、遗传性耳聋基因检测、儿童安全用药基因检测、新生儿DNA档案及HPV基因检测(宫颈癌预防)和癌症靶向药物等	终端产品	肿瘤、心血管、糖尿病、神经系统疾病、抗体药物、基因工程药物、小分子化学药、数字医学影像、微创介入治疗器械、骨科产品、快速诊断试剂等	终端产品	新的免疫-肿瘤药物、糖尿病药、各种慢性病药等	终端产品
	企业创新能力	企业创新投入	—	较多	73.4亿元	较高	—	高
		创新人才	国家"千人计划"人才17人、江苏省"双创计划"人才14人、南京市科技顶尖专家1人、南京市高层次创业人才96人、南京市创新型企业家12人等	较多	各级专家162人,国家级专家104人,省市级专家14人,研发人员1.2万人	较多	从事临床医学研究、基础研究及创新研究的优秀科学家(包括他们指导的各层次学生),掌握最新技术的熟练技术人员,以及理解、熟悉生物医学的高水平的新型项目管理和企业管理人才	多

续表

对标维度	指标		江北新区生物医药产业集群		上海张江生物医药产业集群		波士顿生物医药产业集群	
			基本情况	定性判断	基本情况	定性判断	基本情况	定性判断
企业方面	企业创新能力	研究机构支持度	人源化模型药物筛选创新技术研究院、江苏省产业技术研究院、北京大学分子医学南京转化研究院、南京高新工大生物技术研究院、南京中医药大学江北新区药物研究院、江苏省细胞工程研究院、南京先进生物技术和生命科学研究院等	较强	中国医学科学院上海生物样本资源合作研究中心、高发肿瘤及遗传性疾病基因检测示范中心、12个世界著名药企的地区总部或研发中心	较强	哈佛大学、麻省理工学院、波士顿大学、马萨诸塞州综合医院、新英格兰医学中心等世界顶尖的高校和研究机构	强
政策支撑方面		政策支持力度	除了国家、省市相关支持政策外,在科技创新、高新技术企业培育等方面给予企业资金、用地用房等支持	较大	给予土地用地、资金、人才等配套政策支持,建立优先评审、特殊评审通道等措施,营造一流研发创新环境	较大	打造完善的创新创业环境;政府长期的研发投入;对企业多种税收鼓励政策、融资渠道和补助金等	大
		平台载体	南京留学人员创业园、江苏省"三药"科技产业示范基地、中丹生态生命科学园研发楼、南京高新生物医药公共服务平台、国家遗传工程小鼠资源库、南京工业大学药物安全性评价中心等	有	建成包括人才知识平台、技术服务平台、创业投资融资平台、专业服务平台、生活服务平台和政策法规平台等公共服务平台系统和孵化体系	有	包括生物谷官方网站、发表通信及网络期刊等强大而务实的公共信息交流与服务平台	有
		生产性服务业	拥有较为完善的金融、法律、会计、咨询、会展等生产性服务业	较发达	形成了包括孵化创业、教育培训、专业服务、风险投资在内的完善的生产性服务业体系	发达	建立了专业中介服务网络,为生物技术企业提供从研究开发、技术信息、技术联系、成果转化、专利申请到风险投资、管理经营、税收优待、商业化和市场开拓甚至出口援助等涵盖整个产业链的无偿服务和合同性服务	发达
		基础设施	交通综合运输体系、公共服务配套正在完善中	较好	除了完善的交通通信设施和生活基础设施外,还有上海光源、蛋白质科学中心、超级计算中心等科研基础设施	好	完善的公共交通体系、健全的生活娱乐休闲设施和场所	好
对标结果	国内竞争力		强		强		—	
	国际影响力		小		较大		大	

1）产业方面

从规模总量看，2016 年江北新区生物医药产值为 280 亿元，低于上海张江，远低于波士顿地区，产业集群发展仍有很大空间。从产业链环节看，江北新区生物医药以国内企业为主，自主开发新技术、新产品能力相对较弱；上海张江处于研制阶段，部分世界先进新技术已经产业化，集群发展即将进入扩张期；波士顿生物医药产业已经形成了涵盖基础研究、应用研究、技术开发和产业化等完整的产业链，其研究领域和研究成果处于世界领先水平，占领了产业链的高端环节。

2）企业方面

从企业竞争力看，江北新区已经入驻 380 余家企业，涵盖生物制剂、化学制剂、医疗器械、中医药、研发服务外包等多个门类，代表企业主要有南京绿叶思科药业有限公司、南京药石药物研发有限公司、南京微创医学科技股份有限公司、南京海昌中药集团、深圳华大基因股份有限公司、强新科技集团等，初步形成了一定的产业规模和集聚优势。其中年收入达 10 亿元的企业 5 家，达 1 亿元的企业 16 家，达 2000 万元规模以上的企业 38 家；上海张江生物医药产业集聚了 613 家企业，包括外资药企巨头、国内制药龙头企业和本土创新型企业，拥有上海复宏汉霖生物技术股份有限公司等估值在 5 亿元以上的"独角兽"和准"独角兽"企业 60 家，对产业持续高端发展形成强力支撑。波士顿以"生物技术圣地"而闻名，也是美国东海岸生物医药的"硅谷"，集聚了辉瑞、百健等大企业和数量众多的中小型企业，依托当地高端科研资源和企业的开发实力，形成"临床–实验室–临床"的研发模式，新技术和新产品占据全球生物医药前沿阵地。

3）政策支撑方面

从政策支持力度看，江北新区与上海张江基本相似，以财税资金优惠减免、基金支撑、用地用房、人才引进等方面为主，同时积极提高服务效能，打造良好的营商环境；波士顿地区除了积极提升行政服务水平打造良好的营商环境，当地政府还制定长期研发支持计划，减免税收或设立专项基金支持各类企业进行创新研发。从平台载体看，江北新区和上海张江主要是建立与生物医药研发相关的专业化平台来支撑产业发展，而波士顿则以建立公共信息交流与服务平台来服务各类市场主体。从生产性服务业看，三地都有服务于生物医药产业研发制造的服务业企业和机构，波士顿地区则拥有更为完善的全产业链生产性服务业体系。

4）综合评价

通过与波士顿及上海张江的生物医药产业集群对标分析，从综合评价结果看，江北新区生物医药产业链初步形成，以生物医药制造和健康服务为主，伴随着国内外高端研究机构和龙头企业的集聚，生物医药产业研发水平将会得到明显提升，产业整体竞争力将逐步增强。由于生物医药产业研发周期长、投入大，如果仅以国内外研究机构落地研发为主，短期内生物医药产业难以实现爆发式增长。

1.4.4　培育生物医药世界级产业集群的基本思路和主要路径

1. 基本思路

以产业规模化、技术高端化、发展集约化为方向，以"创新驱动、内生增长、绿色发展"为路径，遵循"创新推动、跨越发展、高端集聚、彰显特色"的基础原则，按照"提升层次，集群发展，放大特色，壮大规模"的思路，以江北新区生物医药谷为核心区域，立足"基因之城"，围绕精准医疗，做强生物制药及关联产业，拓展大健康产业，充分发挥科技和人才优势，整合形成产业协同合力，加速科技成果转化及产业化，重点突破一批关键共性技术和重大创新药物研发，打造精准医疗特区高地，把生物医药真正打造成江北新区及南京的地标产业。

2. 主要路径

1）实施创新驱动发展战略

以关键共性技术研发应用及公共设施共享为重点，着力发展一批支撑力强、技术转化效率高的公共服务平台。积极组织高校、研究机构与企业开展产学研联盟合作，推动完善产学研创新体系，加快对生物医药重大瓶颈制约技术的突破及成果转化。鼓励企业技术创新、产品创新，促进形成技术联盟，开展协同创新。加强重点技术发展，创新传统医药产品，推动现代医药、小分子药物、生物试剂、医用材料等产品集群发展，积极构建拥有自主知识产权的产业链。

2）强化质量品牌建设

大力实施名牌带动战略，确立品牌发展目标，制定品牌培育、创建的激励政策和措施，努力发挥龙头企业品牌辐射带动作用，促进形成产业集群品牌。大力实施标准化战略，引导企业建立完善标准体系，提高产业层次和技术质量水平。培育发展生物技术药物、医疗器械、精准医学检验等知名品牌，扭转医药产品同质化发展、同层次竞争的局面，不断提高品牌医药比重。

3）加快医药生产性服务业发展

培育壮大以医药研发服务外包、生产服务外包等为代表的生产性服务业，进一步扶持一批研发服务外包骨干企业，充分利用南京研究机构资源及生物医药产业基地优势，加快发展医药生产性服务业。积极吸引境内外医药服务外包企业入驻，鼓励企业与跨国制药公司密切合作，重点发展新药临床前研发外包服务，尽快形成规模和优势。积极开展新药临床试验研究、药物生产等形式服务外包，推动医药研发服务外包向专业化、高端化、集群化发展，使南京及江北新区逐步融入全球生物医药研发链，成为具有国际影响力的医药服务外包基地。

4）提高国际化发展水平

重点突破制剂产品和医疗器械出口。围绕"一带一路"倡议，支持原料药优势企业"走出去"，开展原料药产能国际合作。做好招商引资工作，着力加强与世界 500 强和国际知名制药企业的合资合作。积极推进医药企业以参股控股、并购、租赁、境外上市、设立研发中心等方式进入国际市场，鼓励医药企业开展境外带料加工业务，对药品国际化项目予以重点支持。

1.5　推动产业集群发展的国际经验及政策启示

1.5.1　国际经验

纵览当今世界上经济发达地区，多数都经历了发展产业集群的历程。美国境内分布着数量众多的各类产业集群，一些发展中国家的发达地区也不例外，如印度的班加罗尔地区。这些发展成功的产业集群积累的经验值得借鉴。

1) 硅谷高科技信息产业集群

硅谷依托斯坦福大学、加利福尼亚大学伯克利分校等世界知名大学，形成以高技术中小公司群为基础，以思科、惠普、英特尔、苹果等大公司为支撑，融科学、技术、生产为一体的高技术信息产业集群。硅谷拥有各类电子企业 1 万家以上，其半导体集成电路和电子计算分别约占美国的 1/3 和 1/6。电子产品销售额年均超过 4000 亿美元，占美国消费总额的 40%左右，是美国信息产业创新中心和信息产业国际竞争力的支柱。硅谷集结着美国及其他各国的科技人员 100 万人以上，美国科学院院士近千人，诺贝尔奖获得者 30 多人。此外，硅谷还集聚了大量风险投资机构，为各类创业者获取资金提供源泉。硅谷的成功主要归结于：拥有众多高校和研究机构，拥有高效和高度专业化的市场服务体系，拥有大量不断促进创新和创业的风险投资机构，硅谷内各行为主体之间有着紧密的合作文化和精神。

2) 印度班加罗尔 IT 产业集群

班加罗尔是印度南部城市，卡纳塔克邦的首府，印度第五大城市，人口约 1050 万人。高科技公司在班加罗尔的成功建立使其成为印度信息科技的中心，印度 35%的 IT 人才集聚在班加罗尔，他们用全国不到 0.43%的人口创造了 7%的 GDP。微软、惠普、3M、Infosys 等世界知名企业都在此设立办事处，素有"印度硅谷"的美称。班加罗尔的成功主要归结为三个方面：一是产业环境。印度负责火箭和卫星空间研究的印度国防研究与发展组织、印度班加罗尔科学院、印度国家航空航天实验室、印度斯坦航空有限公司等一批国字头的高科技研究机构集中在班加罗尔，形成了空间技术、电器和通信设备、飞机制造、机床、汽车等产业，逐步奠定了班加罗尔雄厚的产业基础。二是教育环境。班加罗尔云集了如班加罗尔大学、印度理工学院、印度管理学院和印度国家信息技术学院等高校，为 IT 产业发展提供大量高层次人才。三是政府扶持。政府提供包括高速通信网络在内的基础设施；成立 IT 产业部，并出台 IT 法案；提供进出口优惠政策；等等。

3) 波士顿生物医药产业集群

波士顿是世界著名的健康、医学教育和医疗研究中心，被誉为"世界生命科学之都"。2015 年美国生物医药产业集群评比中，波士顿生物医药产业综合实力位居第一位，其中

2015 财年获得美国国立卫生研究院(NIH)基金项目 981 项，金额合计 5.19 亿美元，103
个项目获得风险投资，金额达 20.28 亿美元；申请取得专利数 5634 项；实验室面积 155.8
万平方米，从业人员 8.2 万人。以基础研发为主导的产学研互动格局，不断涌现的创新
型生物技术初创公司，集聚的大型制药企业研发基地，丰富的风投资源与成熟的资本
市场运作以及完善的创新创业生态环境共同促进了环波士顿地区医药产业集群的发展
壮大。

　　总结国外产业集群的发展实践，一个有竞争力的产业集群需要具备以下几个支撑要
素：一是具有根植性"核心企业+配套企业"的企业体系，且企业之间形成专业化的分工
协作和竞争关系；二是拥有一个相对完善的支撑体系，包括技术研发、投融资、物流、
营销、教育培训等；三是形成一个比较完善的基础设施保障体系，包括交通、通信、生
活设施等；四是拥有一个相对健全的政府支持体系，包括政策法规、人才保障等。部分
发展中国家和地区在某些领域具备产业集群的一些特征，但整体上还处在产业集聚向产
业集群演进的过渡阶段。当前，需要依托当地的产业基础和全球产业分工再造，借鉴发
展较好的产业集群经验，既要发挥市场配置资源的决定性作用，又要发挥政府在研发、
人才培育、政策引导、法规建设等方面的支撑作用，推动当地产业集群创新发展。

1.5.2　政策启示

　　根据江北新区产业发展空间、生态保护、环境容量等客观条件，充分借鉴其他产业
集群的发展经验，发挥产业基础雄厚、科创资源丰富、创新创业活跃的综合优势，以智
能制造、绿色制造为主攻方向，加快建设制造业与服务业协同、龙头企业与配套企业联
动的产业集群网络，培育世界级产业集群，全面提升产业国际影响力和竞争力，为建设
一流国家级新区提供坚强保障。

　　1)系统谋划产业集群发展

　　培育世界级产业集群是一项系统性、持续性的工程，事关南京及江北新区未来的发
展方向。建议成立专门机构，由江北新区主要领导亲自挂帅，加强顶层设计，突出规划
引领。结合南京及江北新区实际，主动对接国家打造五大世界级制造业集群的指导意见，
市县协同、部门联动，全面谋划产业集群布局，引进一批高端制造项目，包括集成电路
和生物医药等，让更多的世界 500 强企业在江北新区生根开花，更好地引领区域经济发
展，提升城市品质。

　　2)推动产业集群链式发展

　　按照特色产业布局和完善产业链，依托产业链完善招商链，打造价值链。突出先导
性、支柱性和示范性，依据"培育龙头企业–引进大项目–完善产业链–培育新兴产业集群"
的发展思路，打造集研发、设计、制造、营销及其他配套服务于一体的产业链和产业集
群。围绕科技、金融、信息化及品牌等定向措施，加快招引和培育"微笑曲线"两端企
业，提高产业链平均利润率。推行产业链深度融合计划，鼓励产业集群内骨干龙头企业
将关联中小企业纳入整体发展和专业分工体系中，实现产业链资源有效整合。

3)构建多层次创新体系

支持企业增强自主创新能力。加快推进创新中心建设工作，综合运用政策、投资、金融、服务等多元化的支持方式，引导各类创新要素向企业集聚，将企业培育成为真正的研发投入主体、技术创新活动的主体和创新成果应用的主体。加快推进产学研协同创新，充分发展大企业和龙头骨干在集群创新中的带头作用，大力支持大企业和龙头骨干联合高校、研究机构、上下游企业、公共服务平台共同搭建行业协同创新平台，对标国际先进技术，厘清制约产业发展的薄弱环节和关键技术路线图，组织联合攻关，进一步提升原始创新、集成创新和引进消化吸收再创新的能力。建立健全众创空间等特色创新创业孵化机构。在产业集聚区内根据主导产业发展需求，鼓励建设创客空间、创业咖啡、创新工场等新型创新创业孵化器，形成以商业孵化器为主导，政策性孵化器为补充的孵化器网络，促进创新成果转化。

4)促进公共平台精准转型

健全政府行政服务平台。借助互联网等现代信息技术，围绕行政审批、行政许可、公共服务、效能监察等，更广泛地整合政府职能部门服务资源，打造线上线下联动的新服务平台，提高政府行政管理服务的针对性和有效性。推进集群公共服务平台建设。以产业集群发展需求为导向，以共享机制建设为核心，提升现有产业公共服务平台功能水平，为集群企业技术创新、人员培训、管理咨询、创业辅导、投融资等提供更加个性化和专业化的服务。加大供需平台建设力度。充分发挥政府引导作用与市场主体能动作用，通过适时信息发布与交互，精准甄别企业个性化、差异化需求，实现供需快速对接与匹配，有效解决供需渠道不畅、供需错配问题。

5)推进产城互融发展

完善基础设施和生活配套，以当地的地形地貌为基础，以保护当地自然生态环境为根本要求，按照"九通一平"的要求，高标准规划建设供水、供气、供热、排水、消防、污水处理、垃圾处理、道路交通安全等城市基础设施和社会公用设施，统筹规划布局文体卫教、生活居住、休闲娱乐等公共服务项目。强化生态保障功能，鼓励企业积极探索建立绿色低碳生产体系，加强工业绿化隔离带、河岸绿化、道路绿化、社区绿化等生态保护屏障建设，按照建筑节能标准改造和新建工业厂房和居民住房，提升生态内涵。打造特色发展新空间，突出人在产业和城市发展中的主体地位，通过完善薪酬体系、营造创新创业氛围、改善生活居住环境，招引人才并留住人才，形成人、产、城和谐共处的特色产业发展新空间。

第 2 章 江北新区 IC 产业新动能培育路径研究

2.1 IC 产业新动能培育模式

2.1.1 新兴产业新动能培育的内涵和关键要素

新动能指在科技冲击下产业改革升级所爆发的新经济增长点，它突破了旧动能依赖自然资源的固有限制，重新塑造了企业的成长路径。新动能以技术创新为核心，以提高产品质量及服务效率为目标。新动能与传统动能的区别在于新动能更多地依靠科技进步、技术升级促进经济发展，旧动能则主要依赖资本、劳动力实现利润增长。经济新常态背景下，新动能培育和提升对促进我国经济增长、进一步优化产业结构具有重要意义。

新旧动能转化是指利用新技术、新产业、新业态、新模式，大力改造提升传统产业，促进传统产业转型升级，改变以往粗放的生产方式，实现精细化发展，提高发展效益和质量。培育发展战略新兴产业是提高新动能、改造传统动能的过程。目前，国内传统产能呈现衰退的趋势，加快新旧动能转化与战略性新兴产业培育有利于调整产业结构，实现资源优化重组，淘汰落后产能和僵尸企业，有效促进体制改革，充分发挥市场在资源配置中的基础性作用。

新兴产业是培育新动能的主要载体，也是拉动经济增长的新引擎。2010 年，国务院发布《关于加快培育和发展战略性新兴产业的决定》，明确提出要重点培育和发展节能环保、新一代信息技术、生物、高端装备制造、新能源、新材料、新能源汽车等产业。2017年 1 月 25 日，国家发展和改革委员会第 1 号公告发布《战略性新兴产业重点产品和服务指导目录》，涵盖八大战略性新兴产业，近 4000 项细分产品和服务。战略性新兴产业培育相关文件的出台，充分体现了中央对战略性新兴产业的高度关注。新动能培育及提升绝不是一蹴而就的，它是一个漫长的过程。其中，国家政策、市场需求、创新能力、专业人才及知识产权保护体系对新兴产业新动能培育与提升具有关键作用。

1）国家政策

新兴产业在我国起步较晚，为进一步培育提升新兴产业新动能，有必要加大政策支持力度。一方面，给予信息技术产业、新能源产业、新材料产业、高端设备制造业等新兴产业更大的发展空间，鼓励国有及民营资本进入，全面提高市场开放程度。另一方面，国家应统筹全局，加强顶层设计，为新兴产业制定切实可行的产业政策。新兴产业的成长需要持续的资金投入，才能保证产业后续稳固发展，为此政府应提高财政金融支持力度，强化对新兴产业的政策倾斜，为战略性新兴产业营造良好的发展环境。

2）市场需求

市场需求变化对新技术培育具有特殊的引导作用。发达国家凭借优秀的品牌建设及市场推广能力，先一步占据了价值链的高端位置，并为维持优势地位，利用经济及政治手段对发展中国家实施价值链低端锁定。我国三一重工、华为、中兴等领军企业均受到来自美国、欧盟等贸易制裁，导致国内相关产业严重受损。面对不稳定的国外市场，企业应认识到要想获得持续稳定的发展，不可过度依赖国外市场，必须将眼光放在国内。我国发展新兴产业具有广阔的市场空间和远大的市场前景。当前，国内消费市场需求不足，市场培育滞后，需求亟待开发。新兴产业国际化是发展趋势，但要建立在国内市场成熟的基础上。我国新兴产业还处于培育阶段，应立足本土，实行内需驱动战略。

3）创新能力

创新是新旧动能转化的原动力，也是产业升级的助推器。经济新常态背景下，企业必须进行新旧动能转化，实现自我革新，方能在激烈的市场竞争中存活下来。这就要求企业重新定义产品，对制造工艺及技术进行升级，实现精细化生产，提供高质量产品及服务。互联网技术给传统产业带来剧烈冲击，颠覆了以往的管理模式、组织结构。"互联网+"战略则强调传统产业与网络的融合。管理创新、品牌建设、网络营销等都是全新的商业模式，企业需整合自身资源，重新定位产品，创新管理体系，融合发展传统营销与互联网营销，制定新动能时代的企业创新发展战略。

4）专业人才

新兴产业新动能的培育和提升需要专业的高素质人才作为后盾。目前，我国战略性新兴产业正处于起步阶段，中高端材料设备及生产工艺几乎全被发达国家垄断。以 IC 产业为例，芯片最终实现量产，需要经过设计、制造、封测等环节，还需要供应商提供的IP。全球主要半导体 IP 供应商是英国 ARM 公司，而国内尚没有企业涉及 IP 供应领域。可见，我国 IC 产业链条有待进一步完善。高端专业人才尤其是复合型人才严重不足，大大制约了 IC 产业的自主发展。企业应加强与高校及研究机构的交流与合作，培养一批跨学科复合型人才，为战略性新兴产业繁荣发展提供坚实的智力支持。

5）知识产权

国家发展和改革委员会在《关于促进产业集群发展的若干意见》中提出，要支持符合产业发展方向、具有相关配套条件的企业实施自主知识产权的产业化，促进产业链延伸。可见，知识产权对于我国产业集群化发展、结构升级具有重要意义。当前，我国高端设备及材料大量依赖国外进口，自主知识产权核心技术十分欠缺，拥有自主知识产权的本土品牌更为稀少。为提高战略性新兴产业的竞争能力，应当以知识产权为纽带，建设产业发展政策导向机制，打造综合性知识产权服务机构，积极促进知识产权成果市场化，完善战略性新兴产业健康发展的知识产权生态环境，从而更好地促进产业链升级。

2.1.2　IC 产业新动能培育模式与经验启示

1）美国：政府扶持，产学研一体的发展模式

作为世界上最先发明集成电路的国家，美国集成电路综合实力稳居全球第一。1958年，集成电路诞生于美国，仙童半导体公司（Fairchild）和德州仪器公司（TI）分别发明了集成电路。早期，由于集成电路价格昂贵，市场销路尚未打开，为维持集成电路企业的运

营，美国国防军工部门购买了国内大多数集成电路产品。直至 20 世纪 80 年代，国防部门仍向集成电路企业采购近半数的产品。可以说，美国 IC 产业是由军用起步的。20 世纪 80 年代后期，美国出现许多半民间型顾问公司，多数由政府、企业和高校联合投资。这种政府扶持，产学研一体的模式，极大地带动了美国在 IC 产业方面的发展。同时，IC 产业的领先发展也保证了美国在电子产品、网络设备、通信产业等方面的全球主导地位，而这些下游产业的繁荣成长又反向推动了美国 IC 产业的进一步发展。20 世纪 90 年代，以计算机和光纤通信为核心的信息时代来临，美国政府充分把握此次机遇，联合企业、大学实验室、民间机构等各方力量，共同制定了一系列新技术计划，如半导体制造技术战略联盟计划(Sematech)、国家信息基础设施计划(NII)、先进技术计划(ATP)、美国国家纳米技术计划(NNI)。在此期间，英特尔、AMD、Freescale、Micron 等跨国公司相继诞生，加速了美国集成电路产品在全球范围内的流动，进一步拓展了集成电路产品的应用市场。美国由此确定了在世界集成电路市场的绝对主导地位。

2) 日本：技术引进+自主创新，明确 IC 产业发展目标市场

相较于美国，日本 IC 产业发展则充分利用了后发优势理论，走出了一条引进、消化、吸收、创新的发展道路，成功实现 IC 产业的转型升级。日本早期花费大量资金从美国引入集成电路设备及技术，购买众多集成电路专利并加以创新。通过这一阶段的努力，达到熟悉产业环境、培养技术力量的目的。在产业基础稳固后，经过消化吸收，逐步开展自主研发设计，最后实现对高端技术和产品的完全掌控。此外，为避免与美国在存储器领域直接竞争，日本以收音机、数字音响、家用电器等消费类电子民用市场为目标，依托整合型 IDM 企业带动本国 IC 产业发展。

与美国的不同之处在于，日本政府慎重制定并实施 IC 产业政策，强调企企合作、政企合作，弱化企业间激烈的竞争关系，并将目标定位于民用市场，成功避开了与美国的直接竞争，在民用市场上获得了巨大的成功。20 世纪 80 年代，通过消化吸收引进的技术，日本研发出通用的 DRAM 存储器，一举打破了美国集成电路企业在存储器市场的垄断地位，攫取了近半的市场份额，迅速升级为集成电路强国。但也正是 DRAM 的通用性，使得韩国凭借规模经济下的价格优势取代了日本的研发优势。日本开始进入 IC 产业的"衰退期"，但其 IC 产业依旧在全球具有领先地位，在集成电路元器件产业、半导体设备产业和材料产业仍然具有超高的工艺水准。近些年，日本逐渐开拓如 CMOS 图像传感器、汽车电子微控制器(MCU)和功率半导体器件等潜力广阔的半导体技术新兴应用市场。

3) 韩国："政府+大财团"，紧抓优势技术

与日本相类似，韩国也是通过引进国外先进产品和技术，自主消化吸收，实现技术立业。韩国政府及大财团对于少数龙头企业(如三星)进行资金与技术上的大力扶持，积极引进国外先进集成电路技术。通过成为跨国企业的生产基地，韩国快速建立起自己的 IC 产业。加上龙头企业的带动作用，韩国逐渐从下游组装地转变为集设计、制造、封测为一体的综合配套生产中心，形成了以三星为核心，从集成电路下游组装到上游设计、制造为一体的全覆盖格局。经过前期的积淀，韩国 IC 产业规模进一步扩大，研发实力逐

步增强，开始集中力量重点突破存储器领域，最终凭借存储器的技术优势实现了 IC 产业的跨越式发展。凭借在存储器上的规模经济优势，韩国于 20 世纪 90 年代顺利打入世界集成电路市场，成为 IC 产业的后起之秀。

回顾韩国 IC 产业的发展过程，可分为三个阶段：20 世纪 80 年代，国内半导体产业处于缓慢的发展初期阶段，IC 产业以装配、封测业务为主。90 年代，在掌握 DRAM 存储器技术之后，开始研究拓展半导体材料、设备、SOC 芯片设计等领域，逐步迈向中高端的集成电路设计、装备制造等环节，IC 产业链条得到进一步完善。进入 21 世纪，则重点向非存储器领域的大规模集成电路技术及微电子、光电子集成电路范畴拓展，进一步朝着产业链条的纵深发展。韩国 IC 产业在不到 40 年的时间内，成为继美国、日本之后 IC 产业强国，在世界 IC 产业上占据重要的地位。

4) 中国台湾：创新商业模式，三业并举完善产业链

中国台湾地区的 IC 产业获得巨大成功的关键在于对商业模式的创新变革。台积电于 1987 年创立，该公司是世界上首家专门从事代工行业的集成电路制造服务公司，整个 IC 产业的经营模式由此改变。与英特尔、三星的 IDM 模式不同，台湾地区在激烈的市场竞争中，另辟蹊径，专注于进入门槛较低的半导体芯片生产加工商 (Foundry) 环节，利用规模效应顺利成为集成电路制造领域的超级航母。台湾地区半导体产业早期集中于芯片封装产业，也是从引进技术起步，在此基础上消化吸收，发展自身技术。开展制造代工服务是台湾地区 IC 产业发展的重大转折点，通过创新商业模式，中国台湾走出了一条和日本、韩国不同的道路。以国际市场为导向，采用三业 (设计、芯片制造、封测) 并举策略，打造垂直分工的 IC 产业新模式，凭借成功变革产业模式追上世界先进水平，顺利从狭缝市场发展到主流市场。

1990~1999 年，台湾地区实行了亚微米计划、台湾芯片设计制造中心计划、台湾工业技术研究院系统芯片中心计划。在此期间，诞生了如日月光集团、中国台湾联发科技股份有限公司等一批知名 IC 企业，进一步形成了封装、集成电路设计、制造、封测的完整产业链，其中设计产业规模位居世界第二。2000 年开始，随着信息技术的迅速发展，台湾地区实施了系统级芯片推动联盟计划、科技专项计划、砂导计划、台湾芯计划等系列计划，建立了 SOC 推动联盟、IP 验证合格标准制定联盟等专业组织。这些计划和组织的实行与成立对加快提升台湾地区的集成电路技术水平起到了巨大的推动作用，也为台湾成为世界上第四大 IC 产业基地奠定了基础。

2.2　IC 产业新动能培育路径

根据《国家集成电路产业发展推进纲要》，我国发展集成电路要先铺垫好国内的产业技术环境，从"钻石模型"所涉及的生产要素、需求条件、相关支持性产业、企业的战略、结构和同业竞争、机遇、政府等角度分析国内集成电路行业的发展基础与前景，同时分析国际上集成电路的发展情况，总结适合国内集成电路的发展路径。

2.2.1　IC 产业竞争力分析

本节采用波特 "钻石模型" 作为分析 IC 产业竞争力的基础理论，该理论被广泛应用于产业竞争力的分析领域。本章结合波特 "钻石模型" 深入分析了 IC 产业竞争力的来源，以期为我国开展 IC 产业新动能培育工作提供参考。

1) 生产要素

迈克尔·波特将生产要素划分为初级生产要素和高级生产要素。IC 产业属于高科技产业，高级生产要素的重要性远超过初级生产要素。尤其是资本、人才、知识要素对于 IC 产业新动能培育具有关键作用。

随着全球 IC 产业进入 "寡头垄断" "寡头结盟" 的新阶段，产业门槛越来越高，资金需求越来越大。例如，集成电路巨头三星 2015 年资本支出达到 103 亿美元，而我国半导体龙头企业中芯国际集成电路制造有限公司 2015 年资本开支为 15.7 亿美元，仅为三星的 1/7 左右。长期的资本投入不足，是造成中国半导体产业发展滞后的重要原因。

人才是决定 IC 产业成败的关键因素。美国、日本之所以能够在高技术领域称霸全球，与其丰富的高质量人才储备密切相关。中国目前也积极引进海外技术人才回国，并着手培育本土的 IC 产业人才。

技术与专利是 IC 产业永恒的关注焦点。美国高通公司从 2G 时代便开始积极进行移动通信技术的专利布局。凭借专利优势向全球手机和网络设备生产厂家收取高昂专利费，并通过专利授权的方式限制我国企业的发展，使其一直处于跟随的被动地位。

2) 需求条件

在提高产业竞争优势中，迈克尔·波特十分强调国内需求的推动作用。迈克尔·波特认为国内需求会使国内企业比外国竞争对手更早采取应对措施，从而增加企业竞争能力。当我国于 2014 年正要开始进行 4G 网络建设时，美国早在 2009 年就已经启动了 4G 网络。但在 5G 时代，我国提前进行技术专利布局，参与 5G 全球标准的制定过程，与美国、日本等发达国家同时迈入 5G 时代。

在过去的 15 年，我国是全球 IC 产业发展的重要推动力。集成电路年均增速将近 11%，而全球年均增速仅有 3.2%，远高于全球增速。2014 年我国集成电路市场规模首次超过 1 万亿元人民币，占全球市场份额一举提升至 50%，标志着我国集成电路市场已经成为全球的核心市场。

3) 相关支撑产业

某一产业是很难孤立存在并且崛起的，它离不开相关产业的有效支撑，必须得到上下游，尤其是上游行业的强劲支持，才能在激烈的国际竞争中脱颖而出。

集成电路设备制造领域进入壁垒极高，尤其是光刻和刻蚀等核心设备，一台光刻机需要稳定、纳米级别的光源，多种先进的偏振镜头，纳米级别的控制工艺等。而制造设备又被像美国应用材料公司这种跨国企业垄断，其他国家要想迈入该领域困难重重。我国设备制造领域与国际先进水平的差距非常明显，自给率不足 10%，严重依赖进口设备，实现国产化替代仍然需要较长的时间。

优质半导体材料是发展 IC 产业的基础。我国在半导体材料领域已经实现了部分的国产替代。以纯度在 99.95%乃至 99.995%以上的高纯钛为例,过去仅有日本和美国的两家公司掌握高纯钛规模化生产技术,但我国江苏省常州市金坛六九钛业科技有限公司经过长期研发,突破了高纯钛规模化生产技术,填补了我国高纯钛生产空白,还大量出口到国外,打破了美国和日本在国际市场的垄断地位。

4)企业的战略、结构和同业竞争

迈克尔·波特认为,企业的发展战略、结构及同类市场竞争的激烈程度是其能否获得持续稳定发展的重要因素。英特尔作为国际 IC 产业巨头,其企业战略具有明显的技术导向,英特尔一直扮演着半导体材料的关键制程突破者,在全球半导体市场上占据绝对领先优势。其公司战略与时俱进,在外界环境不断变化时,坚守并发扬自身优势,当机立断调整业务范畴,抢占新兴市场先机,进一步巩固其集成电路龙头地位。

我国集成电路行业拥有一个高度开放的市场,这意味着我国集成电路企业从诞生起就要与拥有领先技术、经验优势的国外厂商开展竞争。据海关统计,从 2013 年起,我国进口集成电路的价值就超过 2000 亿美元,到 2017 年集成电路进口价值为 2601 亿美元,出口价值为 669 亿美元,贸易逆差达到 1932 亿美元。从该数据可以看出,我国 IC 产业总体竞争能力不强,在国际竞争中依然处于劣势。

5)机遇

韩国之所以能在短时间内迅速成长为 IC 产业强国,关键在于其对存储器市场机遇的把握。当全球半导体行业进入衰退期,发达国家都在缩减投资规模时,韩国反其道而行之,在半导体业注入巨额资金,一举在存储器市场上取得辉煌成就,并跻身世界半导体行业前端。当前,全球集成电路企业加速向亚太地区转移,我国拥有最大规模的集成电路市场,集成电路巨头纷纷进驻,与国内企业携手成立合资公司,加上国内产业政策的大力扶持,我国集成电路产业将迎来新一轮发展机遇。

6)政府

各国政府在税收、政策、资金成本和公平的产业发展环境等方面拥有决定性影响力。纵观美国、日本、韩国集成电路发展史,政府均进行持续支持,涉及税收、产业基金、研发投入、人才培养、市场规范等多个方面。由于我国政治体制优势,政府在经济中的话语权比国外发达国家更大,因此政府在我国集成电路产业崛起的历程中扮演着极其重要的角色。

2.2.2 国际 IC 产业新动能培育路径

1)全球价值链的角度

美国战略学家迈克尔·波特在《竞争优势》一书中首次提出了价值链的概念。他将价值链定义为从原材料到成品交货包括交货后的延伸服务过程中价值不断增值的线性图。公司的价值创造过程主要包括基本活动生产、营销、运输、售后服务等环节和支持性活动如原材料供应、技术、人力资源和财务等环节两部分,这两种不相同但又相互联系的生产经营活动构成了一个企业创造价值的行为链条，即价值链。迈克尔·波特的价值链理论被学界广泛接受，并得到不断发展。

格里芬(Gereffi)在 20 世纪 90 年代提出了全球商品链理论(global commodity chain，GCC)，用来阐述生产、贸易、公司战略是如何影响全球服装产业分布格局的。学者以此为基础，继续对全球产业格局进行深入研究，提出了全球价值链理论(global value chain，GVC)。该理论包括投入产出结构、具体的地域范围、内部的治理结构三个主要部分，更好地解释了产品增值过程及在全球分布的情况。全球价值链理论的提出为进一步分析地方产业升级提供了不同研究视角，突破了以往静态空间分析模式(表 2-1)。

表 2-1　价值链下的四种产业升级路径

升级路径	升级实践	升级表现
工艺流程升级	生产过程更有效率	生产成本降低，引进新的过程组织方式
产品升级	产品质量提升	产品市场份额增加
功能升级	改变在价值链中所处位置	从低附加值环节转向高附加值环节
链条升级	移向新的、价值含量高的价值链	获取相关或相异产业领域的高收益

拉斐尔·卡普林斯基(Rapheal Kaplinsky)和迈克·莫里斯(Mike Morris)在全球价值链的框架下，总结归纳出产业提升的四种路径：①工艺流程升级，通过调整生产流程或引入技术含量较高的生产工艺，提高生产效率来提升自身的竞争优势，如工厂引进更为先进的自动化车床提高生产效率；②产品升级，通过改进现有产品的附加值或引进新产品来达到超越提升竞争力的目的，如从低附加值的简单产品转向同一产业中附加值更高、更精细、更为复杂的产品；③功能升级，指把价值链中的环节重新组合来获取更高竞争力的一种升级方式，如企业从低附加值环节转向高附加值环节来把握战略性价值环节；④链条升级，从现有产业链转移到其他产业链条的升级方式，嵌入新的、更有发展空间的全球价值链。一般而言，这四种升级路径之间是层层递进的关系。

2) 区域创新网络的角度

创新是产业升级的根本推动力量。产业从低端向高端发展过程中，需要不断冲破固有的思维理念与经营模式，整合新的知识、资源、信息。区域创新网络则是产业集群能够持续创新，永葆生机与活力的有效保障。区域创新网络是指在一定地域范围内，各个行为主体通过彼此之间的互动形成各种相对稳定的、能够促进创新的、正式或非正式关系的总和。

区域创新网络基本构成要素主要包括组成网络的主要结点、网络中各结点形成的主要关系链条、网络流动的生产要素及其创新资源。结点主要是区域创新各行为主体，包括企业、高校或研究机构、政府等公共组织机构、中介组织、金融机构五个方面。链条既是知识、信息传递扩散的关键渠道，又是知识信息技术等在扩散中创造价值或知识增值的渠道。链条包括显性关系和隐性关系，显性关系是指可观察到的物资关系及劳动力的流动，隐性关系主要是指人与人之间非正式知识、信息的流动。

2.2.3　国内 IC 产业培育路径

当前，世界经济正处于复苏时期，以物联网、新能源、人工智能为代表的新技术冲击原有的产业格局，全球产业结构迎来新一轮调整。我国自"十三五"时期开始，调整经济发展政策，实行供给侧改革，强调稳中求进，注重经济平稳健康运行，特别提出要加强对实体经济的支持力度。

目前，国内 IC 产业以中小企业为主，缺乏如英特尔、高通、德州仪器公司、三星、SK 海力士半导体(中国)有限公司之类的高端领军企业，IC 产业总体规模与国际相比依然存在较大差距，IC 产业新动能尚处于初期培育阶段。为进一步培养发展壮大 IC 产业新动能，实现 IC 产业跨越式发展，在此提出我国 IC 产业新动能培育应遵循的"产业链整合—技术和服务升级—价值链优化"三阶段发展路径。

首先，应加快完善国内 IC 产业链，建设一条全面的"IP+设计+制造+封测+应用"产业链条。充分发挥龙头企业带头作用，重点培育一批具有产业链资源整合能力的龙头企业。并以龙头企业为领导带动相关集成电路企业实现产业集聚，增强规模效应，做大 IC 产业规模，整合各环节资源，加强上下游企业间的沟通与协作，实现彼此间信息共享与交流，推进产业链内部配套衔接，如芯片与整机企业的联动发展，从而促进我国 IC 产业链条升级。

其次，在 IC 产业链整合完成的基础上，应加大对技术研发的资金与人才投入。提高对基础研究积累的重视程度，以国家力量集中一切优势资源，重点研发一套先进、自主可控的关键共性技术，并做好集成电路领域专利布局工作，完善集成电路知识产权保护体系。同时，充分发挥市场机制的作用，以集成电路骨干企业为支点，联合高校、研究机构共同打造 IC 产业技术创新平台，依托该平台进一步强化集成电路企业技术支撑能力，从而全面提升系统化服务水平，实现由低质量的单一化服务向高质量的差异化、定制化服务的转变。

最后，在 IC 产业链整合及技术、服务升级的前提下，我国 IC 产业逐步迈入价值链优化阶段。通过产业集群增强规模效应，集中企业资源，探寻并巩固具有优势地位的细分领域市场，以此为切入点融入全球 IC 产业价值链中，并在该领域内占据支配地位。通过提升我国 IC 产业的技术、服务水平，积极拓展新兴市场空间，增强差异化系统集成服务的供给能力，实现 IC 产业价值链的优化和重组，促进我国 IC 产业向价值链的高端环节发展。

此外，加快自主品牌建设，通过市场化的营销手段重点培育一批具有国际知名度的中国集成电路企业，推动我国 IC 产业向国际化发展，提升国内 IC 产业综合竞争能力。

2.3　江北新区 IC 产业新动能分析

发展 IC 产业是信息技术产业发展和工业转型升级的重要途径，也是国家重要产业发展战略之一。江北新区 IC 产业新动能的培育，需要充分研判我国集成电路行业总体情况，在国家总体发展趋势下加快培育产业新动能。

2.3.1　国内 IC 产业 PEST 分析

任何企业或行业的持续稳定发展都会受到宏观环境的影响。本节采用 PEST 模型，分别从政治(Politics)、经济(Economy)、社会(Society)、技术(Technology)四个方面分析江北新区 IC 产业发展的宏观环境。

1）政治：依靠政策支持，改善产业环境

自 2012 年起，我国经济增长速度由高速转变为中高速，经济发展进入新常态模式，经济结构面临新一轮的调整与升级。为加快新旧动能转化，寻找新经济增长点，国家开始大力培育新兴产业。集成电路作为具有重要战略意义的高技术型新兴产业，其未来发展前景受到政府部门的高度关注。2016 年出台的《"十三五"国家战略性新兴产业发展规划》包括集成电路产业，覆盖了集成电路产业的设计、制造、封装、材料、工艺等各个方面。2018 年工业和信息化部工作会议指出要深入实施"中国制造 2025"，推进网络强国建设，加快传统经济优化升级。集成电路作为信息时代的粮食，对于中国未来建成网络强国、推进制造业转型升级具有关键作用。

2）经济：适应经济新常态，谋求新兴产业发展

当前，国家加快产业结构调整步伐，大力推进战略性新兴产业覆盖三次产业，从过去主要依靠要素资源大规模投入的粗放式发展，向更多依靠创新驱动的集约式发展转变。在新形势下，坚持稳中求进，把稳增长、惠民生放在经济建设的首要位置。通过消耗大量不可再生能源及资源，我国 GDP 保持了将近 20 年的高速增长，而"十三五"以来，GDP 增速放缓，基本维持在 7% 左右，经济步入新常态时期。为保证国民经济的平稳运行，国家开始培育战略性新兴产业，实施创新驱动发展战略，以新经济、新业态、新技术、新模式为核心，以知识、技术、信息、数据等新生产要素为支撑，转变以往的经济运行方式。集成电路作为国家重点发展的新兴产业，在税收方面得到了众多的优惠。符合条件的半导体企业可以免征两年企业所得税，第三年至第五年按照 25% 的法定税率减半征收企业所得税，并享受至期满为止。

3）社会：转变消费模式，提供产业发展机会

从人口构成来看，中国人口基数庞大，市场机会广阔。改革开放以来，中国经济保持持续稳定的增长。社会中高收入群体增加，中等收入群体基数扩大，低收入群体减少，国民整体购买力不断提高。智能手机、平板电脑、电视、数码相机等电子产品的购买热情持续高涨，这给集成电路产品销售和服务提供了广阔机会。同时，绿色健康、节能减排等可持续发展理念也深刻影响着人们的行为方式和消费观念。年轻一代更注重产品功能与用户体验，高端市场潜力巨大。此外，移动支付的普及，带动了智能终端、云服务、移动支付产业的崛起，为 IC 产业提供了充分的发展空间。

4）技术：发挥规模优势，补足技术短板

21 世纪以来，全球集成电路设计、制造和封测技术创新节奏显著加快，FinFET、SOI
等元器件结构技术、封装技术、光子芯片、量子芯片等新技术、新材料、新工艺持续推
出，技术升级不断加快。我国 IC 产业经过多年的发展，已形成一个完整的产业链，市场
规模位居世界第一。但与国际顶尖企业相比，还存在一定的差距。在封测方面，江苏长
电科技股份有限公司、南京华天科技发展股份有限公司和通富微电子股份有限公司接近
国际先进水平，但其他封装企业大多数仍采用 DIP、SOP、QFP 等传统封装，BGA、CSP、
WLCSP、3D 堆叠等先进封装技术只占到总产量的 20%。此外，在芯片设计、制造领域，
国内企业依然处于劣势地位，高端零部件及设备如处理器、存储器、光刻机等进口依赖
仍然十分严重，自给率不足 40%。

2.3.2　江北新区 IC 产业发展现状

1）产业基础：基础设施渐趋完善

南京是全国重要的科教中心城市和国内首家"中国软件名城"，电子信息制造业规模
和软件信息服务业主营收入在全国 15 个城市(广州、深圳、南京、武汉、沈阳、西安、
成都、济南、杭州、哈尔滨、长春、大连、青岛、厦门、宁波)均位居第四，这为培育和
提升 IC 产业新动能奠定了良好的产业基础。2015 年 7 月 2 日，国务院印发《关于同意
设立南京江北新区的批复》，正式批复同意设立南京江北新区。江北新区由此成为中国第
13 个、江苏首个国家级新区。2016 年 2 月，江北新区被列为省级 IC 产业发展基地。至
此，江北新区开启了 IC 产业发展的新篇章。

2）发展优势：产业集聚形成完整产业生态链

江北新区积极抢占战略性新兴产业发展先机，围绕 IC 产业链上的关键环节，引进了
台积电、南京紫光科技园发展有限公司、晶门科技有限公司、展讯通信有限公司、北京
华大九天软件有限公司、中科芯集成电路股份有限公司、北京中星微电子有限公司、创
意电子有限公司、ARM(英国)、Synopsys(美国)、Cadence(美国)等国内外知名企业。目
前，江北新区已汇聚 200 余家集成电路企业，涵盖 IC 产业链上下游关键环节，IC 产业
集聚初步显现。

3）软件支持：产学研一体发展

为保障 IC 产业新动能持续稳定的发展，培育一批具有竞争力的本土集成电路企业，
江北新区积极引进社会资本，与深圳市创新投资集团有限公司、中科招商集团、英飞尼
迪股权基金管理集团、金沙江创业投资基金、红杉资本等多家创投基金公司达成合作协
议，为本地集成电路企业从初期创立到后续壮大提供全程资金支持。江北新区还专门设
立了南京集成电路产业服务中心以支持企业加快实现技术成果转化。此外，出台了《南
京江北新区促进创新创业十条政策措施》《江北新区产业科技金融融合创新先导工程
（"灵雀计划"）实施办法(试行)》等扶持政策，与东南大学、南京大学、南京邮电大学、

南京航空航天大学等知名高校开展合作，联合培养集成电路设计与制造领域的高层次、复合型人才，打造南京本土集成电路专业人才队伍，为 IC 产业新动能培育及长远发展提供智力支持。

4）空间布局：良好的产业园基地

为更好地服务企业，进一步培育提升 IC 产业新动能。江北新区整合现有产业资源，进行"三个基地"的空间布局。一是以产业技术研创园为载体的集成电路设计及综合应用基地，该基地依托 ARM（英国）、Synopsys（美国）、展讯通信有限公司等龙头企业，借力江苏省产业技术研究院、中德智能制造研究院等创新平台，重点发展网络通信、物联网等领域的集成电路设计业；二是以南京软件园为载体的集成电路设计产业基地，依托北京中星微电子有限公司、华大半导体有限公司等开展集成电路设计产业，以创建国家集成电路创新中心为目标，打造国内一流的集成电路设计产业基地；三是以浦口经济开发区和江北新区智能制造产业园为载体的集成电路先进制造产业基地，依托紫光集团、台积电等龙头企业，着重发展制造、配套材料、封测产业。

2.3.3　江北新区 IC 产业发展目标

预计到 2020 年，江北新区 IC 产业销售收入突破 500 亿元，年均增幅达到 60% 以上，形成集成电路制造、设计和封测等环节协同发展的产业链。积极培育销售收入超 10 亿元的龙头企业 10 家以上，同时创建多个高水平的集成电路研究机构和运营中心，培育发展一批在细分领域内市场占有率高、发展速度快的本土优势企业。不断提升 IC 产业集聚度，建成具有全球影响力的"中国芯片之城"，力争到 2020 年形成以芯片设计为核心的集成电路千亿级产业集群，进一步壮大 IC 产业新动能。

2.4　江北新区 IC 产业新动能培育对策

1）加大产业政策扶持，完善行业环境

江北新区已出台《南京江北新区创新创业十条政策措施》《江北新区产业科技金融融合创新先导工程（"灵雀计划"）实施办法（试行）》等政策以扶持园区内企业更好地开展技术创新。但政策覆盖范围、支持力度还有待进一步提升。其中，IC 产业政策的实施范围以芯片制造为主，针对集成电路设计、封测和专用设备仪器、材料及关键零部件制造等产业链配套领域的政策措施相对缺乏，未来江北新区应继续拓宽政策扶持范围，进一步加大财税金融支持力度，切实减轻企业经营负担。此外，实施产业政策优惠，从资金、技术推进、产业结构和组织等方面提升产业竞争力，壮大本土企业实力，减少国外先进企业领先占据江北新区市场的可能。江北新区应提高对基础性市场准入保护工作的重视程度，加快推进本土企业自主创新能力的培养，完善 IC 产业的产业扶持体系，为培育和提升 IC 产业新动能提供坚实的政策支撑。

2) 健全产业基础设施,打造完整产业生态链

打好基础是强化产业集聚的先决条件,江北新区应积极引进集成电路设计企业的配套服务企业,打造全国最大的集成电路工程师实训基地,建立专业化公共技术服务平台。发挥龙头企业的引领作用,紫光集团、北京华大九天软件有限公司、晶门科技有限公司、展讯通信有限公司、ARM(英国)、Synopsys(美国)、Cadence(美国)等国内外知名集成电路企业相继入驻,产业集聚效应显著。江北新区已初步形成包括集成电路设计、制造、封测、材料、设备等产业链条,产业生态链进一步成熟需要依靠基础设施的健全,壮大优质产业生态链。整体而言,江北新区企业自主创新能力不强,基础技术积累及创新能力需进一步提升。企业作为技术创新主体,应充分发挥在技术研发和科技创新方面的主观能动性,加强与国家实验室、高校等研究机构的联系,加大关键技术攻关力度,紧追世界前沿技术,发展一批具有核心专利的优质企业,使江北新区成为 IC 产业新动能培育与提升的技术高地,进而提高 IC 产业国际竞争实力。

3) 健全资金筹措渠道,打造高端人才链

IC 产业综合实力的提升离不开资金与人才两大利器。目前,深圳市创新投资集团有限公司、中科招商集团、红杉资本等多家知名创投基金落户江北新区,首批创投基金规模达 10 亿元。然而江北新区内为初创型科技企业提供资金支持的力度相对较小,建议商业银行等金融机构应加大对集成电路企业的信贷支持力度。同时,积极推进股权投资、创业投资、天使投资等覆盖中小型集成电路企业,实现科技创新和金融创新的紧密结合。此外,IC 产业的发展离不开专业的技术人才。应优化南京市本土人才培养制度,从高校和龙头企业两方面着手,培养多层次、复合型、实践型微电子产业人才,积极实践产学研一体发展。同时,大力引进海外 IC 产业领军人才,建设一支具有国际视野的高端人才队伍,为 IC 产业新动能的培育提供智力支持。

4) 掌控产业基础环节,引领新兴技术领域

目前,江北新区已初步形成包括集成电路设计、制造、封测、装备、材料在内的产业链条。但总体技术实力和产业规模仍然有待进一步加强。从技术要求较低的封测环节切入,作为集成电路重点突破领域,稳住中国在封测环节的领先地位,保持竞争力。通过有效整合江北新区内产业资源,推进 IC 产业上下游企业形成战略联盟,营造园区内企业相互支撑的良性互动氛围。加快建立 IC 产业链联动机制,重点推动芯片与整机联动发展。此外,应加强产业政策引导,系统谋划将 IC 产业融入电子信息产业、互联网金融等产业链中,在市场需求高的领域与国际巨头并驾齐驱,实现 IC 产业链、金融链、创新链的协调发展,为江北新区 IC 产业新动能健康发展创造良好的生态环境。

5) 把握行业调整机遇,减少供需缺口

自集成电路发展以来,共经历过三次重心转移,从 20 世纪 40~50 年代的美国领先研究、80 年代日本的经典 IDM 模式到韩国抓住机遇,牢占存储器市场。每次重心转移都预示着巨大的挑战与机遇,尤其当前处于人工智能时代,芯片就是人工智能的"大脑",

是人工智能的核心,想要在信息革命中占得先机,就需要高度重视当前集成电路重心转移到中国大陆的重要契机。虽然我国面临着芯片进口量远远大于出口量的局面,但每月芯片供需缺口至少有 30 万片,急需加大 IC 产业的资本投入,缩减供需缺口。

6) 落实细化政策,优化金融环境

现有税收、人才培育等政策落到实处往往会有一定的滞后期和磨合期,国家虽设立"大基金"为集成电路行业提供资金支持,但对江北新区而言,仍需要具体问题具体分析。融资难与融资成本高可能成为江北新区发展集成电路的绊脚石,影响企业再生产,企业也会缺乏动力,所以在资金方面,江北新区需要格外关注,在加强集成电路行业发展的同时也要不断优化融资环境。

第3章　江北新区金融中心创新研究

3.1　江北新区发展新金融中心发展现状

3.1.1　新金融中心建设情况

为吸引各类金融机构集聚，全力打造全国一流的新金融中心，江北新区于2018年出台《南京江北新区加快建设扬子江新金融集聚区的若干意见(试行)》，从金融企业落户奖励、办公用房支持、经济贡献奖励，到金融高端人才引进、金融项目创新支持、投资风险补偿，形成全链条扶持政策体系。在全链条政策体系的支持下，江北新区先后引进了工银安盛资产管理有限公司、中国供销合作社供销金融、深圳市创新投资集团有限公司等金融机构。此外，华泰证券产业基金、红土智能创投基金等70多支基金落户江北新区，认缴规模超1200亿元。目前，新金融中心一期项目已经正式启动建设，项目占地面积160亩①，总投资123亿元，建成后将重点集聚金融资产管理、区域股权交易、金融科技和保险创新等新金融业态，形成对扬子江新金融集聚区建设的有力支撑。

3.1.2　新金融中心集聚三大金融业态

江北新区新金融中心，由国内知名企业投资150亿元打造，定位是打造成为新金融高地、创建金融机构集聚区，聚集长江经济带城市群经济圈财富资本，并通过发展股权投资、民间资本管理、互联网金融、股权众筹等新兴金融业态，投向实体经济重要领域，实现金融与实体经济的良性互动，形成在长江经济带城市群经济圈具有一定影响力的特色金融产业集聚区。江北新区全面聚焦三大业态：一是大力集聚资管机构，注册资本120亿元的工银安盛资产管理有限公司，以及芯鑫融资租赁有限责任公司、安心财产保险有限责任公司等一批新金融业态企业已正式落户江北新区，积极引进苏宁金融、国寿投资等一批有影响力和带动性的金融机构入驻江北新区，加快打造大资管生态圈和新金融全产业链；二是大力集聚各类基金，全面聚焦新区集成电路、生命健康两大产业，充分发挥省市共建南京江北新区发展基金、南京江北新区战略投资协同创新基金两大抓手作用，参与百亿元级长三角协同创新基金设立，引进国寿大健康基金、工银普拓股权投资基金、新希望医疗健康产业基金、江苏省供销合作产业发展基金等一批重点产业投资基金，着力发挥基金对于资本集聚和科技创新的双向驱动作用，助推新区产业、科技、金融融合创新发展；三是大力集聚金融科技企业，先后引入SAS科技、苏宁金融科技、荣泽科技等一批金融科技代表企业，加速推动传统金融机构对金融科技的应用，构建开放共享的"金融+科技"生态圈。

---

① 1亩≈666.67平方米。

3.1.3　新金融中心打造"两中心一基地一试验区"

江北新区以金融资产管理和区域股权交易为引领，以金融科技和保险创新为驱动，力争到"十三五"时期末，打造具有强大资产管理能力、资本吸纳能力、产融结合能力和创新转化能力的全国一流新金融中心，简称"两中心一基地一试验区"，即资产交易中心、股权交易中心、金融科技产业发展基地和保险创新试验区。具体举措包括：①在项目引进方面，以工银安盛资产管理有限公司落地为核心，吸引其他大型金融机构资产管理公司落户，形成资产管理项目集聚，继而进一步吸引信托、基金、律师事务所、会计师事务所等同链产业集聚；②在园区功能配置方面，打造"两中心一基地一试验区"，实现四线并举；③在空间选址方面，结合江北新区(老山片区)低密度、生态、宜居、宜业的自然环境，构建绿色、和谐、共享的开放式金融小镇；④在产业升级方面，依托南京大学–工商银行金融创新实验室等支撑载体，以大数据、区块链、云计算等金融科技(Fintech)研发应用为核心，引导金融资源进入先进制造业、智能产业、健康医疗等实体经济领域，逐步推动区域内产业转型升级；⑤在新兴金融业态方面，扶持符合条件的股权投资基金、股权投资类企业和股权投资管理企业，以及各类非银新金融业态机构。

3.2　江北新区建设新金融中心的条件与机遇

根据《国家创新驱动发展战略纲要》的要求，江北新区作为国家级新区，应积极围绕建设创新型国家的战略目标，将建设"自主创新的先导区"作为功能定位的首要目标。规划打造江苏创新的策源地、引领区和增长极，建成具有全球影响力的产业科技创新中心重要基地，成为落实创新发展理念，依靠创新驱动、开放合作、绿色发展的现代化先导示范区。站在新的起点，江北新区的建设和发展充满着机遇与挑战。根据《国家级新区体制机制创新工作要点》的要求，江北新区还需在智库体系、创业创新人才管理等方面先行先试。

3.2.1　高质量发展时代江北新区的发展机遇与优势

高质量发展的根本在于经济的活力、创新力和竞争力，供给侧结构性改革是根本途径。当前转向高质量发展具备一系列有利的基础性条件，如最终消费上升、服务业占比提高等增强了经济运行的稳定性，中等收入群体规模不断增大提供强大的市场驱动力，供给侧结构性改革有效强化市场功能，科技创新和技术扩散为高质量发展提供技术支撑，全球价值链的变化为高质量发展提供机遇。

江北新区高质量发展拥有较为明显的优势。一是生态资源优势。江北地区生态环境优越，自然资源优势突出，生态条件得天独厚。百里老山风景秀美，江河湿地自然天成，汤泉是全国首批"中国温泉之乡"，金牛湖是南京市最大的人工湖泊，具有休闲度假、生态观光的功能，具备吸引高新科技研究机构、高端人才落户的环境支撑力，同时也能拉动江北地区服务业迈上新台阶。二是人才资源优势。江北新区集聚了众多高校、研究机构及大型企业，汇集了各类高层次人才。围绕高校、研究机构、大型企业等，相关行业公司、企业家、投资公司在更大范围混合发展,构成城市创新空间。江北新区分布了南京大学、东南大学、南京农业大学、南京信息工程大学、南京工业大学、南京审计大学等 15 所高校,涵盖理工、医学、经济、管理、军事等学科门类,拥有包含 9 名院士在内的 2.3 万人的师资力量,在校生总规模达 16.22 万人。三是文化资源优势。江北历史文化积淀深厚,古城墙遗址、点将台、浦口火车站、六合城隍庙遗址、达摩、书法文化等人文资源众多,形成城市独特内涵,具备吸引集聚创新创意产业、文化产业的能力。始建于 1908 年的浦口火车站,随着我国高铁发展而逐渐没落。但作为中国唯一完整保留历史风貌的"百年老火车站",朱自清曾在这里写下《背影》、孙中山先生灵柩曾由此渡过长江运往中山陵,浦口火车站是一座极具历史文化背景的老火车站。近年来,逐渐成为以民国为背景电影及电视剧的重要外景基地和文化创意园区。与火车站相邻的大马路地块开设了民国风情商业街,由英国人建设的货运仓库改建成富士康(南京)研发园。百年浦口火车站形成集历史文化、研究创新、休闲娱乐为一体的城市综合体,是江北新区重要的滨水创新空间。

江北新区高质量发展面临众多机遇。一是国家长江经济带发展战略机遇。作为拥江发展的国家级新区,随着《国务院关于依托黄金水道推动长江经济带发展的指导意见》的出台,长江经济带建设正式上升为国家发展战略,对优化江北新区产业结构和新型城镇化布局、推动经济提质增效升级、提升江北城市功能和国际化水平,将发挥强大的引擎带动和支撑作用。二是苏南现代化建设示范区建设机遇。江北新区作为国家苏南现代化建设示范区规划的重要组成部分,被明确为唯一"重点开发"区域,发展潜力大,具有引领区域经济持续发展新增长极的独特优势,这为新区发展提供了广阔的空间。三是中国(上海)自由贸易试验区建设机遇。中国(上海)自由贸易试验区的建设虽然短期会带来一定的虹吸效应,但是长期看将产生服务贸易与投资、全方位开放等溢出效应,可带动江北新区现代服务业、高新技术产业、战略性产业和临港产业的发展。

3.2.2　江北新区建设新金融中心的支撑政策

截至 2018 年底,中国已经成立 19 个国家级新区(表 3-1),江北新区占地面积最大,上海浦东新区是最早成立的国家级新区,雄安新区则是举全国之力发展的国家级新区。江北新区的发展目标是对标"第一方阵",重点对标雄安新区的高标准规划、浦东新区的高水平发展。

表 3-1　各个国家级新区的大小

排序	新区	涉及领域	面积/平方千米
1	南京江北新区	南京	2451
2	大连金浦新区	大连	2299
3	天津滨海新区	天津	2270
4	青岛西海岸新区	青岛	2096
5	河北雄安新区	雄县、容城、安新	2000
6	福州新区	福州	1892

续表

排序	新区	涉及领域	面积/平方千米
7	贵州贵安新区	贵阳、安顺	1795
8	兰州新区	兰州	1700
9	四川天府新区	成都、眉山等	1578
10	浙江舟山群岛新区	舟山	1440
11	上海浦东新区	上海	1210
12	重庆两江新区	重庆	1200
13	陕西西咸新区	西安、咸阳	882
14	广州南沙新区	广州	803
15	长春新区	长春	499
16	哈尔滨新区	哈尔滨	493
17	湖南湘江新区	长沙	490
18	云南滇中新区	昆明	482
19	江西赣江新区	南昌、九江	465

资料来源：根据公开资料整理

2017 年 5 月 19 日，江北新区对外宣布设立百亿元新金融发展基金和 10 条新金融扶持政策，全力打造扬子江新金融中心。新金融中心包括新银行、金融科技、区块链技术、互联网金融、智能财富管理等在内的全新金融服务。根据扬子江新金融中心建设三年行动计划，在功能布局上，将构建融"融资+投资+保险"为一体的中央商务区升级版；在空间上，以设立 100 亿元规模的新区战略投资协同基金为契机，加速引进各类基金入驻，构建 CBD 资产管理与证券化中心和创业创新基金小镇；在载体上，建设 8 幢超高层建筑组成的新金融中心一期项目、118 万平方米的绿地金融中心、5 万平方米的金融创意街区，继续规划新金融国际会展中心。目前，江北新区基本形成从金融企业落户奖励、办公用房支持、经济贡献奖励，到金融高端人才引进、金融项目创新支持、投资风险补偿的全链条扶持政策体系。

1）新金融扶持政策

在新兴金融业态方面，江北新区扶持符合条件的股权投资基金、股权投资类企业和股权投资管理企业，以及各类非银新金融业态机构，一般可申请最高 1500 万元的一次性落户奖励。对创新型金融机构，如围绕数字金融设立的创新实验室、创新研究院、新金融众创空间及隶属于大型金融机构总部且独立运作的全国性产品研发中心，以及经国家金融监管部门批准设立的创新性网络金融机构、电商机构、互联网中心等，一般可申请最高 1000 万元的一次性落户奖励。对新引进的在江北新区自行购置办公用房的金融业机构，按购房房价的 10%给予一次性补助，最高 3000 万元，获得补贴的办公用房 10 年内不得对外租售。对新引进的在新区租赁自用办公用房的金融机构，根据实际租赁办公面积，5 年内每年最高给予实际租金 50%的补助，5 年累计补助不超过 1000 万元。对在江北新区申请购地建设本部自用办公用房的新引进金融机构，按规定取得土地使用权并缴交地价款后，最高按照所缴地价款的 30%给予建设奖励金。

此外，对新引进的金融机构，按其产生地方经济贡献起的 5 年内，以其对江北新区地方经济发展贡献为基数，最高按 80%的额度给予奖励。在江北新区注册的有限合伙制创业投资企业、采取股权投资方式投资新区内未上市中小高新技术企业 2 年以上，该创业投资企业的合伙人在股权持有满 2 年的当年，最高可获得项目投资额 70%的应纳税所得额抵扣。对金融机构投资于江北新区种子期、初创期科技创新企业、高层次人才，创业企业按不超过投资额的 5%给予奖励，单个投资的金融机构年度累计奖励最高 500 万元。对金融企业投资并引进落户新区重点支持发展产业的项目，给予管理人团队累计实际投资该项目金额 2%的产业项目引进奖励，单个管理人团队因单个项目引进和投资获得奖励不超 500 万元。

在金融企业落户奖励、办公用房支持方面，对新引进的金融企业法人总部一般可申请最高 5000 万元的一次性落户奖励，金融机构办公用房最高可获 3000 万元的补助，并以其对地方经济贡献为基数，最高按 80%给予 5 年奖励。鼓励引进培育金融人才，从创业贷款支持、经济贡献奖励，到住房、医疗、子女教育方面享受相应政策支持。

2) 鼓励创新创业政策

南京江北新区已在多个维度树立江北新形象，这在南京创新名城建设进程中非常明显。南京江北新区是我省迄今唯一国家级新区，在城市发展关键节点为创新而生。截至 2017 年底，有 35 个新型研发机构，其中 9 家由海外顶尖科学家团队领衔建设，有高新技术企业 273 家，发明专利申请总量 3332 件。南京江北新区成立以来，专利申请量、高新技术产业产值年均增长均超 20%，多项体现科技创新活力的指标均居南京市前列。南京江北新区创新要素快速集聚，创新活力勃发，正在成为创新高地。

创新国际化，嵌入全球创新体系，新区召开多次国际会议。2017 年 11 月 14 日，由江北新区承办的、全球规模最大的网络技术盛会——"GNTC 全球网络技术大会"开幕。大会吸引了来自 20 个国家、50 余个国际组织及 150 多位技术专家与会，探索网络世界前沿技术。2017 年 11 月 9 日，江北新区与诺贝尔生理奖和医学奖的评选单位——瑞典卡罗林斯卡医学院肿瘤治疗领域团队和斯坦福大学生物信息学方面团队核心成员，分别合作共建南京融康博临床医学研究院与南京医基云医疗数据研究院。2017 年 11 月 5 日，剑桥大学在国内唯一冠名科技创新中心正式运作，中心将在 5 年内引入至少 20 个顶尖科研团队，集聚近百名一流创新人才。斯坦福大学、牛津大学、剑桥大学、伦敦国王学院、美国纽约大学、挪威科技大学、德国波恩大学等一大批国际知名大学和江北新区深度合作，新区 9 家新型研究机构由海外顶尖科学家团队领衔建设，已与十余家国际知名研究机构开展项目合作，成为长三角国际创新资源集聚重镇。

除了请进来，江北新区迈步"走出去"建设海外创新中心，先后在美国硅谷、英国牛津建设海外创新中心，依托专业合作机构，形成引进集聚海外创新资源的联动网络，实现海外人才团队和创新项目落地的全流程服务保障体系。硅谷创新中心建设一年多来，推动对接项目近 100 人次，落户项目十余个，已落户团队中 2 人被评为"创业江北"高层次创业人才。通过海外创新中心，江北新区将触角延伸到全球创新最活跃的地区，开辟与英国、欧洲知名高校、创新平台、国际资本合作渠道，推动国际顶级创新要素向新区集聚。"十三五"期间，江北新区将在全球创新前沿地区建设 5 个海外创新中心，汇聚海外顶尖创新资源，形成联动网络，为创新发展集聚动能。

用好国际创新资源，关键还要激发企业主体，发挥市场作用。江北新区积极关注企业需求，建立"一企一档"，组织专家辅导，邀请相关行业专家、风投专家、财务专家对培育企业进行辅导，全力支持配合服务新区企业在英国、澳大利亚等重点国别开展技术研发合作项目，继续跟进"剑桥大学-南京科技创新中心""南京大学-伦敦国王学院联合医学研究院"等创新合作。面对急剧增加的中小科技型企业，江北新区推动企业拓展视野，帮助区内企业自主品牌参与国际产业链竞争，做好牵线搭桥、信息咨询、协助引进技术和管理等各项服务工作，助推中小企业"走出去"，利用境外资源，开拓国际市场。

创新落在企业上，主要的体现就是高新技术企业的涌现。江北新区重视高新技术企业培育，建立重点培育企业库，已纳入 600 多家企业。对重点培育企业从研发费用、知识产权、成果转化等角度进行全方位培训，辅导企业提高条件满足认定要求。同时积极支持科技型中小企业发展。坚持高质量发展要求，精准施策，扶持民营企业发展。做好江苏省民营科技企业、科技型中小企业、技术先进型服务企业申报及科技型研发企业的认定工作，认定科技型中小企业 152 家，科技型研发企业认定 24 家。

3) 顶尖人才引进政策

人才是创新的根基。在金融高端人才引进方面，如今的江北新区成为各类人才创新创业的热土。新区出台系列人才政策，包括《"创业江北"人才计划十策》，最大限度激发人才创新创业活力。从世界顶尖人才团队到青年大学生，对于落户江北新区创业的各类人才，江北新区在资金扶持和各项补助方面实现"全覆盖"。针对不同项目，资助金额从 10 万元到 1 亿元不等。为吸纳、留住人才，江北新区还在生活上给予一定补贴，顶尖专家可申领不少于 300 万元的购房补贴。江北新区建立人才培育库，组织申报科技顶尖专家、创新型企业家，申报数量居全市首位。

江北新区继续深化与知名高校合作，加快推进与南京大学合作共建南京南智先进光电集成技术研究院、南京延长反应技术研究院，与东南大学合作建设国家重大科技基础设施生物医学大数据基础设施、南京紫金山分子医学技术研究院，与南京医科大学共建江苏省转化医学研究院，江苏省细胞工程研究院、江苏省产业技术研究院加快建设，江苏新型药物制剂技术研究所签约落户。

4) 知识产权保护政策

从知识产权大区走向知识产权强区，2017 年 10 月，中国(南京)知识产权保护中心在江北新区启动运行，该中心将面向新一代信息技术产业开展知识产权快速协同保护工作。国家知识产权局副局长出席保护中心启动仪式，并为南京两家企业颁发专利授权通知书。

南京打造全球有影响力的创新名城,提出要成为"五最"城市,其中一条就是要依法治市,成为"知识产权保护最严格城市"。打造知识产权保护高地,江北新区一开始就致力于完善知识产权保护的机制,在开展知识产权一站式服务、优化知识产权保护环境方面走在南京各发展板块前列,依托国家工商总局在江北新区开设南京商标受理窗口和国家知识产权局南京代办处第二工作站,设立知识产权综合服务窗口。江北新区致力于构建知识产权大保护格局,推动知识产权法庭、仲裁院、维权援助中心等载体建设。而中国(南京)知识产权保护中心在江北新区揭牌运营,更是奠定江北新区在知识产权保护领域的突出地位。

截至2017年10月,江北新区完成处理淘宝电商专利侵权纠纷36件,查处假冒专利侵权商品60件,接受并处理商标侵权投诉案30余件。2017年10月,在南京举办的第三届紫金知识产权国际峰会上,江北新区举办以"知识产权金融创新助推国家级新区高质量发展"为主题的分论坛活动。国家、省、市知识产权局,以及南京市江北新区管理委员会、中国银行江苏省分行、江苏省信用担保有限责任公司共同发布知识产权质押融资"知保通"产品。"知保通"由省担保和银行按照8:2承担代偿风险,为已获得银行授信的科技型企业叠加知识产权质押融资额度,帮助企业以较少的时间获得最大额度的资金支持。

2017年10月,江北新区知识产权互联网公共服务平台"我的麦田"为企业知识产权质押放款7750万元,平均每天就有一家中小企业获批贷款。"我的麦田"平台服务对象超过600家科技型企业,完成的融资额超8亿元。江北新区打造的"我的麦田"知识产权互联网公共服务平台,致力于加强知识产权金融服务创新、产品创新,已获批省级知识产权金融服务试点。平台将帮助中小科技型企业实现知识产权与金融资本的有效对接,解决企业流动资金需求。江北新区将围绕重点产业和关键领域,探索知识产权股权投资、保险、证券化工作,解决科技型中小企业融资难、融资贵、融资慢等问题,助推实体经济发展。

根据第三方发布的《专利导航南京江北新区创新发展质量分析评价报告》,江北新区"4+2"产业体系与专利活动匹配度、"两城一中心"产业定位与专利活动趋势匹配度都有了较大提升。2017年,江北新区专利导航高质量发展指数为28.2,相较于2016年的23.1提升22.1%。江北新区知识产权创新发展竞争力不断提升,创新发展匹配度不断优化,江北新区正从知识产权大区走向知识产权强区。

5)鼓励宁台金融合作政策

江北新区新金融中心将围绕江北新区、两岸产业协同发展和创新试验区的重大战略部署,充分利用好两岸企业家峰会平台,抢抓两岸金融合作发展先机,着力争取对台湾地区金融政策先行先试,努力将南京打造成两岸金融合作示范区和区域性离岸金融试点区。

制定专门鼓励台资法人机构来宁发展的扶持政策,大力开展对台金融招商,重点推进彰化银行等在中国大陆设立法人子行项目,争取对台湾地区跨境人民币业务先行先试,稳步推进宁台金融合作示范载体建设。

3.3　江北新区新金融中心建设目标

"中国金融中心指数"利用金融产业绩效、金融机构实力、金融市场规模和金融生态环境四大领域的 91 项指标综合评价我国金融中心发展的优势与不足,旨在为我国金融中心科学发展提供参考依据,这也为江北新区新金融中心建设目标提供重要方向。

3.3.1　提升金融产业绩效

金融产业绩效,一般用金融业增加值、增长速度、占 GDP 比重、金融从业人员数量等统计指标衡量。

1) 提高金融业比重

第一,坚持金融服务实体经济的本质要求,确保资金投向实体经济,坚决抑制社会资本脱实向虚、以钱炒钱,防止出现产业空心化现象。第二,坚持按照市场化方向推进金融重点领域与关键环节改革,完善金融运行机制,激发江北新区市场主体活力,充分发挥市场在金融资源配置中的决定性作用,并进一步明确政府作用的领域和边界,减少政府对微观金融活动的干预。第三,鼓励和引导民间资本进入江北新区金融服务领域,参与银行、证券、保险等金融机构的改制和增资扩股,参与设立村镇银行、贷款公司、农村资金互助社等新型农村金融机构和小额贷款公司。

2) 培养金融人才

第一,支持银行、证券、保险、信托等金融部门全方位发展,支持各类金融机构协同发展来满足金融市场体系不断完善的需要,培育具有先进综合经营能力和较强国际竞争力的金融控股集团,为金融人才提供更广阔的事业发展平台。第二,积极推进金融市场对外开放,鼓励境外优秀股权投资管理企业设立分支机构,支持符合条件的合资证券公司、合资基金公司率先扩大开放范围,扩展合资证券公司试点,扩展相关业务范围。第三,鼓励民营金融企业发展并提供相关政策支持,推动金融企业所有制多元化改革。第四,组织安排高级金融人才专业培训及出国深造,拓展金融从业人员国际视野,增强金融人才国际竞争力;同时积极推进海外金融人才招聘工作,吸引海外熟悉国内国际金融市场、具有丰富实践经验和领导能力的金融精英扎根江北新区。

3.3.2　增强金融机构实力

1) 完善治理结构,加强金融风险的防范和监管

第一,建设具有高度诚信的市场信息披露机制,为投资者创造公平、透明、可信的投融资环境。信息披露直接关系到金融产品价格变动,进而带来市场收益分割,充分信息披露是进行市场理性投资的基础。第二,建立有效保护中小投资者利益制度,这关系到江北新区市场稳定。目前,中小投资者参与金融市场交易的机会越来越多,数量日益庞大。第三,建立有效的市场风险和操作风险管理机制,将市场风险控制在自身能承受的范围内。目前,各监管部门都出台了相应的市场风险管理指引,出台了内控制度评价

管理办法等文件,江北新区市场交易平台需要注重市场风险的提示,帮助市场主体增强风险意识,提高风险管理能力。

2) 加强技术创新,提升竞争实力

20 世纪 90 年代以来,随着金融自由化和国际化的深入,银行技术发生了深刻变化。风起云涌的银行业兼并浪潮很大程度上也是为了适应技术更新的需要。根据电子商务时代的规则和市场环境的变化,江北新区要制定金融电子化发展战略规划,以网络技术和电子商务为业务发展平台,完善金融服务方式,为客户提供以银行业务为主,辐射保险、证券、基金等"超市式"的金融服务。

3.3.3　培育多层次金融市场

第一,加强多层次、多元化、协调的市场发展体系建设。江北新区市场监管部门应保持政策协调性,关注各市场改革创新开放力度及进程,努力保持各市场协调发展,促进金融基础产品市场和衍生产品市场、货币产品市场和资本产品市场、外币产品市场和本币产品市场联动发展,提高市场资源配置和投融资效率。第二,有序促进江北新区金融市场融入国际市场,主动防范国际金融市场风险传递,分享国际金融市场投融资机会。鼓励大型金融机构和企业参与国际化经营,更好地发挥国内重要市场参与者在联结国内和国际金融市场方面的作用。

3.3.4　改善金融生态环境,完善金融立法

第一,建立良好的法律和执法体系。金融法制建设直接影响着金融生态环境的有序性、稳定性、平衡性和创新能力,决定金融未来发展空间。江苏省及南京市可针对江北新区实际状况推出相关法规和政策支持。第二,完善社会信用体系。江苏省及南京市可将江北新区作为试点地区,完善信用体系,使金融企业根据客户真实信用状况做出准确的经营决策。完善征信法,使企业商业机密得到有效保护。第三,提高审计、会计、信息披露等标准。亚洲金融风暴后,会计准则高度重要性得到广泛认同,财政部对会计准则做了一系列改进,使我国会计准则接近国际标准,但仍存在差距,江北新区在遵从国家标准的基础上,可适当先行先试。第四,提升中介机构专业化服务水平。律师事务所、会计师事务所、评估机构、评级机构等服务和诚信水平是金融生态的重要组成部分。我国中介行业成长并不顺利,一些中介机构容易被买通作假,培育和发展专业化的中介机构是改善新区金融生态的一项重要任务。

3.4　江北新区新金融中心的创新路径

1) 打造特色非银金融集聚区

江北新区金融集聚区与上海等金融高地错位发展,突出金融功能区的集聚能力,走具有特色的非银金融总部经济发展道路。对标苏州工业园和昆山深化两岸产业合作试验区相关政策,允许和鼓励符合条件的跨国公司总部设立跨境财务结算中心、开立境内境

外主账户,根据业务需要开展外汇资金集中营运,不设名额限制。支持境外建设以非银金融为特色的江北金融集聚区投资并购,江北新区企业投资境外形成的资产和股权用于向国内银行贷款时抵押,不作外债管理。租赁公司境外租赁等境外债权业务实行登记管理。把握中央企业和大型民营企业将财务中心和资产管理中心等重要机构从母公司相对分离和部分大型企业集团成立多个总部的趋势,积极引进中央直属企业、国内 500 强,以及在行业中居于龙头带动地位的国内大型企业集团、上市公司的第二总部,同时引导设立相对独立的资产管理中心、资金调度中心、财务中心、信息中心等,提升进驻金融集聚区金融机构和企业的层次和级别。

2) 积极推出金融科技创新

江北新区把科技、金融与创新、创业作为一个有机整体,系统研究、统筹谋划,推动科技、金融、产业协同促进、深度融合。在省市支持创新创业的政策基础上,出台了《南京江北新区促进创新创业十条政策措施》《江北新区产业科技金融融合创新先导工程(“灵雀计划”)实施办法(试行)》《关于优化升级“创业江北”人才计划十策实施办法》及知识产权保护运用等一系列硬招实招,不断健全科技服务共享体系,围绕科技创新大力建设扬子江新金融中心,用资本的力量助推科技成果转化,让金融成为科技创新项目的启动器、放大器、加速器,打造创新创业创投铁三角,使创新创业成为江北新区源源不断的动力和响亮名片。主要措施包括:第一,开展非银金融业务创新。对标自由贸易区政策,争取部分自由贸易区金融政策局部在新区落地实施。试点移植中国(上海)自由贸易试验区业已开展的金融创新业务,如已在上海实施的 FT 账户,在不违反现有全国性金融管制措施的前提下,鼓励涉外理财,优化国际结算网络系统,推广跨境贸易网上银行服务。进一步深化跨境人民币业务创新,在跨境人民币试点、资本项目可兑换、离岸金融等方面探索新方向,包括人民币跨境融资、人民币跨境担保、企业集团内双向人民币资金池业务等。第二,推广应用新金融工具和模式。不断健全以科技金融专营机构、特色机构和新型科技金融组织为支撑的科技金融组织体系。积极发展文化金融。积极争取国家文化金融试点,发展文化金融专营和特色机构,鼓励金融机构开展商标权、专利权、著作权等质押贷款业务,探索开展文化保险试点。2012 年以来,江苏省以促进科技和金融结合试点省建设为契机,在全国率先开展科技金融试点,建立天使投资风险补偿机制,打造“苏科贷”等品牌,各类新型科技金融组织数量居全国第一。

3) 推进区块链技术的探索与实践

在资产逐渐数字化交易与保存的数字时代,客户在区块链上的数字资产通过区块链技术嵌入智能合约成为智能资产,能够自动执行交换、权属转让等,可以完全实现“去中介化”,这将大幅拓宽金融交易、支付结算、产品交割等时间与空间,大大提高金融交易便利性与可得性。区块链主要应用方向如下:

第一,跨境支付模式。跨境支付系统基于区块链技术,以数字货币充当货币媒介来实现整个汇款流程。与传统支付体系相比,区块链跨境支付系统在不涉及任何中介机构的条件下,实现交易双方点对点支付,交易流程简便,不仅可以做到全天支付、实时到账,也有助于提高跨境电商对资金风险的防范能力,满足跨境电商资金清算的便捷服务需求。第二，股权清算和结算。在区块链结算、清算系统中，买卖双方在智能合约运行下自动配对，并将双方交易记录在区块链中自动完成结算、清算步骤。这就意味着没有中央记账机构参与，各个参与者通过将发生的交易记录下来直接确认交易。由于录入区块的数据不可撤销并能迅速拷贝至每一个区块，真实交易信息则在每个区块公示，因此证券交易和资产所有权不会产生争议。一般而言，证券交易结算需要"T+3"天，而在区块链上完成的每一笔交易和结算只需要 10 分钟。第三，资产确权。区块链是用于存储永久性记录的理想解决方案，区块链上交易信息的不可篡改使得资产权属一经确定，就无法改变。同时，区块链上各个节点都将收到一份完整的信息拷贝，通过采用全民公证形式从而确定信息所有者的所有权。一旦产生纠纷，只要通过查阅区块链上产权数据库，就可以有效明晰产权，减少调查和公证成本，简单便捷。第四，数字资产管理。区块链实现所有资产数字化，资产交易双方直接对接，进行交易，完成权属的更改。在数字资产管理中，资产将被数字化并由区块链保管，得到交易指令后，区块链直接将资产转移至对方名下，交易简单快捷。另外，若涉及多项资产多方进行交换时，往往也会涉及多方交流和沟通的问题，只需在区块链中通过多重签名和智能合约即能有效管理多方交易产权归属的难题。

4) 大力推行互联网金融

江北新区互联网金融业态的发展迅速，如众筹、创投、第三方支付、P2P 等模式。通过制定"互联网+金融"行动计划，促进互联网供应链金融、工业互联网和电子商务的融合，以供应链金融服务"1+N"或"M+1+N"模式为主线，引导现代制造业企业借力互联网供应链金融拓展国际市场。例如，银行业通过发展互联网金融，将银行网点的服务能力进行有效扩散。

各个自由贸易区根据体制特点为互联网创业搭建跨境投融资服务、跨境电商公共服务、跨境孵化、跨境交流等较为完善的生态系统。江北新区应借鉴其他新经济区互联网金融的建设经验，构建完善符合互联网等新业态发展的生态系统。例如，腾讯众创空间(天津)是中国(天津)自由贸易试验区依靠互联网领先企业打造双创生态的一个典型。江北新区需在研究先进地区做法的基础上，力争对互联网创业的痛点发力，采取与互联网龙头企业合作等多种方式打造互联网生态链。目前，江苏省以苏宁金服、开鑫金服为代表的互联网金融集团正在快速崛起，传统金融机构更是积极拥抱互联网，推出一系列互联网金融产品和服务。

5) 加强智能财富管理

智能财富管理可以根据个人投资者风险承受水平、预期收益目标及投资风格偏好等要求，运用一系列智能算法、投资组合优化等理论模型，为用户提供投资参考，并监测市场动态，对资产进行配置。智能财管创新主要有以下三个方面：

第一，智能营销。财富管理机构可借助大数据、人工智能等科技力量，对投资者进行 360 度精准画像，从多个场景、多个维度了解投资者的基本情况、投资潜在需求、财务实力、风险偏好等，从而实现精准营销、智能营销。例如，目前监管要求只有合格投资者方可购买私募类资管产品，如何在机构现有客户群中快速找到合格投资者，实现精准产品信息推送，并在烦琐的合格投资者认定过程中提升客户体验，对财富管理机构而言有着积极的意义。第二，智能客服。财富管理方应基于对客户的深入理解，实现"在合适的时间，通过合适的渠道，用合适的方式，销售合适的产品给投资者"，方可在激烈的竞争中取得差异化优势。财富管理机构可利用人工智能、大数据等技术，开发线上智能交互机器人，与线下服务形成互补。在与客户交流的过程中，智能交互机器人可精准捕捉客户的意向、情绪、行为等特征，实现对客户特征标签库的动态管理。第三，智能投资者教育。传统投资者教育通常以客户经理宣导或发放宣传页等方式进行，覆盖人数有限，连续性不强，且针对性较差。随着金融科技在财富管理业务的有效运用，可凭借对投资者教育背景、投资经验、投资习惯、过往投资业绩等方面的深入理解，实行"千人千面"的投资者教育，帮助客户加强投资风险意识，并形成生命周期不同阶段差异化的投资理念。

6) 建立区域股权交易

截至 2017 年底，江苏省有江苏股权交易中心和苏州股权交易中心两家区域性股权市场，挂牌企业数量分别为 1253 家和 217 家，江苏股权交易中心已累计开展各类债仅融资达 400 多亿元。南京江北新区积极推动区域性股权市场健康发展，充分发挥区域股权交易的功能。

一是投融资功能。目前，区域性股权市场的投融资功能得以初步发挥，并在融资模式、融资效率、融资能力、融资方式上具有三个优势。其一，区域性股权交易中心融资模式具有"定位准确，适应企业"的特点，以契合中小企业复杂性、多样性的属性。其融资模式包括股权私募融资和债券私募融资，同时附带股权质押融资、知识产权质押融资等。其二，相对于场内交易市场，区域股权市场具有简单快捷、成本低、效率高的特点。典型的区域股权市场挂牌企业每次融资时间基本为 2~3 个月。其三，融资方式有股权质押、股权、私募债和其他。二是企业展示功能。小微企业与投资者之间存在信息不对称问题，难以得到外界的足够关注。通过挂牌展示系统，潜在客户及投资者能通过图片、视频、文字等方式全方位了解企业基本情况，极大地改善企业外部成长环境。区域股权市场对广大小微企业来说，最大的好处莫过于扩大企业社会知名度，提升企业产品认知度，促进企业销售和市场表现，助推企业发展。

7) 积极推进保险创新

"十三五"期间，南京大力推动保险创新发展，支持商业保险参与社会保障体系建设，江北新区应顺应新型政策，积极探索保险业创新。主要有三个方面：一是创新保险管理模式。保险管理模式创新方面，利用区块链技术优化保险机构业务流程，在保障用户数据信息安全的同时提升有关保险服务的用户体验；用户管理方面，利用区块链"可追溯性"和"不可篡改性"的特点，保险公司可全面验证与管理客户个人身份信息、健康医疗记录、资产信息、权属信息、交易记录等数据，从而进一步强化保险理赔交易过程安全，加强客户在管理和保障个人隐私方面的体验；风险管理方面，区块链的"不可篡改性"也同样通过与时间相结合形成庞大的可追溯的网络账本系统，不仅能够极大地提高保险业务的效率性、真实性、完整性和可靠性，而且能够及时识别理赔风险，降低索赔欺诈的概率，同时也为客户创造快速理赔的便捷体验。二是创新保险服务模式。服务创新方面，根据智能合约的技术特性，灵活定制保险条款和有针对性地制定承保政策，以满足不同客户个性化、定制化、差异化及碎片化的保险产品需求。例如，航班延误险和按使用天数定价的车辆保险等自动触发理赔程序，可以为客户创造更智能化的体验。区块链共识机制也为相互保险提供后信任保障体系。互助者根据自身风险偏好以及实际情况发起或参与"互助团体"，然后进行互助基金的缴纳，如此一来，一旦有人出险，系统便会根据理赔情况自动进行分摊和结算，不需要第三方的信用担保，形成自动保险服务，满足客户形成互助团体的服务体验。将区块链作为价值的连接器，保险公司可进行"再保险"融资，风险证券化的业务模式能加速保险市场与资本市场结合，利用资本力量转移保险风险。三是创新保险业务模式。保险公司可借助供应链金融思想，同步整合上下游供应链资源，在农业或工业领域的供应链中挖掘保险需求，实现供应链中数据的安全性、透明性和可靠性，在为客户提供个性化的定制保险服务体验的同时，也在传统保险业务模式的基础上为保险机构创造新的盈利增长点，最终达成理想的互惠双赢局面。

第4章 江北新区绿色金融示范区建设研究

4.1 绿色金融概述

当前，大力发展绿色金融已成为全球基本共识。发展绿色金融是推动我国经济金融结构调整，实现经济和环境可持续发展的必经之路，是我国金融领域的一场创新与变革，也是我国未来金融发展的重要方向。

绿色金融是指金融部门或企业基于环境保护的基本理念，在投融资决策中考虑潜在的环境影响，把与环境条件相关的潜在回报、风险和成本等融入日常业务中，在金融经营活动中注重生态环境保护及环境污染治理，引导经济金融资源优化配置，推动社会与自然和谐相处，促进社会可持续发展。本质上，绿色金融就是金融机构将环境评估纳入业务流程，在投融资行为中注重生态环境保护，注重推动绿色产业发展；企业将环境等绿色因素纳入投融资决策中，在决策前充分评估业务的环境风险，利用专业的风险管控技术管理包括环境风险在内的各类金融风险，从而将具有外部性的环境污染因素内部化。其发展历程参见表4-1。

表 4-1 绿色金融发展历程

年份	机构	政策建议
1980	联合国	必须研究自然的、社会的、生态的、经济的以及利用自然资源过程中的基本关系，确保全球持续发展
1992	联合国	《联合国气候变化框架公约》提出，各缔约方应在公平的基础上，并根据它们共同但有区别的责任和各自的能力，为人类当代和后代的利益保护气候系统
1997	联合国	《京都议定书》签订之后，碳金融和碳交易开始蓬勃发展
1999	道琼斯指数公司	道琼斯可持续发展指数(DJSI)不仅仅关注上市公司的财务情况，同时关注上市公司的环保情况
2002	世界银行下属的国际金融公司	支持建立一个关于项目融资过程中对环境保护、社会影响进行评估的框架，"赤道原则"由此产生
2006	联合国责任投资原则组织	以基金公司等资产管理机构为核心成员，倡导会员机构遵循责任投资的原则，投资过程中关注环境和社会影响
2016	G20 绿色金融研究组	中国作为轮值主席国，首次将"绿色金融"纳入峰会重点议题，推动形成了发展绿色金融的全球共识
2018	金融稳定理事会	为气候相关财务信息披露提供一个共同框架，帮助投资者、贷款人和保险公司了解重大风险

资料来源：根据公开资料整理

随着绿色发展战略的实施，中国日益表现出在绿色金融领域的国际领导力。一般而言，我国绿色金融发展经历启动阶段(2005～2008 年)、初步发展阶段(2009～2014 年)和规模化发展阶段(2015 年至今)三个阶段。当前，我国绿色发展、生态文明政策密集出台，绿色金融顶层框架体系初步建立，绿色债券市场开启，部分地方政府开展绿色金融实践，绿色金融成为主流银行的重要业务，中国成为全球首个建立比较完整绿色金融政策体系的国家。

4.2　江北新区绿色金融发展现状调查

为总体把握江北新区绿色金融的发展现状，剖析江北新区绿色金融发展中存在的主要问题，本书设计了"江北新区绿色金融调查问卷"，对江苏绿境生态环境科技股份有限公司、南京市苏铁机车车辆配件厂、江苏鸿运汽车科技有限公司等展开问卷调查，共回收有效调查问卷180份。

4.2.1　调查受众的基本信息分析

调查受众的基本信息，主要包括四个方面。

(1)企业性质。国有企业和民营企业占绝大多数，国有企业占35%左右，民营企业占51%左右，这体现江北新区入驻企业的结构特点。总体上，外资企业绿色金融意识更强烈，绿色金融接受度更高，这表明江北新区绿色金融示范区建设中还需优化企业主体类型，引进更多外资企业。

(2)企业行业类别。服务业(第三产业)占近七成，制造业仅占三成。这表明，江北新区企业的行业分布，有利于加快推进绿色金融示范区建设。但是，江北新区发展实体经济则需要发展制造业，当然制造业企业需要严格遵循排污规范和环保要求。

(3)企业技术类别。超过四分之三的企业是传统企业，高新技术企业占比不足四分之一。一般而言，高新技术企业对绿色金融的认知和接受超过传统企业，江北新区应积极鼓励传统企业转型升级，继续加强对高新技术企业招商引资力度。

(4)企业规模。目前，江北新区企业规模总体偏小，资产在5000万元以下的企业占54.84%。这表明，江北新区绿色金融示范区建设，还需要加大力度招引国际知名大企业、世界500强公司以推动江北新区绿色金融示范区的深化发展。

4.2.2　绿色金融基础认知分析

调查受众绿色金融基础认知，主要包括四个方面。

(1)对绿色金融了解程度。结果显示：超过50%的企业对绿色金融有了一定程度了解，但多数受众了解程度不是很高，同时也有超过40%企业表示不太了解，或者没听说过。这表明，绿色金融在江北新区企业中已经得到初步的普及，但普及工作还亟待加强。

(2)对国内绿色金融发展前景的看法。对此，调查受众的看法并不完全一致，有接近半数的受众认为绿色金融前景好，是未来潮流。但仍有超过25%的受众不太了解绿色金融，无法判断其发展前景。可见，绿色金融虽得到一定的认可，但对其的宣传工作还有待加强。

(3)对江北新区人均地区生产总值满意程度。调查显示，该满意程度高达83.87%。这表明，江北新区目前发展势头良好，企业对江北新区经济发展的满意度较高。绿色金融示范区深入建设，需要广大企业实体的支持。

(4)对江北新区目前绿色发展现状的感受。调查表明，有 77.42%的受众认为仍然存在不足，有一定的提升空间；只有不到 10%的受众认为江北新区绿色发展状况很好。这说明，目前江北新区绿色发展虽然具备一定基础，也取得了初步发展，但由于江北新区仍处于建设初期，绿色发展程度还有待提升。

4.2.3　江北新区金融机构内部建设的分析

江北新区金融机构内部建设，主要包括三个方面。

(1)对金融机构相关政策的关注度。显然，政策变化对金融机构内部建设和发展具有重要影响。调查表明，十分关注和比较关注的企业占比约为 54%，江北新区内入驻企业对金融机构相关政策的关心程度还有待进一步提升。

(2)对金融机构信用工程建设满意程度。调查显示，满意及非常满意达到 90%以上，这表明，目前江北新区金融机构信用工程建设工作进展良好，不良贷款率较低，但江北新区还应继续深入推进金融机构信用工程建设。

(3)对商业银行工作人员的专业性和服务态度的满意程度。调查显示，超过 95%的受众表示满意或十分满意。这表明，江北新区金融机构服务专业性和满意度较高，但仍有进一步提升的空间。

4.2.4　绿色金融参与度和参与方式的分析

在绿色金融参与度和参与方式方面，本书的调查问卷一共设计了七个问题，前三个问题主要是关于受众对于绿色金融参与度(参与意愿)，后四个问题主要是了解受众所期望的绿色金融参与方式。

如表 4-2 所示，在改善环境责任上，90%以上的受众认为有责任为改善环境而采取行动，可见公众环保意识不断增强；在绿色金融知识普及上，超过 83%的受众认为有必要普及绿色金融知识以促进环保行业发展，这表明地方政府还需要加大对绿色金融知识普及的工作力度；在绿色投资上，超过 87%的受众认为愿意投资环保行业，这表明江北新区建设绿色金融示范区具有较广泛的接受度和良好的发展前景。

表 4-2　受众对于绿色金融参与度(参与意愿)调查结果　　　　　(单位：%)

问卷题目	意愿强烈	意愿比较强烈	合计
是否有责任为改善环境而采取行动	48.39	41.94	90.33
是否有必要普及绿色金融知识以促进环保行业发展	29.03	54.84	83.87
在有能力的情况下是否愿意投资环保行业	54.84	32.26	87.10

如表 4-3 所示，受众对四种绿色金融参与方式的接受程度都超过了 64%。其中，最受到关注的是第一项"是否愿意参与某银行节能低碳计划可获得贷款优惠"，受众表示意愿的超过了 96%。第三项"是否愿意参与关于绿色信贷和绿色消费金融的培训"与第四项"是否愿意购买绿色债券、绿色保险等绿色金融产品"有超过七成的人愿意参与。这

表明，绿色金融在江北新区具有较高的市场认同度和参与度，绿色金融参与方式可以更加丰富，绿色贷款需求与贷款利率的优惠仍是绝大多数企业的诉求。

表 4-3　受众对于绿色金融参与方式调查结果　　　　　　　　　　（单位：%）

问卷题目	意愿强烈	意愿比较强烈	合计
是否愿意参与某银行节能低碳计划以获得贷款优惠	41.94	54.84	96.78
是否愿意以同定期存款相近的利率将钱存入绿色账户	16.13	48.39	64.52
是否愿意参与关于绿色信贷和绿色消费金融的培训	12.90	70.97	83.87
是否愿意购买绿色债券、绿色保险等绿色金融产品	16.13	54.84	70.97

4.3　江北新区建设绿色金融示范区面临的机遇与挑战

4.3.1　江北新区绿色金融示范区建设面临的机遇

1) 高质量发展迫切需要绿色金融支持

江北新区位于长江以北，是我国面积最大、人口最多的国家级战略发展新区。走绿色高质量发展的路子，是江北新区的必然选择，这也迫切需要绿色金融的大力支持。

2) 地方政府绿色发展政策落地有力

江北新区规划总目标是：营造高端环境，激发创新活力，迈向一个生态低碳、科技人文、宜居可持续的江北现代化都会区。为推动江北新区的绿色发展，国家、江苏省和南京市有关部门相继提出指导方案，如采用 PPP (Public-Private Partnership，政府与社会资本合作) 模式引入社会资本重点支持小微企业节能减排和轻污染的绿色产业发展。

3) 江北新区绿色资源丰富

江北新区背靠老山、南临长江，拥有老山等 4 个省级以上森林公园，主要干流河有长江南京段和滁河，长江沿岸湿地规模大、数量多、底蕴深。此外，江北新区内还有大量银杏、翠柏等国家重点保护野生植物和数百种野生动物，具备绿色可持续发展的巨大潜力。

4) 社会公众参与绿色金融的积极性日益高涨

绿色金融，需要更好地发挥政府与私人资本的优势。随着区域产业结构转型、企业生产方式转变和环境保护意识的增强，更多的企业愿意支持绿色金融发展，积极投资绿色金融产品，这奠定了江北新区绿色金融示范区建设的重要基础。

4.3.2　江北新区绿色金融示范区建设面临的挑战

1) 产业结构转型升级任务艰巨

目前，江北新区三次产业结构比例为 5.6%、57.1%、37.3% (不含八卦洲)。工业结构中，重工业约占 78%，原料工业占重工业的 60%。江北新区以重工业、资源性产业为主导的现状在短期内难以改变，加上环境基础设施建设比较落后，高污染、高耗能导致环境矛盾日益突出；不同等级园区之间产业结构较为相似，部分设施重复建设；市区级园区占用较多土地资源，产业集聚度比较低，产业层次比较落后；第三产业以附加值低的服务业为主，科技研发和文化创意类服务业数量少、竞争力弱。这表明，江北新区产业结构转型升级难度高，绿色发展和绿色金融推进压力大。

2）企业结构有待进一步优化

调查显示，江北新区企业主体存在外资企业少、制造业企业少、高新技术企业少和企业总体规模小等"三少一小"的问题，这将制约江北新区绿色金融示范区建设的广度和深度，企业结构体系有待进一步改善。

3）绿色绩效考核机制有待建立健全

江北新区仍处于建设初期，缺乏较为科学完善的绿色绩效考核体系。此外，由于平台多、隶属关系复杂，部分管理主体间仍然存在职责边界模糊的问题。

4）绿色金融项目盈利水平低

能否吸引社会资本发展绿色金融，关键在于能否给参与投资方带来合理的利润回报。绿色金融项目具有一定公益性，但又不同于一般公益性项目，它需要政府提供一定补贴或税后优惠政策支持，以解决绿色金融项目中私人资本回报不高的问题。

4.4　江北新区绿色金融示范区建设的对策建议

4.4.1　江北新区绿色金融示范区建设的战略性思考

国家"十三五"规划明确指出，坚持绿色富国、绿色惠民，为人民提供更多优质生态产品，推动形成绿色发展方式和生活方式，协同推进人民富裕、国家富强、中国美丽。破解发展难题，大力发展绿色经济和绿色金融，已成为江北新区经济转型发展的必然选择。鉴于此，结合江北新区绿色金融发展现状，提出以下几点战略性思考。

1）实施绿色发展战略

一是在法制建设上，江北新区应将生态建设和绿色发展提升到战略高度，大力实施绿色发展战略，制定和完善适合本地区绿色金融发展的有关法律法规。在立法上，明确规定环境参与者应承担的责任，在准确区分环境违法和节能环保的情况下，强化激励和约束政策，促使企业主动保护环境和减少污染，金融机构自觉承担环境社会保护和推行绿色金融责任。

二是在绩效考核上，江北新区要转变过去片面追求经济总量和增长速度的思维模式，创新和完善绿色绩效考核体系，增加生态环境保护考核权重，强化生态环境污染追责制度。采取差别化的考核方法，鼓励不同园区和街镇错位竞争，走绿色可持续发展道路。

三是在宣传教育上，要对开展绿色发展宣传和绿色金融教育提出明确目标和工作要求，金融机构要主动配合各地区向社会公众和市场主体广泛宣传绿色发展理念和绿色金融等政策法规和优惠措施，扩大绿色金融的社会影响力和市场接受度。

2) 践行绿色金融理念

一是健全绿色信贷政策。落实国家《关于构建绿色金融体系的指导意见》，结合区内产业发展重点，江北新区要研究制定绿色信贷行业指南和实施细则；研究制定绿色信贷环境信息管理办法，构建绿色信贷环境信息网络数据平台；研究建立绿色信贷政策效果评估制度；建立企业环境行为信用评价制度。

二是完善绿色证券制度。江北新区要进一步规范上市公司环境保护核查和后督察制度，建立和完善上市公司环境信息披露机制，开展上市公司环境绩效评估试点。积极开展绿色债券研究，支持符合条件的企业发行绿色债券。

三是推行环境污染责任保险。江北新区要落实国家环境保护总局《关于环境污染责任保险工作的指导意见》，结合重点领域，大力开展环境污染强制责任保险试点，积极推行环境污染责任保险；制定提出环境污染责任保险配套技术规范和主要污染行业的环境风险评估技术指南；研究提出对环境污染责任投保企业、承保公司给予保费补贴和政策优惠等措施建议。

四是健全绿色金融监管。江北新区金融监管部门应加大现有限制性和约束性绿色金融政策的执行力度，完善和统一绿色金融监管指标体系，更好地约束相关企业行为。

五是完善有关配套政策。针对绿色金融机构，可考虑在税收减免、财政贴息、风险补偿、信用担保、绿色金融业务的风险容忍、降低资本金占用、税前计提拨备、坏账自主核销等方面出台更多的鼓励和扶持政策，如将现有的节能减排财政补贴政策变为信贷贴息，来引导和优化企业的生产经营行为。

3) 实施协调发展战略

一是建立绿色金融协调发展的体制机制。加强发改部门、财政部门、环保部门和金融监管部门等协调与合作，促进各个部门在行业准入、节能减排、淘汰落后产能、信贷准入等多方面的信息交流和共享，进一步提升绿色金融政策和调控政策、产业政策、节能减排政策的协调性。

二是保证金融机构的参与权、知情权和处置权。在相关政策的制定、实施和后续处置阶段，避免因部门割裂和政策不协调与不连续，给银行信贷带来过大的不利影响。

三是优化整合各项政策，形成政策合力和动态协调。继续深化行政审批制度改革，推进政府职能转换，建立健全政府和社会资本合作的 PPP 机制。

4) 落实创新驱动战略

一是加强绿色信贷创新。鼓励金融机构将绿色环保理念引入信贷政策制定、业务流程管理、产品设计中，积极研发绿色信贷新产品。如探索碳权质押贷款，允许企业提供碳权质押等。

二是推进绿色有价证券创新。如发行用于绿色项目建设的有价证券，创建与环境保护相关的产业投资基金，采取市场化运作和专家管理相结合，实现保值增值。

三是加强绿色金融衍生工具创新。借鉴国际经验，积极发展碳交易市场，创新各种碳金融衍生品，如碳远期、碳期货、碳期权等。

5）完善金融体系建设

一是要扩大绿色金融市场的参与主体，充分调动证券公司、保险公司等非银行金融机构的积极性，鼓励其逐步深度介入绿色金融业务，构建完善的绿色金融市场体系。

二是要争取创建专门的政策性绿色金融机构，实施优惠措施，加强重点支持，合理分配绿色金融资源，提升绿色金融的专业化水平。

三是要加快绿色金融中介机构的发展，开拓绿色金融新市场。如鼓励绿色信用评级机构积极从事绿色项目开发咨询、投融资服务、资产管理等，并不断探索新的业务服务领域。

6）实施人才开发战略

一是大力开展现有金融机构员工专业培训，完善绿色金融相关知识结构，提高员工综合素质，使之能够更快更好地适应绿色金融环境下的工作岗位需求。

二是积极招聘和引进熟悉绿色金融国际准则、具有丰富经验的专业人才，打造一只高水平绿色金融专业人才和团队，以国际化标准推进江北新区绿色金融工作。

三是发挥本地区高校（如南京信息工程大学）学科资源丰富和智力资源密集等优势，优化设置经济金融类相关学科专业，探索设立绿色金融培养方向，大力培养符合本地区需求、适应本地区发展的绿色金融高级专门人才。

4.4.2　江北新区绿色金融示范区建设的对策建议

1）成立绿色发展银行

成立专业高效的绿色发展银行，是推进地区绿色金融深化的重要举措。江北新区要积极寻求国家有关部门的大力支持，探索成立江北新区绿色发展银行。采用现代银行治理结构，建立股权多元化、管理科学化、业务集中化、服务特色化的绿色发展银行，为本地区绿色金融发展注入强大的资金来源和提供专业的金融服务。

2）设立绿色发展基金

过去，我国绝大多数地区的绿色金融主要局限在绿色信贷。然而，绿色项目往往首先需要的是股权融资，因为只有拥有足够的资本金才能获得债务融资。此外，由于绿色项目的特殊性，需要政府投资引导私人跟投。例如，英国 2012 年建立了绿色投资银行（GIB），政府通过 GIB 每投资 1 英镑，可以带动民间资金 3～4 英镑的跟投。江北新区要主动寻求国家有关部门政策支持，多方筹集资金，建立绿色发展基金，推动绿色项目股权融资。

3）开展支持绿色金融项目贷款的财政贴息

德国复兴信贷银行实施的贴息计划，有力地支持了德国绿色发展。江北新区可以借鉴国际先进经验，一是要提高绿色金融财政贴息重要性的认识，以发挥其撬动民间资金的杠杆效应；二是要配备贴息项目评估人才，提升其专业能力；三是要简化贷款贴息程序，精简贷款贴息项目的申报材料，控制风险前提下要求适当宽松；四是要探索将绿色贷款的贴息管理权交给绿色银行等。

4)建立绿色项目融资担保机构

绿色担保的目的是解决绿色项目融资难、融资贵的问题。很多绿色项目从长远来看有很好的商业前景,但商业银行可能因为高风险拒绝对绿色项目进行融资。在这种情况下,政府有必要拿出一部分资金来对绿色项目进行专业化的担保。国际上如美国国会曾特批了一笔资金,用于担保清洁能源项目贷款的违约损失。江北新区可以考虑成立专业性的绿色项目融资担保机构或者委托专业的担保机构,建立绿色项目风险补偿担保金,用于分担部分绿色项目的风险损失,支持绿色项目融资担保机构的运作。

5)建立绿色金融衍生品市场

江北新区要进一步借鉴国际经验和方法,探索建立绿色金融衍生品交易市场,如发展各种碳金融衍生品,开发推出绿色股票指数衍生品,引导社会资金投入绿色金融衍生品交易。

6)充分利用绿色债券市场

目前,中国发行的绿色债券量占全球同期绿色债券发行量的 40%,已经成为全球最大的绿色债券市场。绿色债券比较适合大中型、中长期、有稳定现金流的项目,如地铁、轻轨、污水处理、固废处理、新能源等。因此,江北新区发展绿色债券的市场潜力很大,应积极利用我国绿色债券市场,大力发行芯片、基因、新能源等绿色企业债券,深化绿色金融示范区的建设。

7)建立强制性的绿色保险制度

发达国家环境方面的法律法规比较健全,环境执法力度也比较强,企业和股东为了避免未来可能面临的法律责任,往往自愿到保险公司购买环境责任险。江北新区存在一定的污染企业,且距离居民区较近,有必要建立绿色保险制度,如推行环境责任强制保险,特别是在环境高风险领域。

8)积极推动产业转型升级

江北新区要坚持绿色发展战略,走中国特色新型工业化道路,逐步淘汰落后产能,积极推动传统制造业转型升级。结合重点产业发展,江北新区可积极推动云计算、大数据、移动互联网和物联网等与现有产业结合,探索绿色金融新模式,引导和优化社会投资,推动产业升级。

9)推动绿色金融的区域合作

江北新区在建设绿色金融示范区的同时,可以联合周围众多中小城市共同建设、共同发展,发挥示范带头作用。例如,建立以江北新区为中心、辐射周边中小城市的绿色金融发展圈。周边中小城市可以共同发起设立绿色发展银行和绿色发展基金,共同做大绿色信贷,共同推进绿色资产证券化,共同发行绿色债券,共同促进绿色保险发展,共同建立绿色项目担保机制。

10)寻求再贷款资金支持

理论上,中国人民银行可以采用成本较低的再贷款,支持商业银行绿色信贷。江北新区可以考虑积极寻求中央银行针对绿色金融的再贷款支持,以促进地区绿色发展。

第5章　江北新区大数据、人工智能与实体经济高质量融合发展研究

　　先进制造业是一个工业化国家或地区国际竞争力的重要标志，也是世界主要大国关注的竞争焦点。近年来，以大数据、智能制造为核心的新一代信息技术与实体经济加速融合，已经成为新兴制造业发展的突出趋势。为此，党和政府高度重视促进我国实体经济与大数据、人工智能的相互融合，出台了一系列文件和保障措施。2017 年 7 月，《国务院关于印发新一代人工智能发展规划的通知》，明确了我国新一代人工智能"三步走"战略目标，标志着人工智能上升至国家战略高度。江苏省制定了《江苏省新一代人工智能产业发展实施意见》和《江苏省强化大数据引领推动融合发展专项行动计划》，南京市出台了《市政府关于加快人工智能产业发展的实施意见》，明确指出通过人工智能基础研究、数据计算、关键设备制造的优势，带动传统产业转型升级。

　　江北新区作为南京制造业的主要集中区之一，加快推动大数据、人工智能与实体经济融合，不仅符合江北新区及江苏经济发展的客观需要，而且对加快推进江北新区实体经济转型升级和企业创新都具有重大现实意义。目前，在大数据、人工智能与实体经济融合发展方面，江北新区处于起步阶段，主要面临顶层设计不清晰、高层次人才缺乏、金融发展相对滞后及政策支持不健全等挑战。如何根据江北新区资源禀赋和内外部环境特点，寻找适合江北新区自身特色的大数据、人工智能与实体经济融合路径，对促进江北新区内部产业结构调整升级和精细化管理，促进江北新区经济高质量发展，打造长江经济带创新支点具有重要意义。

　　本书研究目的在于：一是通过大数据、人工智能与实体经济融合的现状研究，梳理国家、省市层面及江北新区采取的政策举措和实施效果，掌握国家、省市及江北新区在融合方面所处阶段和发展现状。二是通过深入探讨江北新区在大数据、人工智能与实体经济融合发展中的问题和原因，有助于江北新区定位瓶颈问题，科学分析大数据、人工智能与实体经济融合运行的内在机理，为江北新区精确筹划布局大数据、人工智能与实体经济融合提供参考依据。三是通过大数据、人工智能与实体经济融合的发展策略研究，从市场机制、人才培养、企业培育、金融支持、政策协调等方面提出可行的方法路径与发展对策，为实现江北新区产业转型升级、挖掘经济发展新增长极、打造智能科技和先进产业示范基地提供切实可行的对策建议，推动江北新区大数据、人工智能与实体经济有序、高效、持续发展。

5.1 大数据、人工智能与实体经济融合的现状分析

5.1.1 国家层面

国家已制定了互联网、大数据、人工智能和实体经济融合发展的战略框架,党的十九大进行了总体规划和前瞻布局,习近平总书记在十九大报告中指出,加快建设制造强国,加快发展先进制造业,推动互联网、大数据、人工智能和实体经济深度融合①。这是党中央、国务院关于两化融合战略部署的延续和深化。目前我国融合发展的重点主要体现在渗入农产品营销、农业生产过程,打造农业发展新商业模式和农业生产服务体系;通过与制造业融合,挖掘消费需求,创新制造业发展模式,提升研发效率,使生产过程更为智能化。整体来看,我国互联网、大数据、人工智能在消费领域应用较为广泛,推进速度也较快,但与实体经济融合发展的进展仍有待进一步提升,亟须对现有政策进行整合,扭转互联网、大数据、人工智能与实体经济"两张皮"的现象,切实促进互联网、大数据、人工智能与实体经济深度融合。

当前,我国各个领域特别是实体经济正在开展与大数据、人工智能融合的各类探索与实践。基于互联网的新兴业态不断涌现,电子商务、互联网金融快速发展,对经济提质增效的促进作用更加凸显。国务院发布《促进大数据发展行动纲要》,对大数据与实体经济融合发展的意义及方向做出了明确要求,提出"工业大数据""新兴产业大数据""农村农业大数据"等具体融合路径。国务院发布的《新一代人工智能发展规划》中,要求人工智能与各类实体经济深度融合发展,提出加快培育具有重大引领带动作用的人工智能产业,促进人工智能与各产业领域深度融合,形成数据驱动、人机协同、跨界融合、共创分享的智能经济形态。

5.1.2 省市层面

省级层面上,经过多年创新发展,江苏人工智能产业在国内处于领先行列,产业技术创新活跃,数字经济、共享经济快速发展,南京、苏州、常州等地具有一定规模的产业集聚;人工智能技术已迅速渗透到智能制造、智慧医疗、智慧教育等领域,形成一批具有示范引领作用的典型应用场景;数百家企业涉足智能机器人及相关硬件、智能传感器及芯片、智能软件及算法、人工智能平台、人工智能系统等。取得成绩的同时,也需清醒地认识到,我省人工智能产业规模较小,国内外有影响力的龙头骨干企业较少,高端产品稀缺,企业自主创新能力不足。江苏省制定了《江苏省新一代人工智能产业发展实施意见》,从江苏产业实际出发,构建应用牵引、跨界融合、开放共享的新一代人工智能产业体系,建立完善人工智能产品、技术和应用协同发展机制,加快培育和发展人工智能产业,助力产业转型升级,助力新旧动能转换,助力高质量发展。《江苏省新一代人工智能产业发展实施意见》提出,到2020年,使江苏新一代人工智能产业规模和总体竞争力处于国内第一方阵,成为全国人工智能产业创新发展的引领区和应用示范的先行区。

---

① 习近平在中国共产党第十九次全国代表大会上的报告. (2017-10-28) [2019-05-07]. http://cpc.people.com.cn/n1/2017/1028/c64094-29613660-7.html.

南京市层面上，在人工智能的基础研究及应用开发等方面，南京已经处于国际前沿水平。目前南京已形成一批在国内外有影响力的人工智能研发平台和机构，如江苏省人工智能学会、中国科学院自动化研究所南京人工智能芯片创新研究院等。2018 年南京云计算相关的运营服务收入较去年同期增长 15% 以上，成功引入富士康科技集团南京研发中心、腾讯华东云计算基地等重大项目，并协调组织有关部门制定中软国际 "解放号"平台发展的相关支持政策。为抢抓人工智能发展的重大战略机遇，南京市政府发布了《市政府关于加快人工智能产业发展的实施意见》，并明确指出到 2020 年，全市人工智能核心产业产值突破 100 亿元，带动相关产业规模 1000 亿元；培育人工智能领军型企业 30家，人工智能新型研究机构突破 30 家，人工智能研发及应用企业突破 100 家，建成智能工厂 30 家；集聚人工智能领域高端人才超过 1000 人；人工智能在医疗卫生、文化教育、城市建设、城市管理等领域深入运用，智慧城市建设初步形成。到 2025 年，全市人工智能核心产业产值达到 300 亿元，人工智能将成为带动城市经济发展的重要动力。

5.1.3　江北新区层面

江北新区在大数据、人工智能与实体经济融合方面按照国家级新区战略定位进行有益探索，取得了一定成效，主要表现在以下四个方面。

1) 逐渐形成南京人工智能发展高地

近年来，江北新区紧扣 "4+2" 现代产业体系，围绕培育壮大世界级产业集群目标，全力打造集成电路、生物医药、新能源汽车三大千亿级产业及新金融产业，聚力推进 "两城一中心" 建设。创立了人工智能产业创新中心，重点围绕集成电路、北斗卫星、轨道交通、医疗设备、新能源汽车等产业基础，积极推动人工智能传感、虚拟现实、混合增强等技术在产业发展中的融合应用，提升企业智能制造水平，重点发展智能软硬件、智能机器人、无人系统、智能终端等产业，集聚龙头企业，已逐渐形成南京地区人工智能发展的产业高地。

2) 初步形成以智能制造为核心的产业体系布局

江北新区获批之初，就已明确 "主业" ——重点发展 "4+2" 现代产业体系，即智能制造、生命健康、新材料、高端装备制造四大先进制造业，以及现代物流、科技服务两大生产性服务业，全力培育集成电路、生物医药、新能源汽车等千亿级产业集群。以台积电为引领，加速推动集成电路芯片设计、制造、终端制造等完整产业链上下游企业向江北新区集聚，有意打造 "芯片之城"。紧抓国家健康医疗大数据中心及产业园建设试点契机，江北新区引进了国际一流的生物医药企业和研究机构，打造以基因细胞产业为引领的生命健康千亿级产业集群，建设 "基因之城"。目前，江北新区在这两个领域已获得丰硕成果，已集聚 140 余家集成电路企业，涵盖产业链上下游环节；成为全亚洲最大的基因测序基地，2017 年江北新区生命健康产业主营业务收入突破 380 亿元，同比增长约35%。江北新区目前根据产业发展规划，继续围绕以智能制造为核心的产业体系，按照核心突破、链式延伸、多元并进的思路，加速推进智能制造，并在智能化技术与服务等细分领域呈现出良好的联动发展势头。

3) 推进高端人才引进与培育，打造人才聚集高地

近年来，江北新区多举措推进企业人才引进与培育，打造人才聚集高地和创新创业沃土，为江北新区转型升级和创新发展提供智力支持。2018 年，江北新区出台《"创业江北"人才计划十策》和《南京市江北新区直管区人才安居办法(试行)》等人才政策，最大限度激发人才创新创业活力。根据这两项政策，从世界顶尖人才团队到青年大学生，江北新区对落户创业的各级别人才，在资金扶持和各项补助方面实现"全覆盖"。针对不同项目，资助金额从 10 万元到 1 亿元不等。为吸纳留住人才，江北新区还在生活上给予人才一定补贴，科技顶尖专家可以申领不少于 300 万元购房补贴。2017 年，江北新区有40 人入选年度"创业南京"高层次创业人才，全市排名第一；11 人入选 2018 年度江苏省"双创计划"科技副总项目，人数居全市首位；建成包括剑桥大学–南京科技创新中心在内的多个高端创新平台，12 个院士工作站；累计拥有"千人计划"专家 67 人，培养科技创业家、创新型企业家 58 人，引进领军型科技创业人才、高层次创业人才 556 人，已初步形成南京地区人才聚集的高地。

4) 加大知识产权保护力度，完善金融体系建设

保护知识产权就是保护创新。近年来，江北新区高度重视知识产权工作，充分发挥知识产权对高端产业发展和高端创新资源引进的战略性作用，与国际接轨，率先在全市实现专利、商标、版权的集中统一管理，构建快速高效保护体系，并建立了国家级知识产权保护中心、中国(江苏)知识产权维权援助中心，知识产权法庭、知识产权仲裁院、知识产权检察室、海外知识产权维权联盟，初步形成全省一流、全国领先的知识产权保护体系。2019 年 1 月，江北新区出台了《南京江北新区知识产权专项资金管理办法》，在政策上为企业创新保驾护航。

另外，在金融领域，无论是打造"芯片之城""基因之城"，还是布局高科技企业、升级传统产业，都需要全周期、多层次资本扶持。近年来，江北新区积极推进经济与金融相互促进的高质量增长，先后引进了工银金融资产投资有限公司、供销金融、深圳市创新投资集团有限公司等金融机构，吸引华泰证券产业基金、红土智能创投基金等 70 多支基金落户江北新区，认缴规模超 1200 亿元。江北新区还提出构建开放共享的"金融+科技"生态圈的策略，先后引入 SAS 科技、苏宁金融科技、荣泽科技等一批金融科技代表企业，加速推动传统金融机构对金融科技的应用。在政策支持上，为了增强金融集聚吸引力，江北新区出台了《南京江北新区加快建设扬子江新金融集聚区的若干意见(试行)》，从金融企业落户奖励、办公用房支持、经济贡献奖励，到金融高端人才引进、金融项目创新支持、投资风险补偿，形成一系列扶持政策体系。金融体系构建和金融产业发展对促进江北新区内部实体经济与大数据、人工智能的高质量融合提供了重要的资金支持，对促进融合具有重要意义。

5.1.4　总体情况分析与判断

基于中国人工智能企业数量变化、人工智能市场分布结构及各国人工智能专利权人分布等方面统计数据，本书绘制了 2000～2017 年中国人工智能企业数量、结构等图。如

图 5-1 所示，从成立时间看，中国人工智能创业企业的涌现集中在 2012～2016 年，在 2015 年达到顶峰，新增初创企业数量达到 228 家。从 2016 年开始，创业企业的增速有所放缓。

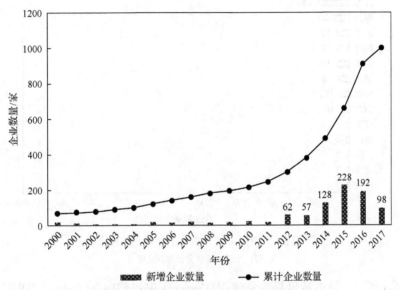

图 5-1　中国人工智能企业数量发展变化

资料来源：根据公开数据整理

如图 5-2 所示，2017 年我国人工智能市场规模达到 237.4 亿元，相较于 2016 年增长 67%。其中以生物识别、图像识别、视频识别等技术为核心的计算机视觉市场规模最大，占比 34.9%，达到 82.8 亿元。

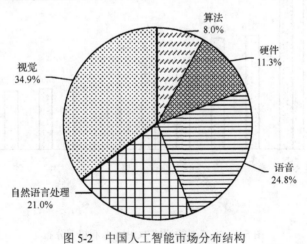

图 5-2　中国人工智能市场分布结构

资料来源：根据公开数据整理

如图 5-3 所示，中国人工智能企业主要集中在北京、上海和广东三地。其中，北京人工智能企业数量为 395 家，遥遥领先其他省份，浙江和江苏两省也有较多的人工智能企业。

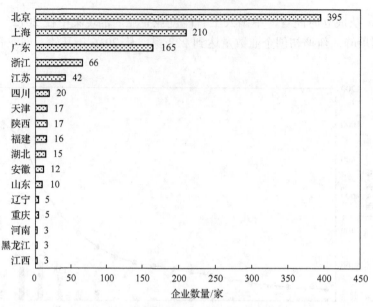

图 5-3　中国主要省市人工智能企业数量

资料来源：根据公开数据整理

如图 5-4 所示，德温特世界专利索引(Derwent World Patent Index，DWPI)数据库中收录的每份专利文献的每个专利权人均指定有 4 个字母专利权人代码。通过对德温特专利权人代码对专利权人的专利公开数量进行分析，可以发现 IBM、微软、国家电网有限公司、三星等国内外企业均积极在人工智能领域进行专利布局。

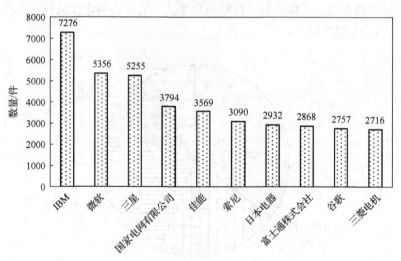

图 5-4　人工智能领域 TOP10 专利权人分布

综上所述，从国际比较来看，中国人工智能发展已经进入国际领先梯队。之前的三次工业革命，中国一直处于落后追赶状态，而在第四次工业革命兴起之际，中国已经和其他国家一起坐在头班车。从技术创新、市场规模、企业数量、人才队伍等方面看，中国人工智能走在世界前列。从发展质量看，中国人工智能发展还有很大的拓展空间。中国优势领域主要体现在应用方面，而人工智能的硬件、算法等核心技术依然十分薄弱，对核心技术的掌握和颠覆还有较大距离，人工智能发展基础有待进一步增强。特别是顶尖人才还比较缺乏，人工智能顶级团队急需抓紧超前培育。从参与主体来看，中国人工智能企业的知识生产能力有待提升。研究机构和高校是中国人工智能知识生产的主要力量。相比国外领先企业，中国企业作为一个群体的技术表现还比较逊色，在人工智能专利申请上落后于国内高校和研究机构。即使被公认为是人工智能巨头的百度、阿里巴巴、腾讯等高新企业，在人才、论文和专利等方面的表现还不够突出，相比于它们的美国对手 IBM、微软、谷歌等企业还有很大差距。从应用领域来看，人工智能与能源系统的结合是一个被忽视的重要领域。电力工程已成为中国人工智能专利布局的重要领域，而国家电网有限公司在人工智能科研论文和专利申请上都是中国表现最抢眼的企业。这种现象在以往的人工智能研究中都未被提及或重视，结合国内环境保护和能源现实状况，说明人工智能与能源系统的结合很可能是一个被忽视的领域，而这可能为人工智能技术应用开拓新方向，并为能源低碳转型做出有益的贡献。从发展方式来看，中国需要加强产学研合作促进技术创新与成果转化。国际合作和产学研合作是人工智能技术发展的重要途径。目前国内人工智能知识生产大量停留在高校和研究机构中，产学研合作促进知识应用和转化仍然存在明显"短板"。因此，政府需要大力推进产学研融合创新，更要鲜明地支持企业利用数据、算力等优势开展人工智能合作研究。

5.2　江北新区大数据、人工智能与实体经济融合发展存在的问题及成因分析

虽然江北新区在大数据、人工智能与实体经济融合方面取得了较大成就，但仍处于初创和先期探索阶段，与大数据、人工智能与实体经济融合发展的内在要求、实质内涵、深化拓展等方面还有较大差距。主要问题表现在以下几个方面。

1）顶层设计不够清晰，政府管理体制缺乏灵活性

对大数据和人工智能的战略重视程度不够，尚没有上升到国家级新区的发展战略高度，难以形成调动全区之力协同发展大数据和人工智能的共识，顶层设计体系化程度不高，在全面统筹规划大数据、人工智能产业发展等方面还存在短板弱项。另外，现有的政府监管体系也难以适应业态创新发展需要。当前，条块分割的垂直管理体制与实体经济跨界融合发展态势不适应，各部门条块分割的监管体制造成政出多门，部门之间协调不够，新业态如何界定，线上和线下管理部门如何划分职责和实现协同，都是新的监管难题。单边监管理念不适应融合的实体经济多元化发展需要，如何利用和引导社会力量参与治理是必须面对的新课题。以事前准入管理为主的政府监管方式难以适应大数据、人工智能与实体经济开放化发展需要，依靠人力等传统监管手段难以应对融合的实体经济参与主体海量化、问题隐蔽化等挑战。

2）引进与培育双轮驱动不足，高层次人才仍十分匮乏

近年来，江北新区虽然多举措推进企业人才引进与培育，在人才引进上已经取得了

丰硕成果，然而距离江北新区大数据、人工智能与实体经济融合的客观需求仍存在较大缺口。究其原因主要有两个：一是江北新区教育、医疗和文化配套设施建设仍较为薄弱。教育方面，缺乏高质量的小学、中学资源，与城区教学质量相比差距仍然较大。虽然近年来江北新区也加大南京主城区一流小学和中学的引进力度，但大多数学校都是以分校形式存在，教师水平和教育质量无法满足高层次人才子女的教育需求。医疗方面，仍缺乏资深的三级甲等医院进驻；文化设施配套方面，大多数人的文化生活相对缺少，休闲娱乐活动内容比较单一，高层次文化娱乐活动较为匮乏。这导致众多高层次人才"上班在江北，下班赶进城"，甚至人才与自身家庭不得不两地分居，这不仅不利于他们全身心投入创新创业活动，而且也构成了阻碍江北新区吸引人才的一个重要短板。二是人才激励政策过分强调引进，对培育重视不足。《"创业江北"人才计划十策》大部分重点关注顶尖人才团队、科技顶尖专家、创新型企业家、高层次创业人才、优秀青年大学生的引进，对现有企业内部人才的培育关注度不够。虽然已与部分高校及研究机构建立合作关系，但江北新区仍需进一步加强与南京大学、东南大学、南京信息工程大学、南京工业大学等本地高校在人工智能上的人才培养，不仅只注重尖端人才的引进数量，也要从提升现有人才质量的角度进一步推动江北新区实体经济与大数据、人工智能的高质量融合。

3）新兴智能技术支撑不够，金融发展与融合要求难以匹配

首先，金融机构对促进大数据、人工智能和实体经济融合发展的支持力度不够。目前江北新区虽然在引进金融机构方面取得重要成效，然而从数量和层次上仍无法满足企业融合的迫切需求，导致很多企业特别是一些传统行业企业在进行转型升级、融合促进方面存在融资难问题。江北新区产业起点较低，是传统制造业重要接收地，长期以化工、钢铁、建材等传统产业为主，这些经济实体利用智能技术动力不足，信息化投入大、投资专用性强、转换成本高，追加信息化投资周期长、见效慢，试错成本和试错风险大多超出企业承受能力。特别在目前货币紧缩的情况下，金融机构对风险更加厌恶，如何出台相关具体政策，鼓励金融机构投资实体经济与大数据、人工智能的融合发展，对江北新区企业，特别是传统行业企业转型升级至关重要。

其次，江北新区金融机构本身的科技水平急需提升以适应企业融合的客观需要。实体经济与大数据、人工智能的融合离不开金融大数据与人工智能的支持。然而目前江北新区现有金融机构大多仍局限在传统业务，现有金融机构在大数据、人工智能、机器学习、自然语言处理、物联网、区块链等全球领先的技术，以及风险管理、反欺诈、客户智能、云分析平台等顶级的金融科技解决方案方面仍处于探索阶段。"工业革命不得不等候金融革命"——诺贝尔奖经济学家约翰·希克斯的这句名言也暗示江北新区的金融机构科技水平必须与大数据、人工智能领域深度结合才可以更好地配合企业融合高质量发展。

4）政策支持不够健全，衔接配套机制缺失

首先，大数据共享的政策推动不够。融合的前提是数据积累达到一定规模，且企业之间愿意在较大程度上共享数据。然而，从调研和现实情况看，涵盖江北新区各个领域的大数据体系尚未建立，还没有形成和达到大数据的体量及规模，其中大部分数据来源于政府各部门及公共服务单位，实体经济企业大数据共享程度低，整体推进力度较为缓

慢。而江北新区相关政策制定较为滞后，表现在尚未能以国家级新区立法的形式规定政府、企业、服务业的公共数据共享责任和开放义务；尚未建立政府大数据管理应用相关制度和标准；缺乏细化的产业发展规划和专项支持计划，导致江北新区企业之间数据相对封闭，不能实现数据汇聚和互通共享，数据开放和共享度低。

其次，政策制度制定缺乏统筹协调。大数据、人工智能与实体经济融合发展政策制度体系涉及国民经济、社会发展、基础设施建设，关系到各个系统、诸多领域、众多部门的重大利益格局调整，当前，在组织管理体系上，尚未建立融合顶层领导协调机构，相关管理职能分属多个部门，相互缺乏沟通，导致政策制度政出多门，缺乏衔接与协调。不同部门各管一摊，各自出台的政策制度没有纳入统一框架中进行考虑，推动融合发展的政策制度本身没能实现真正融合，使得很多措施很难得到有效落实，一体化推进成效不是很显著。

5.3　推动江北新区大数据、人工智能与实体经济融合发展的对策建议

加快发展先进制造业，推动大数据、人工智能和实体经济深度融合，以智能制造引领传统产业升级发展，成为当前振兴实体经济、建设现代化经济体系的重要抓手。作为南京的制造业大区，江北新区既是当前国家推进区域经济建设的重要腹地，又是联结长三角城市群与长江中游城市群、皖江城市带振兴发展的桥头堡。探索大数据、人工智能与实体经济的深度发展，需要在市场机制、人才培养、企业培育、金融发展和政策支持等多方面进行推进。

1) 坚持市场机制推动智能改造，促进模式融合

把创新摆在更加突出位置，通过智能改造、培育试点和融合发展，采用多种手段和方式，推动经济实体形式创新、产业模式创新和发展方式创新。

一是推动企业智能改造，创造新的实体形式。积极推动江北新区有条件的企业开展智能化改造，对于能够由机器完成的进行替换，加大财政扶持资金，推动有基础的企业实现工业技术改造，引导企业改造或购买新型流水线设备，引进新型工业机器人，有效实现传统制造业转型升级。通过对原有生产设备或工艺流程升级改造，部分引入工业机器人生产线，推进实现生产过程智能化转型发展。

二是开展智能工厂培育试点，探索新的发展模式。鼓励和支持有条件的企业通过新建、改建或扩建的方式，高起点、高标准建设智能工厂和数字车间。试点一批龙头企业与国际、国内领先的顶尖公司如西门子(中国)有限公司、IBM等合作，打造先进智能制造数字化工厂。

三是推进深度融合，创新发展方式。一方面，积极推动"两化融合"管理体系贯标工作，开展两化融合"贯标"配套扶持，引导和鼓励制造业企业利用大数据、云计算、智能化等技术，强化对生产工艺流程的柔性化改造；另一方面，开展管理信息系统专项扶持，增加企业大数据采集、处理与应用功能，对企业在实施大数据、智能化项目中支

给予软件、硬件、网络建设及信息技术开发等不同程度的扶持，先期可以按照一定比例给予资金资助，后期根据经济效益给予相应的奖励，引导企业提升自动化生产、智能化管理、精准化销售和科学化分析的水平。

2) 创新团队人才培养机制，健全智力支撑体系

按照国家对江北新区的定位和要求，围绕转变政府职能，把人才工作立足点转到促进自主创新、促进重点行业发展上来，把人才政策聚焦到核心企业、核心人才上来，把人才工作重点放到人才发展的环境建设上来，建立良好的人才培养机制，以大数据、人工智能产业集群增强人才集聚力，以制度创新激发人才创造力，提升人才竞争力。

一是建立人才规划机制。针对大数据、人工智能与实体经济融合发展的实际需要，聚焦融合产业规模，精心规划、定期预测，突出规划在人力资源配置中的引领作用。江北新区要对区域内人力资源的需求和供给进行科学预测，并根据大数据、人工智能与实体经济融合战略发展的变动以及区域内外部环境变化编制科学规划。规划确定后，还要严格按照规划组织实施，并定期考核评估，以进行反馈修正。促使人力资源合理运用，配合企业的发展需要，降低用人成本，实现企业和高层次人才的双向发展。

二是建立校企合作的人才培养制度。强化企业人才开发的主体地位，由政府相关部门、企业行业和高校联合成立人才合作培养协调指导委员会，通过整合高校、社会培训机构和专业咨询服务公司等资源，建立政府、学校、培训机构、企业之间联动的人才培养培训平台，每年组织一次大规模的大数据、人工智能与实体经济发展论坛，邀请指导委员会成员参加，定期组织相关人员开展大数据、人工智能等方面的针对性培训，着力培养既懂需求又懂市场、既懂科技又懂管理的复合型创业创新人才，宏观把握相关产业方向，聚焦核心产业和核心企业，提高培训与市场需求的匹配度。

三是建立人才激励新机制。完善技术作价入股、科技成果参与分配等产权激励制度。逐步建立起技术入股制度、科技人员持股经营制度，建立和完善人才拥有的专利、专有技术等知识产权等可作价入股参加经营和分配的机制。探索实行期权期股激励政策，鼓励有条件的企业对企业经营管理人才和产品开发关键岗位的技术骨干根据贡献给予一定数量的期权激励。

四是进一步健全创新创业人才服务体系。有效服务好高层次创新创业人才，构建"创业服务+政务服务+生活服务"的人才服务机制，使服务内容更具针对性，切实满足人才（团队）不同阶段的工作生活发展需求。同时，建立覆盖全区的一站式人才政务服务网点，成立区高层次人才综合服务中心，通过专窗受理、专人督办、开辟绿色通道、部门协同等方式，为各类高层次人才提供一站式服务，为各类人才在江北新区创新创业发展提供后勤保障。

3) 创新企业成长培育机制，构建现代产业体系

发展壮大新一代信息产业。加强新技术、新标准、新体系的产业应用，如以构建大数据、人工智能平台产业生态为核心，推进关键技术产品及解决方案的设计应用。推动新模式、新业态的产业应用，推动分享经济发展，打破企业边界，促进技术、设备和服务共享等。

　　一是建立骨干企业带动机制。发挥龙头企业引领示范作用，加快推动融合发展领域的共性技术平台、公共服务平台、数据资源共享平台建设，着力打造具备较强效力的"跨行业、跨领域"及企业级工业互联网平台。围绕工业物联网、大数据、人工智能、北斗卫星、智能芯片等重点领域，发展一批高端软件企业、智能制造解决方案商、工业互联网平台商和大数据服务商。培育一批大数据、人工智能、工业互联网等领域的领军企业，推动企业快速成长为行业"独角兽"，带动一批上下游企业。在台积电、智能制造产业园、国家健康医疗大数据中心及产业园建设的带动下，支持一批在各自细分领域均处于领先位置且拥有自身关键核心技术的企业，凸显其强大的研发技术优势，助力成为国内大数据技术和智能终端产品的领跑者。

　　二是建立现代产业推进机制。积极推进产业空间布局调整，加快推动高新区、化工园、海峡两岸科工园以及浦口、六合开发区等重点园区产业转型和功能提升，促进主导产业在空间、资源等方面的有效集聚。进一步聚焦主导产业，结合江北新区产业基础及资源禀赋，构建以大数据、人工智能为支撑的现代产业体系，即大力发展智能制造、生命健康、智能装备制造等先进制造业，以及现代物流、科技服务等生产性服务业，全力培育壮大集成电路、智能芯片、生物医药、大数据产业园等千亿级产业集群。

　　三是建立企业协同创新机制。创新是企业的生存之道，尤其是大数据、人工智能与实体经济的融合过程中，技术更新发展快、竞争激烈、用户的需求不断变化等，光靠企业自身很难跟上时代步伐，必须开展企业之间协同创新、企业与研究机构协同创新、企业与服务机构协同创新，结合新区产业特点，挖掘新区高校学科优势，在人工智能、大数据分析、智能信息处理等领域开展广泛合作，建立江北新区科技联盟，加快推进南京信息工程大学气象产业园等合作项目，带动社会各领域对气象信息产业的发展。进一步将与东南大学共建的南京集成电路产业服务中心、与江苏电信共建的智慧双创示范基地，与江苏移动共建的智慧物联新区、云计算中心，与德国合作的智能研究院等实体做大做强，增强江北新区在物联网、大数据、人工智能等领域的技术优势和发展后劲。

　　4) 优化金融服务政策，夯实融合发展保障体系

　　一是金融服务政策应当关注环境面的间接作用。目前江北新区更加重视直接作用的政策，但环境面政策的间接作用更加有利于融合的长远发展。例如，江苏省及南京市政府应当重视多层次资本市场的建设，尤其是区域性股权交易市场建设，拓宽企业融资渠道，缓解企业融资难问题；再如，在已有成果的基础上，江北新区应更加重视知识产权保护并鼓励创新创业企业进行知识产权质押，进而可以使企业利用自身成果解决资金问题，实现稳步发展。

　　二是金融服务政策应当重视工具的创新与丰富。一方面，江北新区可以通过金融创新相关奖项的评比来收集可用的新型政策工具，进而通过试点等方式付诸实践以不断探索促进融合的有效方式，在这一点上江北新区可以借鉴深圳市的一些做法。例如，深圳市人民政府印发了《深圳市供给侧结构性改革总体方案(2016—2018)》及五个行动计划，文件中提及探索推出房地产投资信托基金(REITs)、深化外商投资企业股权投资 (QFLP)试点等措施；再如，《深圳市人民政府关于大力推进大众创业万众创新的实施意见》中提

及鼓励探索开展全国专利保险试点等措施。通过政策工具的丰富化来促进企业大数据、人工智能与实体经济的融合。另一方面，由于我国金融市场发展尚不成熟，江北新区也可以通过适当提高对外资开放程度以借鉴国外相关经验，丰富政策作用方式。

三是金融服务政策应当加大对融合活动的支持力度。目前江北新区大部分对企业的金融支持政策都集中在新兴产业、高科技行业及新建企业，对传统行业，特别是传统行业转型升级、促进融合方面的关注度不够。因此，应当充分利用政策性基金、知识产权质押等金融工具加强对已有企业促进大数据、互联网和实体经济融合的项目的支持，进而从根本上为促进融合增添动力。

5) 创新内外一体联动机制，优化区域发展环境

一是建立对外联动机制。加强与上级主管部门的联动，争取政策上的主动，积极与国家发展和改革委员会等中央部委及省市相关部门的联系，建立健全常态化沟通汇报机制，努力争取国家政策资源向江北新区倾斜；加强与周边区域的联动，围绕大数据、人工智能产业分工、关键技术协同攻关、上下游企业一体发展等领域，实现与上海浦东新区、中国(上海)自由贸易试验区、浙江舟山群岛新区、苏南国家自主创新示范区等联动发展，加快实现与长三角其他地区大数据、人工智能公共平台、基础设施、产业政策等一体化建设。整合上下游企业、研究机构等产业链资源，联合国内大数据和人工智能领域的制造者、使用者与研究机构，成立大数据和人工智能产业联盟。构建产学研创新平台，推动企业、高校和研究机构资源共享、协同开发和集成创新；加强与新华社、人民日报、新华日报、扬子晚报等媒体的联动，加大对外宣传力度，江北新区在大数据、人工智能等方面的产业政策、重大活动等要及时对外发布，争取在更大范围内造势，特别是加大在长三角地区宣传报道，努力为江北新区发展营造良好的舆论环境。

二是建立内部联动机制。加强行政部门的联动，面向"三区两园"，建立大数据、人工智能与实体经济融合发展工作协调机制，管委会会同行政区、园区应定期举行大数据、人工智能与实体经济融合发展形势分析会、联席会议，定期会商解决新区内大数据、人工智能融合发展过程中面临的重大问题；加强政企之间的联动，新区未来应是城、镇、村共同构成的互动有序、共同发展的紧密整体，紧紧围绕大数据、人工智能的产业布局，在技术合作、资源共享、区域优势等方面共同发力，各级行政实体要联合区域内的企业联合培育和建设一批人工智能集聚区、创新承载区、特色小镇和众创基地等，实现体系内部的有机一体互动；加强企业之间的联动，构建大数据和人工智能产业生态链。策划建设江北新区大数据与人工智能产业研究院，依托研究院在人工智能产业领域的影响力，通过组织高端论坛、技术交流、品牌展示、孵化等各类活动，助力基地引资、引智，协助导入人工智能领域优质主体，建设一批人工智能方向众创空间和孵化器，吸引高层次人工智能研究人才，打造良好的产业发展生态。打造一批以医疗大数据、智能制造、智慧气象、北斗应用、集成电路、智能芯片为主的龙头骨干企业，带动一大批上下游产业落户，发挥骨干企业对区域高端产业的引领和带动作用，逐步形成以大数据、人工智能与实体经济融合的产业链。

第二篇　城　市　篇

第6章　江北新区建设低碳型智慧城区研究

6.1　江北新区建设低碳型智慧城区的基础

6.1.1　经济社会发展现状

江北新区拥有国家级、省级园区 5 个。战略性新兴产业发展迅速，生物医药、软件与信息服务等产业快速增长，其中高端装备制造业近三年产值年均增幅达到 20%以上；现代服务业加快发展，近三年产值年均增幅达到 20%以上；化工、钢铁等传统产业加速转型升级。

2017 年底，江北新区直管区户籍人口约 63.8 万人，常住人口约 108 万人。直管区完成地区生产总值 1069 亿元，同比增长 9.5%，高于全市平均水平 1.4 个百分点；一般公共预算收入 127.2 亿元，同比增长 12.6%；全社会固定资产投资、工业投资分别为 768 亿元、329.2 亿元，分别增长 17.7%、18.7%；规模以上工业总产值 2593.9 亿元，同比增长 17%，高于全市 7.2 个百分点；社会消费品零售总额 351.6 亿元，同比增长 13%；外贸出口额 140.7 亿元，同比增长 34.7%；实际利用外资 6.2 亿元，同比增长 25.6%。

江北新区目前拥有多个国家、省级孵化器和国家级研究中心，创新创业资源密集，产业基础雄厚。现有南京大学、东南大学、南京信息工程大学、南京农业大学、南京工业大学等高校 12 所，并组建了南京市江北高校联盟，各类科技创新平台和工程技术中心 50 多个，集聚国内外知名高科技企业及研究机构数百家。

6.1.2　江北新区用地和基础设施现状

江北新区直管区现有城市建设用地 151.98 平方千米，占直管区范围总用地的 39.35%。其他建设用地 13.63 平方千米，占直管区总用地的 3.53%。规划范围内非建设用地面积 220.64 平方千米，占直管区总用地的 57.12%。

江北新区现有集水路、铁路、公路、管道等于一体的综合交通运输体系，功能比较完善，随着长江南京以下 12.5 米深水航道的开通，江海转运枢纽作用日益凸显。多条桥梁、轨道、隧道连接长江南北，快速路网与周边区域互联互通。重大网络基础设施加快建设，对江北新区发展的支撑能力不断增强。

6.1.3　江北新区发展定位

《南京江北新区总体方案》中将新型城镇化示范区进一步明确为"绿色、智慧、人文新区"。国务院批复设立南京江北新区，是着眼全国发展大局，进一步优化生产力布局、实施区域协同发展战略做出的重大决策。在《国务院关于同意设立南京江北新区的批复》中明确要求，坚持规划先行、改革先行、法治先行和生态先行，积极参与长江经济带和

"一带一路"建设,更加注重自主创新,加快构建现代产业体系,推进新型城镇化建设,完善现代化基础设施,加强生态文明建设,扩大对外开放合作,与上海浦东新区、浙江舟山群岛新区、中国(上海)自由贸易试验区等联动发展,逐步建设成为自主创新先导区、新型城镇化示范区、长三角地区现代产业集聚区、长江经济带对外开放合作重要平台,努力走出一条创新驱动、开放合作、绿色发展的现代化建设道路。

《南京江北新区发展总体规划》指出,南京江北新区作为我省首个国家级新区,位于长江经济带与东部沿海经济带重要交汇节点,是我省"承东接西""联南接北"的重要枢纽。规划建设好江北新区,有利于推动全省创新驱动发展,促进经济提质增效升级,培育区域发展新增长极;有利于统筹城市空间和产业发展,促进跨江发展和产城融合,加快新型城镇化建设;有利于全面深化改革、扩大开放,推动体制机制创新,为东部沿海地区加快转变经济发展方式发挥示范作用;有利于我省更好落实"一带一路"、长江经济带等重大战略,加快推进长三角一体化、苏南国家自主创新示范区建设、扬子江城市群建设及宁镇扬一体化发展。

南京市十分重视智慧城市建设和绿色低碳发展。"十二五"期间,南京市就提出绿色城市发展规划。2017 年南京市入选第三批国家低碳城市试点。在智慧城市方面,2017年 2 月发布《"十三五"智慧南京发展规划》,明确要求"突出智慧江北建设"。

因此,无论是从新时期国家和江苏省对江北新区的定位,还是从南京市自身发展的要求,江北新区都应加快绿色与智慧协同发展,打造低碳智慧型新区。

6.2　中国低碳型智慧城市建设实践

智慧城市是新型城镇化发展的重要方向之一。2014 年中共中央、国务院印发《国家新型城镇化规划(2014—2020 年)》,明确提出推进智慧城市建设及其方向。2015 年 12 月,中央城市工作会议指出,要提升管理水平,着力打造智慧城市。2016 年 4 月,习近平总书记在网络安全和信息化工作座谈会上又进一步强调,要以信息化推进国家治理体系和治理能力现代化,统筹发展电子政务,构建一体化在线服务平台,分级分类推进新型智慧城市建设。2017 年 7 月,国务院印发《新一代人工智能发展规划》,将智慧城市建设作为人工智能发展的主要任务之一。

建设低碳智慧城市是我国新型城镇化发展和生态文明建设背景下的战略需求,同时也是应对城市发展过程中面临的生态环境约束,实现可持续发展的现实要求。本书重点对绿色低碳发展与智慧城市的关系进行梳理,基于低碳智慧城市的内涵构建智慧城市的评估研究框架,并对北京市和南京市的绿色低碳型智慧城市的发展进行评价。

1. 智慧城市评价指标与排名

目前,我国智慧城市试点数量已经超过 300 个,提出建设智慧城市目标的数量超过 500 个,智慧城市正在成为我国新型城镇化发展的重点和热点。2016 年 11 月,中国社会科学院信息化研究中心和国脉互联智慧城市研究中心发布了第六届中国智慧城市发展水平评估报告,评价指标体系包括智慧基础设施、智慧治理、智慧民生、智慧经济、智慧人群和保障体系 6 个一级指标，17 个二级指标，具体如表 6-1 所示。

表 6-1　智慧城市发展水平评价指标体系

一级指标	权重	二级指标	权重	评价说明
智慧基础设施	20	基础网络建设水平	5	考察互联网宽带接入率、主要公共场所 WLAN 覆盖率及城市物联网建设情况，用以评价保障城市智慧建设与运行的网络基础设施支撑能力
		基础信息资源共享协同	10	考察人口、法人、空间地理及宏观经济四大基础数据库及政务信息资源共享交换平台建设情况，用以评价政府基础数据资源统一管理应用水平
		城市云平台应用情况	5	考察城市级云平台应用及信息资源共享情况，用以评价智慧城市云基础设施建设及其集约化水平
智慧治理	20	政府在线服务水平	10	考察本地区以审批、办事为主的政府在线服务平台建设及应用情况，用以评价政府政务在线服务水平
		公共资源交易平台	5	考察本地区共享共用的公共资源交易平台建设情况，用以评价公共资源开放共享水平
		社会化媒体参与度	5	考察政府利用社会化媒体进行政务公开、回应问政的使用情况，用以评价政府政务信息公开及舆情宣传引导的水平
智慧民生	15	社会化民生服务水平	5	考察政府与第三方平台合作，提供民生服务的情况，用以评价政府便民服务水平
		数据开放服务水平	10	考察数据开放平台服务渠道的建设情况及信息获取的便捷性，用以评价数据开放服务水平
智慧经济	15	信息产业发展水平	5	考察城市信息产业产值相关数据，用以评价城市信息产业发展建设水平
		经济产出能耗水平	5	考察城市能源消耗水平，用以评价城市节能水平及经济发展质量
		互联网应用水平	5	考察衣食住行等方面商业化的互联网应用情况，用以综合评估城市互联网相关产业或产业互联网化发展水平
智慧人群	15	信息服务业从业人员情况	5	考察信息化从业人员占全社会从业人员比重情况，用以评价城市人群职业结构智慧化程度
		市民生活网络化水平	5	考察城市居民移动互联网使用情况，用以评价城市居民生活网络化水平
		信息消费水平	5	考察城市人群网购指数，用以评价城市居民信息消费水平
保障体系	15	规划制定与标准体系	5	考察智慧城市总体规划、专项规划、实施方案等内容的顶层方案制定情况及实施国家智慧城市标准体系的程度，以及制定、推广地方智慧城市关键标准情况，用以评价整体规划建设方案的完备性与可行性及建设标准和规范的指导性与操作性
		组织管理与绩效考核	5	考察城市所制定的智慧城市建设配套组织管理机制和管理办法健全性及绩效考核机制建设执行情况，用以评价智慧城市建设中组织机构与绩效考核的完备性与有效性
		信息安全保障	5	考察智慧城市建设中是否针对信息安全有所策略，包括软硬件设施、制度保障等，是否出现过重大信息安全事故等，用以评价智慧城市建设中信息安全保障能力
附加项	5	加分项	5	获得国内外智慧城市奖项，用以评价智慧城市建设的社会认可度；考察城市"大众创业万众创新"的相关政策、做法等；考察城市运营模式相关政策做法等
	−5	减分项	−5	年度中城市发生重大社会安全事件、事故或政府失职或不作为导致严重社会后果等
合计	100	（不包括附加项）	100	—

根据研究结果，前 15 名排名情况如表 6-2 所示。

表 6-2　中国智慧城市排名

排名	城市	智慧基础设施	智慧治理	智慧民生	智慧经济	智慧人群	保障体系	加分项	减分项	总分
1	深圳	16.81	16.0	10.05	10.4	11.3	13.0	4.0	−1.0	80.57
2	上海	16.75	15.4	12.08	10.7	11.7	11.5	4.0	−2.0	80.13
3	杭州	16.91	16.6	7.74	9.8	11.7	13.0	3.8	−0.5	79.06
4	北京	15.45	15.4	11.73	10.8	11.8	11.0	4.0	−1.5	78.68
5	无锡	18.07	15.0	8.05	8.3	10.0	13.5	3.8	0	76.71
6	广州	16.12	15.4	8.97	8.4	10.8	11.0	2.4	−0.5	72.59
7	宁波	17.32	15.9	6.96	7.0	7.3	9.5	3.8	0	67.86
8	佛山	15.69	14.9	6.85	7.1	6.7	12.5	3.5	−1.0	66.26
9	厦门	14.68	13.6	4.73	8.2	9.4	11.0	3.0	−2.0	64.08
10	苏州	16.18	14.0	5.76	7.3	7.9	11.0	3.0	−2.0	63.12
11	青岛	14.34	12.3	9.23	6.9	5.4	11.0	3.0		62.62
12	金华	12.76	14.8	6.01	7.7	8.0	11.0	2.2	−0.5	62.00
13	武汉	13.13	11.1	11.33	6.0	8.1	10.0	1.2	−1.0	61.91
14	南京	14.07	10.4	5.77	8.3	8.6	11.5	3.2	−0.5	61.41
15	珠海	13.20	14.1	5.11	7.4	8.4	11.0	2.3	−0.5	60.98

2. 智慧南京建设及规划

2017 年 2 月，南京市政府办公厅发布的《"十三五"智慧南京发展规划》提出，智慧南京建设，有利于新型工业化、信息化、城镇化、农业现代化、绿色化"五化同步"，促进协调发展；有利于推动形成智能、低碳、环保的生产生活方式，加快绿色发展。

1) 基础现状

基础设施不断优化：建成千兆光网城市；无线基本覆盖主要公共区域；政务内网较为完善，政务外网覆盖市、区、街、社区四级，包括交通信息采集、交通信号灯控制、医疗卫生机构。

信息资源加速整合：建立市政务数据中心；建成统一的人口、法人、政务、城市资源四大信息资源库和共享交换平台；建立智慧南京中心。

信息惠民服务提升：市民卡应用日益丰富；城市智能门户 App；升级公众信息门户。

城市管理能力增强：智能交通(车辆智能卡工程、交通信号灯控制系统暨公交信号优先应用工程)；无线宽带政务专网(公安、城管)；智慧社区(基于人口信息的社区信息综合管理平台)。

智慧产业发展迅速：知名企业参与；培育本地企业。

2) 存在的问题

大数据管理能力不足：需要进一步完善信息资源共享的规章制度和大数据开放的规

范要求。

大数据开发应用不够：城市管理和惠民服务应用还不充分。

大数据安全压力增大：研究行之有效的信息安全策略已刻不容缓。

渗透力和驱动力不足：智慧南京如何更好地促进智慧产业发展、如何创新政策支持和建设模式、如何更有效地促进城市治理现代化。

3）发展目标

到 2020 年，基本构建以便捷高效的信息感知和智能应用体系为重点，以宽带泛在的信息基础设施体系、智慧高端的信息技术创新体系、可控可靠的网络安全保障体系为支撑的智慧南京发展新模式。成为国家大数据综合试验区和国家新型智慧城市示范城市。

4）主要任务

"十三五"期间智慧南京建设主要任务与江北新区、绿色低碳相关的内容包括以下方面。

（1）优化基础设施建设，适应智慧城市发展需求。网络覆盖工程重点解决江北新区和多个副城区的网络覆盖水平。推进城市公共基础设施物联网部署，推进交通、能源、给排水、环保、应急等城市基础设施物联网化改造。集成自来水、电力、燃气、排污、通信、地铁及综合管线等地下市政基础设施信息数据，建成全市综合管网信息库和统一的管线、城市部件管理信息平台。建设城市综合感知云平台，在重点区域部署窄带物联网。

不断优化和提升政务网络建设，提高政务无线专网覆盖范围和宽带水平，满足政府机关、公共事业在应急处置、城市管理、环境监测等方面的应用需求。打造政务服务综合云平台。打破目前以各个部门自主、独立建设的信息系统建设方式，逐步向系统核心软硬件资源的优化配置、按需配置、分配使用的计算资源获取方式的过渡，尽快形成"部门应用开发以部门为主、系统平台资源全市统筹部署"的新局面。

（2）推进资源整合共享，提升城市综合服务功能。升级智慧南京指挥运行中心。通过大数据手段促进政务管理和决策方式现代化，重点开发环境质量、安全生产监督、城市交通三类专题应用，构建符合现有政务管理和指挥体系的可视化政务大数据决策支持平台。

推进智慧南京时空基础设施建设，建成覆盖全市统一、唯一、权威的时空数据中心，实现从基础地理信息数据到时空信息数据的升级和一体化组织管理，提供"多源、多尺度、多时态"时空信息数据服务。

（3）拓展政务专网应用，促进城市管理精细化。构建高速、智能、绿色的智能交通体系。突出公共交通优先，推进信号灯联网控制与公交优先二期建设，实现公共交通智能监控、智能分析和智能调度，提高公共交通工具运行效率和安全。

推进城市精细化管理技术应用。开发城市生活垃圾、建筑垃圾、餐厨垃圾收运智能化管理系统，利用地理信息系统（GIS）、无线定位系统等技术实现对垃圾处理过程实施监管及垃圾量的精确统计。开发市政环卫设施管理系统，将环卫设施、设备、人员等要素进行融合分析，按照"网格化管理，监管分离"的城市管理模式，实现对市政环卫基础设施、作业车辆、管养保洁区域的监管。开发包括设施运维、设施监控、GIS 管理、资产管理、电子标牌等在内的城市景观照明运维体系,实现城市管理低成本、高效能、智慧化。

充分利用遥感、全球定位、三维仿真等技术建设时空一体化的城乡规划综合信息系统、"多规合一"信息平台,实现城乡一体化协调管理、规划管理全覆盖,提升城市空间综合分析能力,为精品规划编制和科学规划管理提供有力技术支持。建立全市统一的地理空间框架和时空信息平台,统筹推进城市规划、国土利用、城市管网、园林绿化、环境保护等市政基础设施管理智能化和精准化。

应用物联网技术加强对全市水、电、煤气等公用事业智能化监管和服务,实现资源清洁生产、高效输送、动态监测和配送智慧化、集约化管理等目标,提高城市能源利用率。深化智慧电网建设。推进水源地、水生产、水供应、水处理等环节监测体系建设。完善燃气地下管网智慧化监测平台建设。推进水、电、燃气三大远程抄表系统建设。推进全市智能能源网建设。

提高气象信息化服务能力。提高气象基础信息采集能力,建设天地空立体化、网格化、覆盖城乡的气象观测体系。建立实时高效的气象数据采集、质量控制、存储分发、处理分析、应用服务的一体化平台。

(4)加强智慧环保建设,打造绿色低碳宜居环境。加强生态环境监控与管理。推进与省环境监测部门的数据共享,收集全市水环境、空气质量、噪声等环境监测感知物联信息,充分利用物联网和移动端 App 等信息技术手段,进一步加强各类污染源在线监控监管能力,强化对企业重点污染源环境监管,扩大在线监控系统覆盖面,推进信息化在环境监管中的应用精度和深度。试点化工园物联网应用,推进物联网在生态环保等重点领域和重点行业部署推广,构建全市共建、共用的环境监测感知物联网。落实"多规合一"统筹建设生态功能区空间信息管理平台,完善生态环境智慧化管理机制和管理方式。

强化环境应急预防和预警系统建设。深入开展"双随机"监管模式,利用云计算、GIS 等技术手段搭建以企业、机动车、放射源为管理对象的环境综合执法管理系统,不断提升执法管理水平。利用无线网络、卫星通信、视频监控等技术,提升环境应急现场处置能力。制作智能应急预案、水气扩散模型等模块,为突发环境事件预警和处置提供技术支撑。

大力推广能源循环利用。推广绿色建筑建设,提高绿色建筑比例。推进城市能源综合管理的数据采集、数据监测和综合分析诊断,实现节能管理规范化、有效化、智能化、科学化。强化企业能源管理服务,推进企业生产过程能源消耗的在线监测及关键设备生产能耗过程监控,实现对企业能源生产、输配和消耗过程动态监控和管理。建设城市能源信息发布平台,提供能源管理公众服务,共享能源管理政策法规信息、智慧能源解决方案、节能技术交互、节能培训等内容,实现社会节能意识提升。

深入推进智慧减排长效化。完善许可审批、总量减排等环境管理,构建排污许可与总量管理一体化平台。健全科学的减排指标体系、准确的减排监控体系、严格的减排考核体系,完善和优化环境监测监控系统,整合环境信息资源和数据,建立环境信息数据库和环境信息综合分析中心,进一步提高政府环境管理能力。

加强水务工作智慧化改造升级。根据水务管理工作实际和发展需求,搭建"监测智能感知、平台兼容扩展、业务连动协同、服务高效便捷"的智慧水务管理服务体系。提升防汛智能感知，提升水资源智能感知，提升供排水智能感知，初步形成覆盖南京部分水源地、原水厂、自来水厂、泵站、管网和用户的供水智能监控体系。提升水环境智能感知，对部分河道、排污口建立水质监测站点，同时共享气象、环保等部门部分数据。

(5)实施试点示范建设，打造智慧南京特色区域。突出智慧江北建设。深入对接智慧南京建设，突出新区特点，将江北新区打造成国际领先的信息基础设施和国内一流的大数据中心区域。搭建便捷惠民的服务、精细高效的城市管理、智慧融合的产业发展等体系，为企业创造良好发展环境，为居民提供高品质生活环境，使智慧城市成为江北新区发展的一项示范引领工程。发展智慧商圈。支持南京新街口、水游城、浦口桥北等商圈通过信息化提升整体服务水平。"畅游弘阳广场"无线网络全覆盖，鼓励商家提供免费无线接入服务。探索并鼓励开展智慧工厂建设。

3. 中国智慧城市建设实践

1)无锡

无锡位居我国智慧城市建设前列，已获得国家传感网创新示范区、国家云计算创新服务试点城市、云计算服务安全审查国家标准应用试点城市、首批国家智慧城市建设试点城市、首批国家智慧旅游试点城市、TD-LTE 试点城市、下一代互联网试点城市、三网融合试点城市、电子商务试点示范城市、信息惠民试点城市、国际电气和电子工程师协会(IEEE)倡议实施的智慧城市试点城市、软件名城创建试点城市、国家金卡工程试点城市等近 20 个国家级试点城市。无锡市于 2014 年 3 月、2016 年 8 月和 2018 年 8 月分别发布了《智慧无锡建设三年行动纲要(2014—2016 年)》、《无锡市"十三五"信息化规划》和《无锡市推进新型智慧城市建设三年行动计划(2018—2020 年)》。

无锡市智慧城市相关建设基础包括以下内容。

信息基础设施稳固提升：无线无锡工程(全免费 WiFi 城市)、光网无锡工程(全光网城市)、宽带无锡工程、三网融合工程。

信息产业快速增长：物联网、集成电路、软件和云计算等产业集聚发展。

信息化和工业化深度融合：两化融合，智能制造。

电子商务发展：国家电子商务示范城市。

电子政务应用：建立政务数据中心，搭建政务云计算平台，政务信息资源目录体系和交换体系和人口、法人、地理基础数据库基本建成。

智慧城市建设：城市大数据中心(基于城市基础地理信息平台，汇集人口发展、经济运行、市场监管、社会管理、公共服务等经济社会发展动态信息以及城市各类设施和生态环境信息的城市级大数据中心)和电子政务、城市管理(以提高城市管理效率为出发点，加强信息共享，促进业务协同，以交通运输、城市管理、环境保护、公共安全、应急指挥等重要领域为基础，汇集社会管理各领域信息和应用的城市管理综合服务平台)、经济运行、民生服务四大综合信息服务平台一期工程基本完成。智慧安防、智慧环保(以无锡太湖水质监测、污染源在线监控、环境空气质量自动监测、环境噪声自动监测、辐射环境监测为重点，构建覆盖全市的智能生态环境感知网络，搭建基于云计算的智能监控中心、环境公众服务体系和智能生态环境信息服务平台，实施水源地及水数据采集跟踪监管，实现城市生态环境的实时、远程在线监测和科学分析）、智慧电力（建设覆盖电力系统发电、输电、变电、配电、用电和调度各个环节的智能电网监控体系，高效实现电网态势感知，规范和提升电网管理能力。在企业和家庭推广安装智能电表）、智慧养老、智慧教育等一批应用提升工程建设水平处于国内前列。

公共服务信息化：公共服务信息化网络体系已经形成（市民卡、无锡微信城市服务入口、智慧无锡民生云收集客户端、"无锡交警"微信公众号、"滨湖社区通"）。信息安全保障体系日益健全。

2）深圳

深圳智慧城市建设走在全国前列。2012 年发布《智慧深圳规划纲要（2011—2020 年）》，2016 年 8 月发布了《深圳市信息化发展"十三五"规划》。

深圳市智慧城市相关建设基础包括以下内容。

信息基础设施国内领先：首批"宽带中国"示范城市，互联网普及率 83.7%，国家超级计算深圳中心（深圳云计算中心）建成投用。

信息化应用体系基本形成：深圳市电子政务总体框架；城市管理、公共交通、应急指挥、市场监管、医疗、教育、社保等领域信息化应用水平不断提升。

信息产业高端发展：营造从基础研究、应用研发到产业化的完整链条和优越生态。

两化深度融合持续推进，网络安全保障体系基本形成。

3）上海

上海 2016 年 10 月发布《上海市推进智慧城市建设"十三五"规划》。

上海市智慧城市相关建设基础包括以下内容。

民生服务信息化应用全覆盖：卫生信息化应用框架基本建立，教育信息化成果显著，一批重大公共服务信息化项目得到广泛应用，全网或网站首页的无障碍建设，基本建成交通信息化应用框架。

城市管理与政务信息化向纵深发展：城市网格化管理模式，城市水务、电力、环保、安全监管等领域的智能应用体系初步形成，应急处置机制逐步完善，政务信息化。

信息技术与产业融合创新加深，信息基础设施能级不断提升，网络安全总体可控。

4）杭州

杭州信息化建设近年来成效显著，建设了包括智慧交通、智慧城管、智慧旅游、智慧政务、智慧医疗等一系列智慧应用场景，智慧城市建设在提升杭州市城市管理与服务水平、促进产业升级、提高市民生活品质等方面取得良好成效。与此同时，移动互联网的迅速发展，将杭州信息化水平推向新的高度，杭州被誉为"移动支付之城""无现金城市"。中国互联网协会、新华网、蚂蚁金服等主办的 2016 年中国新型智慧城市峰会上，杭州获评"最智慧城市"。2017 年中国社会科学院信息化研究中心主办的第七届中国优秀智慧城市评选活动中，杭州位列 2017 年中国智慧城市 20 强第一位。

杭州先后发布《杭州市智慧政务发展"十三五"规划》《"数字杭州"（"新型智慧

杭州"一期)发展规划》《杭州城市数据大脑规划》。

4. 南京低碳城市建设

1)《南京市加快推进生态文明建设三年行动计划(2015—2017)》

加强生态文明统计监测制度建设,建立和完善全社会资源能源消耗、二氧化碳排放、资源综合利用等指标统计监测体系,搭建覆盖全市各行业和领域的综合性信息管理平台,准确评价反映全市生态文明建设成果。

2)《南京市"十三五"生态环境保护规划》

(1)污水处理监管信息平台。实施城北、江心洲、江宁开发区污水处理厂一级 A 提标改造工程,完成溧水鹏鹋污水厂三期等污水处理厂新(扩)建工程,建设市级城镇污水处理监管信息平台。

(2)土壤污染信息管理平台。开展土壤环境质量调查,以农用地和重点行业企业用地为重点,开展土壤污染状况详查,进一步摸清土壤污染状况,推动建立全市土壤环境基础数据库和信息管理平台。完善土壤环境质量监测网络,完成土壤环境质量国控、省控点位优化。

(3)环保能力建设。全面深化环境监测、环境监察、环境应急、环保宣教、环保科研的科学化、信息化、标准化建设,建设与全面小康相适应、相匹配的环境监管体系,不断提升环境保护能力和水平,具体包括以下内容。

第一,加快环境监测能力建设。进一步优化环境自动监测网络,形成与环境管理相匹配的监测网络体系。加快长江出境断面水质自动站和全市噪声自动站建设。启动土壤环境监测和生物监测,健全土壤环境监测网络。持续推进南京都市圈环境监测网络相互开放和监测数据共享。全面建成大气监测预报预警系统,配合建立空气质量区域联防联控信息共享平台。继续完善应急监测机制,充分发挥市与区(园区)两级联动机制作用,着力提升园区环境应急监测能力。

第二,强化环境监察能力建设。推进网格化环境执法监管体系建设。推进环境监察机构标准化建设。环境监察机构配备使用便携式手持移动执法终端,规范执法行为。建立统一规范、动态更新的污染源监管信息平台。完善"12369"信访举报系统。建设排污费征收、排污申报、排污监控集成信息系统。

第三,提升环境应急能力。完善环境应急管理机制,建立健全突发环境事件的事前预防、应急培训、应急准备和应急响应机制。建设环境风险防控管理系统,实现对突发环境事件监测预警、应急处置、后勤保障功能。建成市环境监测与应急中心,提高环境应急监测处置能力。强化社会环境应急救援处置队伍建设,依托环保技术能力强的大型企业,进一步整合与提升队伍的救援处置能力,实现应急救援专业化、社会化、快速化。

第四,推进环境管理信息化建设。构建"互联网+生态绿色系统",加快建立生态环保大数据信息化体系。充分利用信息化技术,借助市场化服务力量,保障信息化基础设施运转,提升行政办公管理、环境业务管理信息化水平,打造集全市环境状况、环境管理行为、综合决策支撑和信息安全为一体的环境信息资源综合决策分析平台。整合和提升环保系统信息资源,建设环保大数据信息化体系,建立完整的智慧环保业务架构系统,构建南京"智慧环保"管理平台。对照国家、省、市要求,实施区(园区)环境监测、环境监察等标准化建设工程。

6.3　江北新区低碳智慧城区建设现状和挑战

6.3.1　建设现状

1. 绿色生态建设

1) 核心区能源设施

江水源热泵:该项目是核心区建筑群提供清洁环保、安全可靠供冷供热服务的工程项目。项目拟建 6 座江水源热泵能源站和 1 座江水取水泵站(与 3 号能源站合建,峰值小时取水量 70000 立方米),总建筑面积为 5.7 万平方米。项目室外铺设空调供回水管道总长度约 113.5 千米,江水取、排水管道总长度约为 19.7 千米。总投资 19 亿元。项目已于 2016 年开工建设。

江北电力调度中心:项目位于镇南河路以北,中心大道以东,望江路以西地块,占地约 46 亩,总建筑面积约 10 万平方米,总投资约 2.5 亿元。项目已于 2017 年开工建设。

定向变电站:项目位于珍珠南路以东,西十字河以南,占地面积约 7 亩,新建 110 千伏变电站一座,为中心区提供电力保障,项目总投资约 2800 万元。项目已于 2016 年开工建设。

2) 青龙绿带

"青龙绿带"项目起于沿山大道,止于滨江大道,是连接长江与老山的生态绿廊,也是江北新区核心区的中心绿轴,全长约 7.5 千米,总占地面积 85 公顷[①],由 5 个不同的大型公园组成,包括启龙亲江乐园、飞龙丽景公园、龙德养生花园、明龙园艺游园和瑞龙郊野公园,这 5 个公园分别服务各自周边社区,为当地和区域提供多样的活动目的地。

该项目一期位于万寿路与滨江大道之间,总长约 2 千米,占地面积约 19.78 公顷,主要包含启龙亲江公园,于 2016 年开工建设。一期投资总额为 34521.33 万元,其中环保投资 6318 万元,占总投资的 18.3%。建设过程中因地制宜落实海绵城市设计于建设理念。目前一期工程已基本建成。

3) 七里河、定向河环境整治

七里河总长 4.8 千米,实施内容包括土建、景观等工作工程。分为两期实施:一期工程整治范围为七里河入江口至浦滨路七里河大桥,长约 3.05 千米;二期工程整治范围为浦滨路七里河大桥至浦珠路,长约 1.25 千米,浦珠路至珍珠河长约 0.5 千米。项目总投资 2.5 亿元。

---

① 1 公顷 = 10000 平方米。

2016 年已完成一期整治工程。整治重点包括：塑造河道两侧的起伏地形，游人穿行于河道两侧将有蜿蜒起伏的行程感受；配合海绵城市建设，河道建设范围内绿化灌溉用水可直接引用河水，河道背水坡靠近道路部分设计小型雨水花园，沿河周边布置停车场、小广场、健身步道等，同时运用植物季相变化及植被色块，打造丰富多彩的沿河色彩景观。

定向河起于浦珠路，终点连接坝子窑泵站，全长 3180 米，是南京市重点整治的 36 条黑臭河道之一。2016 年已开展环境整治，目前工程已完成。

4）2017 年黑臭河道整治情况

黑臭河道整治具体情况如表 6-3 所示。

表 6-3　2017 年江北新区黑臭河道整治情况

序号	河道名称	起止位置	黑臭水体长度/千米	是否通过"初见成效"评估	公众评议满意度/%
1	朱家山河	东起长江，西至东大路桥	8.00	2018 年 1 月通过"初见成效"评估	100
2	秃尾巴河	北起中心河，南至上城路	2.00	2018 年 1 月通过"初见成效"评估	100
3	吨粮河	北至新化十四组吨粮河桥，南至威尼斯水城一街区	3.30	2018 年 1 月通过"初见成效"评估	94
4	东方红河	七里河以南、城南河以北	4.30	2018 年 1 月通过"初见成效"评估	93
5	前进河	向北与千斤河相连，向南与朝阳河相接	2.30	2018 年 1 月通过"初见成效"评估	93
6	友谊河	北至浦洲路东段，南至威尼斯水城二街区	2.40	2018 年 1 月通过"初见成效"评估	95
7	民兵河	朝阳河—中心河	1.50	2018 年 1 月通过"初见成效"评估	90
8	镇北河	西起东方红河，东至新闸口泵站	2.00	2018 年 1 月通过"初见成效"评估	92
9	镇南河	西起浦珠路，东至东方红河	1.20	2018 年 1 月通过"初见成效"评估	95
10	二阳沟	向阳路至柳洲北路	0.52	2018 年 1 月通过"初见成效"评估	99

5）CBD 地下空间

CBD 地下空间项目位于中央大道与南京地铁 4 号线、13 号线、15 号线和 11 号线交汇设站的区域及其周边，规划开发地块总面积约为 52 公顷，内围约 34 公顷，外围约 18 公顷。地下空间包括地下交通、地下商业、地下市政等工作设施，其中地下交通主要建设轨道交通、地下车行、步行、地下停车场等工作设施；地下商业主要建设零售、文化、娱乐、休闲及生活服务等工作设施；地下市政主要建设综合管廊、能源管网、市政设施场站等工作设施。CBD 地下空间一期工程已于 2017 年开工，建筑面积 133 万平方米。预计 2023 年底完工。

2. 智慧建设

1）综合管廊一期

综合管廊一期位于江北新区核心区，南至胜利路、西至规划支三路、北至迎江路、东至商务东街，总长 10 千米。综合管廊一期为双舱约 6 米宽，可容纳电力、通信、给水、再生水、燃气、雨水、污水、空调热力管、真空垃圾管 9 种管线。另外，还预留了输送江水的通道，为建设江水源热泵能源站提供条件。地下管廊内部还安装了监控系统，通过物联网传感技术对管廊内部进行更细致的监控，通过大数据分析和智能管理技术，实现综合管廊动态监测、预警分析、应急处置等系统化的"智慧"运营。根据海绵城市设计理念，管廊内设置了独立雨水仓、排放仓，可通过渗透、滞留、调蓄、净化、利用、排放地面雨水，促进城市健康水循环。综合管廊一期已于 2016 年完工交付，具备管线入廊条件。

2) 综合管廊二期

综合管廊二期工程位于江北新区核心区，总长 53.41 千米，覆盖横江大道、沿山大道、广西埂大街、石佛大街、七里河大街、绿水湾路等 18 条道路。二期含管廊干线和管廊支线，干线综合管廊 31.29 千米，支线综合管廊 22.12 千米。其中最长的横江大道段有 6.29 千米，将建成三舱；2.2 千米长的浦辉路段则将建成四舱。综合管廊二期已于 2016 年底开工，计划于 2020 年底完成全部土建工程施工。

"十三五"期间，除核心区综合管廊外，江北新区还将在浦口、桥林、六合、雄州等片区启动建设三期综合管廊约 60 千米，到 2020 年基本建设完成 109.82 千米综合管廊并投入使用。

3) 江苏智慧城市地下空间产业园

本项目地块位于南京江北新区顶山街道，西邻迎江路，东临凤滁路，南邻兴隆路，规划用地性质为科研办公用地，规划用地面积 67302.94 平方米，容积率≤2.2，高度≤80 米，建筑密度≤35%，绿地率≥30%。现规划设计方案总建筑面积约 25.38 万平方米，地上总建筑面积约 16.96 万平方米(其中计容积率建筑面积 14.8 万平方米)，主要功能为科研办公、机动车库；地下建筑面积约 8.42 万平方米，主要功能为机动车库、非机动车库及配套设施。重点吸纳和集聚现代服务业、智能制造业、文化创意产业等战略性产业，创客孵化及联合办公业态，为客户提供一站式全方位企业服务。

4) 城市治理标准化

依据《江北新区 2018—2020 年城市治理标准化工作实施方案》，从社会化、法制化、智能化、专业化入手，不断探索解决城市治理领域人民日益增长的美好生活需要与不平衡、不充分发展之间矛盾的新方法、新路子，抓重点强基础，攻难点补短板，对标找差，完善体系，努力实现"巩固存量、优化增量、提升质量"的总目标和建章立制、长效巩固、提档升级的总要求。结合市标准化工作平台的运用，落实全覆盖要求，全面深化标准化单元普查工作。所有单元先入库后提升，不留管理盲区，明确单元责任主体和管理边界，实现"全覆盖"。2018 年底前，完成本底数据录入，配合市城治办标准化工作平台试运行及日常管理；2019 年，进行本底数据更新；2020 年，配合市城治办将标准化工作平台与智慧城管大数据进行对接，进行数据交换与共享，实现大数据管理模式。

完善本底资料数据库，优化管理标准；开展定额测算，推进科学管理；细化责任分工，明晰管理责任；强化各级培训，落实管理制度；建立健全监督考评机制；加强沟通联系，完善工作网络。实行分类分级管理；推进公共空间示范创建；推进城市道路综合整治；推进背街小巷综合整治；推进河道湖泊综合整治；推进市民广场综合整治；推进农贸市场综合整治；推进老旧小区综合整治。

5）法治政府建设

依据《南京江北新区法治政府建设实施规划（2018—2020 年）》，积极优化决策流程，以"智慧新区"建设为依托，深入探索"互联网+决策流程""智慧政务决策"等创新形式，将重大行政决策程序规则与互联网技术深度融合，形成流程化决策平台，分步骤设置决策程序和期限。为相关单位和人员设置定期提醒，明确超期后果，规范决策流程、提高决策效率，减少拖延决策现象。运用互联网思维助力法治建设。推广应用"互联网+"政务服务系统，不断提升行政服务水平，持续推进"智慧新区"建设。

6）污染源信息平台

依据《江北新区第二次全国污染源普查实施方案》，摸清江北新区各类污染源基本情况，调查污染源的数量、结构和分布情况，掌握区域、流域、行业污染物产生、排放和处理情况，建立健全江北新区重点污染源档案、污染源信息数据库和环境统计平台。

6.3.2　江北新区重点污染源挑战

南京化工园位于江北新区，是国家级化学工业园区，也是中国石化集团重点发展的化学工业基地之一，另外还有中国石化南京化学工业有限公司、南京钢铁集团有限公司等。江北新区十分重视化工园污染源监测、分析、排污许可证管理、搬迁等工作。根据《南京江北新区区域环境现状调查与评价》，汇报如下：

（1）大气环境。2017 年江北新区环境空气质量达到二级标准的天数为 244 天，空气质量达标率为 66.85%，优于南京市 66.1%的平均水平，空气中 PM10 和 PM2.5 为主要污染物。江北新区全年各项污染物指标监测结果：SO_2、NO_2 年均值达标；PM10 和 PM2.5年均值超标，年均值分别为 0.080 毫克/米^3 和 0.042 毫克/米^3，超标倍数分别为 0.14 倍和0.19 倍。

（2）地表水环境。目前长江南京段干流水质基本可达到Ⅲ类水质要求，超标因子以总磷为主，内河入江口及污水处理厂排口附近水质略差。其中，长江江北新区段 25 个监测断面中，12 个断面达Ⅲ类水环境功能，4 个断面达Ⅳ类水环境功能，9 个断面达规划的Ⅱ类水环境功能要求。不达标的断面中超标因子主要为总磷，BOD5、石油类、COD、SS、总氮等因子在桥北污水厂、扬子、化工园污水厂排口处附近断面也出现不同程度的超标。

内河的 29 个断面中，22 个断面达到相应水环境功能，7 个断面未能达到相应水环境功能要求，不达标断面中超标因子主要为氨氮、总磷和 BOD5；主要超标的河流为马汊河、高旺河、七里河、朱家山河、石头河。两个长江上的饮用水水源地水质除总磷因子达Ⅲ类水环境功能外，其他监测因子均能满足Ⅱ类水环境功能。

（3）地下水环境。江北新区区域内监测点位地下水水质以Ⅴ类（40.6%）、Ⅳ类（34.4%）为主，Ⅲ类水质占比 25%，超Ⅲ类水质的污染因子主要为总大肠菌群、细菌总数、总硬度、锰、氨氮等。

（4）声环境。江北新区大部分路段暴露在 66～70 分贝（A）条件下，约占 70.3%，其余 25.8%路段基本暴露在 61～65 分贝（A）条件下，江北新区交通噪声环境良好。江北新区 92.4%的区域能满足噪声功能区标准，区域声环境质量良好。江北新区居民区和交通区的功能区噪声分别为 46.8 分贝和 57.6 分贝（A），均满足功能区噪声规划功能标准。

（5）土壤环境。江北新区各监测点位的监测因子含量均低于对应的《土壤环境质量 农用地土壤污染风险管控标准（试行）》或《土壤环境质量 农用地土壤污染风险管控标准（试行）》（GB15618—2018）标准中的风险筛选值，其土壤污染风险一般情况下可以忽略。南京化工园内 3 个土壤监测点，六六六、滴滴涕均低于《土壤环境质量 农用地土壤污染风险管控标准（试行）》（GB15618—2018）中的风险筛选值，其余的多氯联苯及有机物类因子均低于《土壤环境质量 建设用地土壤污染风险管控标准（试行）》（GB15618—2018）中的风险筛选值，土壤污染风险一般情况下可以忽略。

加强对南京化工园和中国石化南京化学工业有限公司、南京钢铁集团有限公司等高能耗企业所在区域的环境监测是江北新区建设低碳型智慧城区的重点工作之一。

6.4 江北新区低碳智慧城区建设对标分析

根据江北新区低碳智慧建设现实状况（表 6-4），将其与低碳型智慧城市的指标体系（表 6-2）进行对标。

1）与低碳型智慧城市指标体系的对标

虽然江北新区的绿色低碳发展和智慧城市建设在南京市相关规划中有所提及，但由于江北新区尚未编制绿色低碳和智慧城市专项规划，因此其指标与低碳型智慧城市指标体系相比，仍然存在诸多不足。

第一，指标偏宏观，不够细化。如在节能节水方面，仅提出用能、用水强度及可再生能源比例指标，远不能实现指导江北新区建设的作用和功能。

第二，指标还不够全面。例如，土地利用方面，江北新区仅提出建设用地产出率指标；绿色建筑方面，仅提出新建绿色建筑比重指标；绿色交通方面并未给出相应的指标值；等等。

因此，上述指标体系难以对江北新区绿色低碳智慧发展的工程项目建设提供有效指导，需要细化完善并合理分解。

2）与低碳型智慧城市"三层次、两保障"框架的对标

江北新区在建设低碳型智慧城区过程中的突出表现如下：

第一，智慧城市建设优先服务于城管、政务、交通、民生等领域，绿色低碳目前并非智慧城市建设的优先领域，这与我国智慧城市建设总体方向相同；

表 6-4　江北新区低碳智慧城市建设相关进展及规划汇总

领域	绿色生态建设		智慧或信息化	
	内容	实施情况	内容	实施情况
规划设计	重视新区城市设计、产城融合、发展特色镇	《南京江北新区总体方案》		
空间利用	CBD 地下空间	一期工程于 2017 年开工		
	综合管廊一期	已于 2016 年完工		
	综合管廊二期	2016 年底开工		
	综合管廊三期	规划		
	青龙绿带	一期工程已基本建成		
	黑臭河道整治	通过"初见成效"评估		
生态环境	推进危险废弃物处置设施规范化建设，强化工业园区环境风险管控，严格危险货物水运风险管理，提高突发环境事件应急处置能力	《南京江北新区发展总体规划》		
	制定土壤环境区划，加强拟收回及已收回建设用地土壤环境状况调查评估，强化被污染土壤控制和修复	《南京江北新区发展总体规划》		
	加强生态绿地、水体和城市清洁空气廊道建设	《南京江北新区总体方案》	完善江北新区空气质量自动监测网络，实现空气质量数据实时传输和信息发布	《南京市江北新区大气污染防治行动计划 2018 年度实施方案》
	严守生态保护红线；加强环境污染防治；集约节约利用资源；完善生态文明体制机制	《南京江北新区总体方案》	建设区域环境监测网络，开展生态环境监测大数据分析	《南京江北新区发展总体规划》
	推进大厂—浦口、长芦—雄州等组团隔离防护生态片区建设	《南京江北新区发展总体规划》		
	加强岸线保护和利用整治修复，实施滨江湿地建设等重大生态修复工程	《南京江北新区发展总体规划》		

续表

领域	绿色生态建设		智慧或信息化	
	内容	实施情况	内容	实施情况
绿色建筑	增加绿色建筑建设比例	《南京江北新区发展总体规划》		
能源	江北水源热泵	2016年开工		
	江北电力调度中心	2017年开工		
	定向变电站	2016年开工		
	优化能源结构，区内全面实施清洁能源改造	《南京江北新区发展总体规划》	实施能源动态监控和优化管理	《南京江北新区发展总体规划》
	大力推广太阳能、风能、生物质能、地热能等可再生能源	《南京江北新区发展总体规划》		
水资源	七里河环境整治	完成		
	定向河环境整治	一期工程已完成		
	加强滁河、长江等流域的湿地生态片区建设	《南京江北新区发展总体规划》		
	加强供水设施建设、提高供水保障能力	《南京江北新区总体方案》		
	完善污水处理系统建设、保障断面水质达标	《南京江北新区发展总体规划》		
	以建设海绵城市为目标，建立排水防涝系统，建立完善的南水排水系统	《南京江北新区发展总体规划》		
交通	以轨道交通为主导，注重多种交通方式的统筹协调，加快构建立体化综合交通网络。实施公交优先战略，构建"轨道交通为背景、地面公交为网络、出租汽车为补充、慢行公交为延伸"的城市客运网络	《南京江北新区总体方案》	推行智慧综合交通运输管理系统，大力实施"企企通"工程	《南京江北新区发展总体规划》
产业与经济	重点发展科技服务、信息服务、现代物流、文化创意、健康养老等新型服务业。大力推动科技金融、文化金融、小微金融等特色金融发展	《南京江北新区总体方案》		

续表

领域	绿色生态建设		智慧或信息化	
	内容	实施情况	内容	实施情况
产业与经济	以南京软件园为主要载体，聚焦新一代信息技术产业的特色优势领域，促进新兴产业集聚、集群、集约发展	《南京江北新区总体方案》		
	稳步实施大厂老工业片区布局调整，开展化工行业绿色改造升级行动，推进南京化工园建设世界级绿色循环化工产业基地	《南京江北新区总体方案》		
	江苏智慧城市地下空间产业园	完成设计方案		
施工	新开工的规模以上工地须完成"智慧工地"管理		将标准化工作平台与智慧城管大数据进行对接，实现大数据管理模式	《南京市江北新区大气污染防治行动计划2018年度实施方案》
	房建（基础、主体施工阶段项目）和具备条件的市政工地联网视频监控安装率达到80%			《南京市江北新区大气污染防治行动计划2018年度实施方案》
管理	城市治理标准化	完成实施方案	推广应用"互联网+"政务服务系统	
	法治政府建设	完成实施规划	建立健全全新区重点污染源档案、污染源信息数据库和环境统计平台	
	污染源普查	完成实施方案		
通信			着眼建设国内一流智慧新区的目标，加速形成便捷惠民的信息服务体系、精细高效的城市管理体系、智慧融合的产业发展体系，构建江北新区综合性城市管理数据库和统一的信息共享开放平台，全力建设以"数字化、智能化、网络化、融合化"为主要特征的智慧新区	《南京江北新区发展总体规划》

第二，逐渐重视环境监测、能源动态监控、地下综合管廊监控、建设过程监控等，并率先规划建设环境信息库和统计平台，逐渐强化绿色低碳型智慧城市建设的意识。

6.5　推进江北新区低碳智慧城区建设的对策建议

结合以上分析，江北新区应从两大方面下手，推进江北新区低碳智慧城区的建设，一是科学规划、合理分解，完善绿色低碳指标体系；二是充分运用智慧城市手段，推动绿色低碳运营管理。具体如下。

(1)建设绿色低碳监测和感知网络，建立江北新区绿色低碳基底数据库。在现有环境监测和能源动态监测的基础上，加强海绵基础设施、绿色建筑、绿色交通、垃圾处理与利用、生态环境等领域的监测和物联网化改造，将中国石化南京化学工业有限公司、南京钢铁集团有限公司等重点用能单位作为重点监测对象，开展实时监测、实时上传、预警管理、防治结合等措施。建设江北新区综合感知云平台，与南京市总平台进行有效衔接。

(2)建立江北新区绿色低碳建设与运营管理平台，包括数字平台与指挥运行平台，并纳入智慧南京综合平台。在绿色低碳基底数据库的基础上，推进时空基础设施建设，实现从基础地理信息数据到时空信息数据的升级和一体化组织管理，提供"多源、多尺度、多时态"时空信息数据服务，打造数字城市平台。通过大数据手段促进绿色低碳管理和决策方式的现代化，重点开发城市规划、环境质量、能源利用、绿色建筑、绿色施工、综合管廊等领域专项应用，构建符合现有政务管理和智慧体系的可视化大数据决策支持平台。

(3)开发绿色低碳规划应用系统，合理分解绿色低碳宏观目标。江北新区成立以来，开展了绿色低碳建设工作，但仍需要进行科学的绿色低碳专项规划与顶层设计。建议在绿色低碳建设与运营管理平台的基础上，结合各功能园区、地块的重点项目规划，合理分解绿色低碳宏观目标，并据此对区域控制性详细规划进行调整完善，进一步建设绿色低碳潜在支撑项目库，通过科学规划方法，实现项目的优化组合。实施绿色低碳规划目标的全流程管理，并实现智慧管控。包括在土地出让阶段，江北新区绿色低碳主管部门根据地块所在区域的控制性详细规划及绿色低碳专项规划，将绿色低碳目标纳入地块规划设计条件，作为项目开发的强制要求；在规划方案报批阶段，各建设单位要根据上述规划设计条件、项目功能、定位、实施条件等情况，综合确定规划方案中的绿色低碳专项内容；在施工图审查阶段，项目建设单位在提交施工图、绿化方案审查之前，应将其提交到江北新区绿色低碳主管部门进行绿色低碳专项预审，满足要求的，予以盖章确认，否则审图中心不予受理；项目应实施绿色施工，工程验收前，需经江北新区绿色低碳主管部门进行专项预审，满足要求的，予以盖章确认，否则质监部门不予受理验收申请。

(4)开发绿色低碳专项管理应用，促进绿色低碳管理的精细化。具体包括：能源和碳排放的"双控双降"管理应用；PM2.5和其他污染物的网格化管理应用；城市生活垃圾、建筑垃圾、餐厨垃圾的智能化收运管理应用；突出绿色建筑运行阶段的管理应用；将装配式建筑作为绿色施工重点的管理应用；突出低碳城镇/低碳社区的空间化管理应用；突出公共交通优先的绿色交通管理应用；海绵城市管理应用系统；等等。

第7章 江北新区交通可达能力提升与优化研究

7.1 研究区域与研究方法

7.1.1 研究区域

《南京江北新区 2049 战略规划暨 2030 总体规划》力争将江北新区打造成为长三角辐射中西部地区的综合门户、增强南京中心城市区域辐射功能的重要门户，其直接腹地辐射范围涉及江苏北部、安徽；此外，《南京江北新区总体规划(2014—2030 年)》指出，新区将加速融入长三角区域一体化发展，加强与上海、苏州、杭州等长三角重要城市的交流与合作。

根据上述有关江北新区的发展规划，本章研究对象选取江北新区，以及位于杭州都市圈、合肥都市圈、南京都市圈、上海都市圈、徐州都市圈、宁波都市圈、温台都市圈、浙中都市圈、淮海经济区等区域中的上海、江苏(13 个)、浙江(11 个)、安徽(15 个)共 40 个城市。此外，本章以江北新区、40 个地域单元市区及所辖县市为基本空间单元进行数据采集、处理与分析，并将包含江北新区在内的 41 个城市的行政中心作为可达性运算的空间节点，综合运用 GIS 网络分析方法和基于"路径规划" API 的可达性测度方法，辅以多维尺度分析，进行 2018 年区域陆路交通可达性现状分析与 2020 年区域陆路交通可达性提升评估研究。

雄安新区是继深圳经济特区和上海浦东新区之后又一具有全国意义的新区。作为疏解北京非首都功能的集中承载地，雄安新区是推动京津冀协同发展、高起点规划、高标准建设的国家级新区和具有新发展理念的创新发展示范区。研究雄安新区与京津冀城市群间陆路交通可达性对启示江北新区交通可达能力提升、建设成为高质量交通发展的全国性新区有重要意义。故在此基础上，本章选取国家级新区——雄安新区，以及京津冀城市群的北京、天津、石家庄、邢台、邯郸、张家口、沧州、衡水、承德、秦皇岛、保定、廊坊与唐山为研究对象。同样以雄安新区、13 个城市行政中心所在地为空间节点为可达性运算对象，测度节点间 2035 年公路可达性和铁路可达性。

7.1.2 交通可达性指标构建

交通可达性是国内外规划、交通、地理等学科领域均较为关注的研究主题，通常指利用交通系统从某一给定区位到活动区位的便利程度。随着可达性研究深入，其测度方法日渐丰富，目前常用的指标有最短出行时间、加权平均时间、等时圈面积、累计机会等。本章采用铁路最短出行时间、公路最短出行时间作为各城市节点间的交通可达性；以铁路平均出行时间、公路平均出行时间作为各城市铁路、公路方式的综合交通可达性，在此基础上评价江北新区在研究区域的当前及未来交通可达性空间格局，并针对性地提出可达性提升策略。具体的交通可达性指标构建如式(7-1)、式(7-2)所示：

$$A_{ij} = T_{ij} \tag{7-1}$$

$$A_i = \frac{\sum\limits_{j=1}^{n} T_{ij}}{n} \quad (i \neq j) \tag{7-2}$$

式中，j 为研究区域的城市节点；T_{ij} 为节点 i 通过铁路网、公路网到达节点 j 的最短出行时间；n 为城市空间节点的数量；A_{ij} 为节点 i 到节点 j 的陆路可达性；A_i 为节点 i 的综合陆路可达性。

7.1.3　基于"路径规划"API 的可达性测度

互联网在线地图的"路径规划"API 是一套以 HTTP 形式提供的步行、公交、驾车查询及行驶距离计算接口，包含驾车路径规划、公共交通路径规划等。"路径规划"API能够精确地、批量地返回不同城市之间通过"公交+铁路"方式、驾车方式的最短时间出行方案，其中最短时间出行方案主要包含最短出行时间、最短出行距离、出行路径、路径所在各路段的通行时间、行程车速。"路径规划"API 是交通可达性研究可靠的新数据来源。

因此本章基于高德地图"路径规划"API，编写 Python 脚本程序进行数据抓取。Python程序的功能之一为从"驾车路径规划"接口获取起点城市节点到终点城市节点的实时出行时间、经过最优路径各路段的长度与通行时间，程序参数为起点、终点的经纬度坐标；程序功能还包括从"公交路径规划"接口获取起点城市至终点城市最短出行时间、高铁时长、普通铁路时长、公交时长及步行时长，程序参数为起点、终点经纬度坐标与出发时刻。

以江北新区、江浙沪皖 40 个城市空间节点为起点、终点，分别得到驾车方式(经由公路网络)、公共交通(经由公交线网、铁路网络)的最短通行方案，共计 3362(41×41×2)个最短通行方案，具体的测算数值见附表 7-1。同理，以雄安新区、京津冀 13 个城市空间节点为起点、终点，分别获取驾车方式、公共交通的最短通行方案，共计 392(14×14×2)个最短通行方案。

在此之上，依据"路径规划"API 获取研究区域内现状公路的行程车速、京津冀城市群区域内现状公路的行程车速。由于路径规划返回的路网不能直接应用于网络分析，故此处获取的通行方案、车速数据将为构建"江北新区-研究区域""雄安新区-京津冀城市群"路网模型时间成本赋值的基础，以保证可达性测度结果的精确性。

7.1.4　GIS 空间分析方法

1) 网络数据集构建

依据《铁路"十三五"发展规划(2016—2020)》《长三角城市群综合交通网规划(2016—2020)》《南京市铁路枢纽总图规划(2016—2030)》以及互联网在线地图公开显示的江浙沪皖地区路网，在 ArcGIS 10.3.1 平台矢量化研究区域的现状与规划公路、现状与规划铁路。经过拓扑检查无误后，初步构建研究区域的公路网络数据集与铁路网络数据集。

以《河北雄安新区规划纲要(2018—2035 年)》中的区域轨道交通规划图与区域高速公路规划图、《铁路"十三五"发展规划(2016—2020)》、互联网在线地图公开显示的京津冀地区现状路网为主要依据,在 ArcGIS 平台矢量化雄安新区、京津冀城市群规划公路网及规划铁路网。经过拓扑检查无误后,初步构建"雄安新区-京津冀城市群"规划公路网络数据集以及规划铁路网络数据集。

2) 时间成本赋值

分别将研究区域的公路网络数据集、"雄安新区-京津冀城市群"公路网络数据集与互联网地图"路径规划"API 返回的路网进行坐标匹配,进而应用 GIS 邻近性分析(Near 空间分析工具)为网络数据集的现状高速公路、国道、省道、快速路、主干路等赋邻近时间成本值,以保证网络分析结果的精确。而规划高速公路、规划高速铁路及规划普通铁路的成本值则依据《公路工程技术标准》(JTGB—2003)规定的公路设计车速、江浙沪皖地区铁路设计与实际运行时速,借助 ArcGIS 10.3.1 的 Field Calculator 进行赋值,具体如表 7-1。

表 7-1　研究区域高速铁路、普通铁路、规划高速公路的速度

道路等级	高速铁路	普通铁路	规划高速公路
速度/(千米/小时)	250	90	90

基于以上,得到完整的研究区域现状与规划公路网络数据集(图 7-1)和研究区域现状与规划铁路网络数据集(图 7-2);得到完整的"雄安新区-京津冀城市群"规划公路网络数据集(图 7-3)、规划铁路网络数据集(图 7-4)。

图 7-1　研究区域现状与规划公路

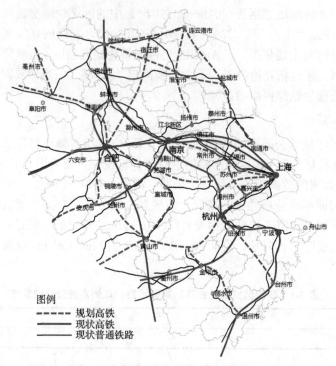

图 7-2　研究区域现状与规划铁路

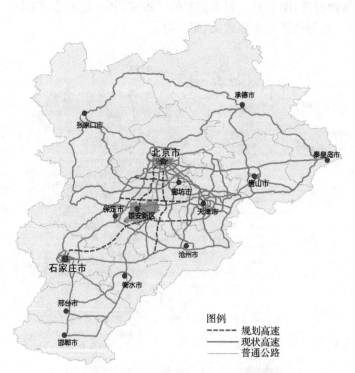

图 7-3　雄安新区、京津冀区域现状与规划公路

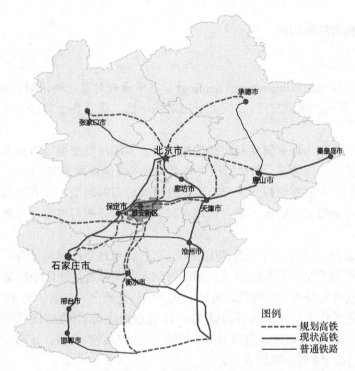

图 7-4　雄安新区、京津冀区域现状与规划铁路

3) 网络分析

首先，在 ArcGIS 网络分析（Network Analyst）模块，基于研究构建的公路网络数据集与铁路网络数据集，以江北新区、江浙沪皖 40 个城市空间节点为起点、终点，得到现状（2018 年）两两城市之间 O-D 最短公路通行时间与最短铁路通行时间的 Cost Matrix 统计表，共计 3362（41×41×2）条 OD 数据。然后，对比网络分析获得的 OD 数据与"二、研究方法构建（三）基于'路径规划'API 的可达性测度"部分获取的互联网地图"驾车路径规划""公交路径规划"接口 OD 数据，将网络分析得到的 OD 数据乘误差系数，以保证网络分析结果与互联网地图"路径规划"接口返回的实时驾车时间、铁路时间的误差控制在 5%以内。

其次，基于网络分析获取规划年（2020 年）研究区域城市空间节点间最短公路通行时间与最短铁路通行时间，共计 3362（41×41×2）条 OD 数据。经过前一步对现状数据的误差调整，规划年的数据误差控制在 5%内。其中最短铁路通行时间包含"起点城市行政中心→步行至公交站/轨道交通站点→乘坐公共交通至起点城市火车站/高铁站→乘坐普通火车/高铁至终点城市火车站/高铁站→乘坐公共交通公交站/轨道交通站点→步行至终点城市行政中心"，数据详见附表 7-1。

同样，采用 GIS 网络分析方法、误差控制方法，以雄安新区、京津冀 13 个城市空间节点为起点、终点，获取 2035 年"雄安新区-京津冀城市群"两两城市之间最短公路通行时间与最短铁路通行时间的 Cost Matrix 统计表，共计 392（14×14×2）条 OD 数据。

7.1.5　可达性拟合空间构建

1）多维尺度变换

多维尺度变换(Multidimensional Scaling)是基于研究对象之间相似性或距离，对研究对象进行降维(降至二维或三维)、聚类处理的图示法。确定各个节点之间的距离矩阵是方法的核心。

将交通可达性作为城市间相互距离的指标后，多维尺度变换可将城市节点之间的距离数量关系转换为几何关系，求得与相对关系契合的时间距离空间，即可达性拟合空间，可脱离地理空间的限制在新视角下分析可达性空间分布的形变。已有研究采取多维尺度变化方法，对比最短交通距离下长三角城市群二维空间分布与城市功能联系强度下的城市空间结构。

ALSCAL算法是多维尺度变换常用的算法之一，通过多次递归运算，依据最小二乘原则，使可达性拟合空间上各城市节点间的时间距离与邻近性矩阵中距离差值的平方和趋于最小。研究首先将两个时间段、两种方式下的江北新区、江浙沪皖40个城市空间节点间的交通可达性作为时间距离并均以41×41邻近矩阵表示(数据详见附表7-2)。之后，将规划年(2035年)雄安新区、京津冀13个城市空间节点的公路、铁路交通可达性作为时间距离并以14×14邻近矩阵表示。

应力系数S为多维尺度变换的检验统计量，如式(7-3)所示：

$$S = \sqrt{\sum_{j=1}^{n}\sum_{k=1}^{n}(d_{jk}-\hat{d}_{jk})^2 / \sum_{j=1}^{n}\sum_{k=1}^{n}(d_{jk}-\bar{d}_{jk})^2} \tag{7-3}$$

式中，d_{jk}为相似性矩阵中节点间的距离；$\hat{d}_{jk}$为可达性拟合空间下节点间的预测距离；$\bar{d}_{jk}$为d_{jk}的平均数(相似性矩阵中节点间距离的平均数)；$\hat{d}$为相似性矩阵中所有节点的平均距离。当S小于0.05时，表示可达性拟合空间拟合效果极好；当S小于0.2时，表示可达性拟合空间拟合效果较好；当S大于0.3时，表示可达性拟合空间拟合效果较差。结果显示，可达性拟合空间的拟合效果均为较好，可信度较高，具体应力系数值见表7-2。

表7-2　可达性拟合空间拟合效果评价

区域	可达性拟合空间邻近矩阵构成	应力系数S	拟合效果
江北新区、江浙沪皖40个城市空间节点	现状公路可达性	0.06844	较好
江北新区、江浙沪皖40个城市空间节点	现状陆路可达性	0.14579	较好
江北新区、江浙沪皖40个城市空间节点	规划后公路可达性	0.09201	较好
江北新区、江浙沪皖40个城市空间节点	规划后铁路可达性	0.16731	较好
雄安新区、京津冀13个城市空间节点	最短交通距离	0.05226	较好
雄安新区、京津冀13个城市空间节点	规划后公路可达性	0.11485	较好
雄安新区、京津冀13个城市空间节点	规划后铁路可达性	0.20581	较好

2) 四参数平面坐标转换

多维尺度变换求得可达性拟合空间中的坐标是标准化后的二维平面坐标,需要经过平面坐标转换,将其转换为基于经纬度的地理坐标,以便判别可达性拟合空间相对于地理空间的偏移情况,进而评价研究区域现状(2018 年)与规划后(2020 年)交通可达性的空间分布格局,评价"雄安新区-京津冀城市群"城市群结构、规划年(2035 年)城市群交通可达性联系格局发生的形变。

两个不同的二维平面直角坐标系之间转换时,需构建数学方程组联立求解坐标平移量、平面坐标旋转角度、尺度因子等参数。平面坐标转换通常采用四参数转换方式,转换式如(7-4)所示。

$$\begin{bmatrix} x_2 \\ y_2 \end{bmatrix} = \begin{bmatrix} \Delta x \\ \Delta y \end{bmatrix} + (1+m) \begin{bmatrix} \cos\alpha & -\sin\alpha \\ \sin\alpha & \cos\alpha \end{bmatrix} \begin{bmatrix} x_1 \\ y_1 \end{bmatrix} \tag{7-4}$$

式中,x_2, y_2 为可达性拟合空间标准化坐标经过转换后的新坐标;x_1, y_1 为地理坐标下基于经纬度的坐标点;$\Delta x, \Delta y$ 为度;α 为旋转参数,单位为弧度;m 为尺度参数,无单位。

编写 MATLAB 代码,以江北新区、上海和杭州的城市中心为控制点,依据式(7-4)将研究区域可达性拟合空间中的坐标转化为基于经纬度的地理坐标;以雄安新区、北京和天津的城市中心为控制点,依据式(7-4)将该范围可达性拟合空间中的坐标转化为基于经纬度的地理坐标。最终,可达性拟合空间便配准至地理坐标系。

7.1.6　总体技术路线

研究方法与步骤主要包含:交通可达性指标构建、基于"路径规划"API 的可达性测度、网络模型构建与网络分析、多维尺度变换及四参数转换。基于此,以雄安新区及京津冀城市群交通可达性为标杆,通过比较分析江北新区与雄安新区在区域可达性层面的差距,进一步探寻江北新区至研究区域其他城市交通设施与通道的不足。具体技术路线如图 7-5 所示。

7.2　江北新区交通可达能力测算结果分析

7.2.1　江北新区的区域陆路交通可达性现状评估

1) 区域公路可达性现状评估

研究区域公路可达性分布整体较为均衡,形成"江北新区-杭州-上海"高可达性轴线、外围城市的可达性向东北、西北、西南依次递减的格局。其中江北新区(3.33 小时)、南京(3.36 小时)、镇江(3.46 小时)地处研究区域中央,高速公路发达,综合公路可达性最优。而西北的亳州(6.10 小时)、东北的连云港(5.46 小时)以及东南部的温州(6.92 小时)、台州(6.53 小时)、丽水(6.19 小时)不仅地处边缘且与其他城市联系较疏远,故可达性最差(图 7-6)。

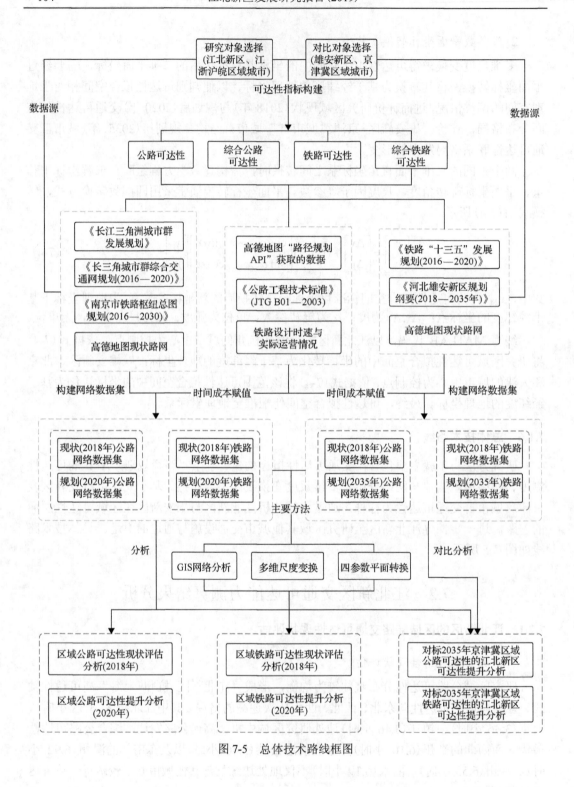

图 7-5 总体技术路线框图

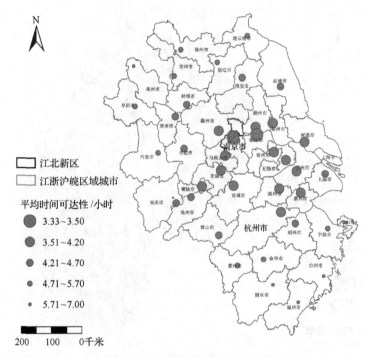

图 7-6　研究区域各城市综合公路可达性

　　江北新区到 40 个城市的公路可达性分布格局呈现出圈层结构：江北新区至南京、滁州、马鞍山、镇江、扬州的可达性在 1.5 小时内，为第一圈层；至合肥、蚌埠、淮安、泰州、常州、无锡、芜湖、宣州的可达性在 2.5 小时内，为第二圈层；至浙江省南部温州(7.35 小时)、台州(7.09 小时)、丽水(6.78 小时)、衢州(6.13 小时)、舟山(6.1 小时)、金华(5.73 小时)、宁波(5.57 小时)的可达性较差(图 7-7)。

　　除温州、舟山、丽水的空间位置与江北新区、其他各市的距离被明显拉大，现状公路可达性拟合空间的相对位置发生形变总体较小，与江北新区、各城市地理空间分布差异不大。结果表明，研究区域的高速公路已相对完善，未来规划需着重加强江北新区与浙江南部尤其是温州、舟山、丽水的公路联系，以进一步提升江北新区的综合公路可达性(图 7-8)。

　　2)区域陆路可达性现状评估

　　综合考虑铁路方式、公路方式两种出行方式，现状陆路可达性拟合空间中江北新区、江浙沪皖 40 个城市空间节点之间的相对位置在公路可达性拟合空间中的位置发生了较大变化。已有研究表明，高速铁路具有时空压缩效应，对城市可达性水平与区域可达性空间分布有重要影响。具体体现在"江北新区—上海"沿线及"江北新区—杭州—宁波"沿线呈现明显聚集，而城市之间的距离在可达性拟合空间中相对缩小(图 7-9)。此外，徐州(提升 1.0 小时)、宿州(提升 0.42 小时)、蚌埠(提升 0.46 小时)在京沪高铁、郑徐高铁、

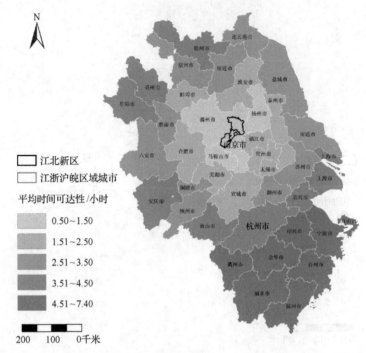

图 7-7　江北新区至研究区域其他城市公路可达性分布

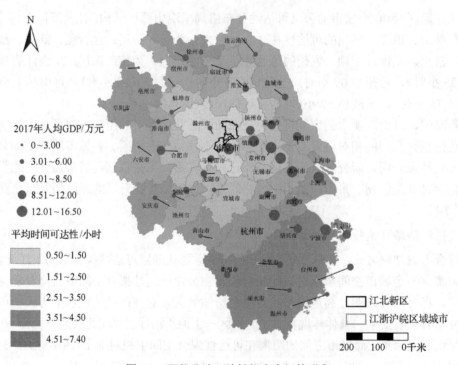

图 7-8　现状公路可达性拟合空间的形变

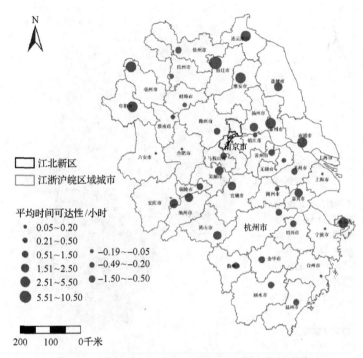

图 7-9　城市综合铁路可达性相对公路可达性变化

合蚌高铁的作用下，其综合铁路可达性相对综合公路可达性提升明显，与其他城市可达性距离在陆路可达性拟合空间中显著缩小（图 7-9、图 7-10）。江北新区至徐州、上海的可达性分别提升 0.71 小时、1.57 小时；至浙江南部城市可达性提升最为明显，其中衢州、宁波、温州分别为 2.48 小时、2.09 小时、1.50 小时（图 7-11）。

与之相反，江苏省宿迁（降低 10.44 小时）、淮安（降低 5.14 小时）、连云港（降低 4.61 小时）、南通（3.04 小时）、盐城（降低 2.31 小时）等城市由于铁路建设尚不完善，铁路综合可达性降低明显，尤其江北新区至淮安（降低 5.47 小时）、连云港（降低 5.32 小时）、宿迁（降低 4.88 小时）铁路可达性位列最低；江北新区与以上城市的关系在可达性拟合空间中呈现离散的态势（图 7-10、图 7-11）。

综合陆路可达性分析，江北新区至南京都市圈、上海都市圈、杭州都市圈、宁波都市圈大部分城市可达能力较强，而至合肥都市圈、徐州都市圈、温台都市圈、浙中都市圈、淮海经济区大部分城市可达能力有待提升。具体表现在：江北新区至浙江南部沿海城市温州、台州、丽水的路网连接不足，公路方式出行时间较长；江北新区至江苏淮安、宿迁、连云港、南通、盐城，以及至安徽省西部、北部各城市联系对接不足。因此未来规划应加快至浙江南部高速公路建设，还应充分利用高速铁路带来的可达性优势，加强江北新区与浙江南部、江苏北部、安徽省西部和北部之间的联系对接，以提升区域陆路交通可达能力。

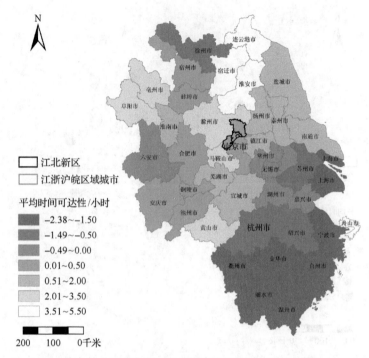

图 7-10　江北新区至其他城市铁路可达性相对公路可达性变化

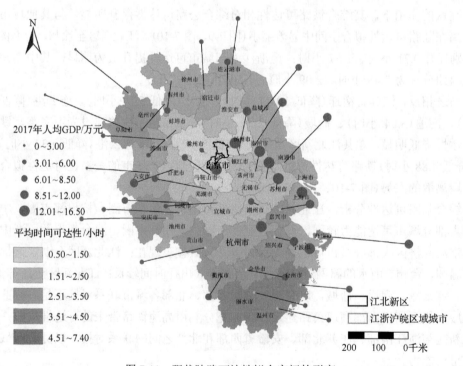

图 7-11　现状陆路可达性拟合空间的形变

7.2.2　江北新区的区域陆路交通可达性提升分析

1) 区域公路可达性提升分析

至 2020 年研究区域已形成了联系城市与城市的高速公路网络(图 7-1),江北新区形成"一环(绕越高速)七射"高速公路网和"一环(公路三环)四横十射"国省道干线公路网。各城市综合公路可达性水平更加趋于平衡,其中江苏连云港(0.77 小时)、徐州(0.9 小时)、镇江(0.29 小时)、宿迁(0.1 小时),以及安徽西部北部边缘城市亳州(0.82 小时)、阜阳(0.28 小时)、六安(0.87 小时)、安庆(0.47 小时)的综合公路可达性随高速路网的完善而提高,但提升幅度均在1 小时内并且江北新区至连云港的出行时间增加0.9 小时,至安庆增加0.76 小时,至徐州增加 0.3 小时(图 7-12、图 7-13)。

此外,当前公路可达性水平较高的江北新区、南京、上海、苏州等城市的综合公路可达性水平几乎没有发生变化,出行时间波动在 0.3 小时内(图 7-12、图 7-13)。值得指出的是,浙江南部城市台州、温州的综合可达性水平分别提升 0.49 小时、0.1 小时,但江北新区至台州、温州的出行时间反而增加0.89 小时、0.65 小时。

总体上,研究区域高速公路网络的完善对各城市可达性水平提升的影响较小,城市之间相对位置在可达性拟合空间中位移不明显,呈现轻微集聚组态态势。尽管连云港、徐州、安庆、台州、温州、黄山的公路可达性发生提升,但由于地处空间区位的边缘,在可达性拟合空间中的空间位置与江北新区位置仍被拉大。建设高速公路对提高江北新区至其他城市的公路可达性的边际效应递减。

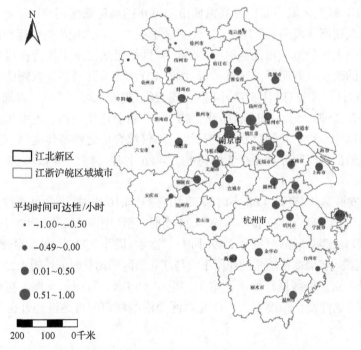

图 7-12　规划后城市的综合公路可达性相对现状综合公路可达性变化

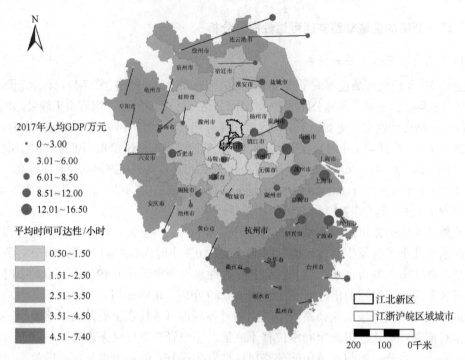

图 7-13　规划后公路可达性拟合空间的形变

2) 区域铁路可达性提升分析

至 2020 年,研究区域不断完善联系城市与城市的高速铁路网络,除舟山外,研究区域的城市均被高铁网络覆盖(图 7-2),江北新区形成"一环六线"的客运铁路网络。快速扩张的高速铁路大大拉近城市间的时间距离,对区域可达性水平提升作用明显并且对城市可达性水平的改变具有明显的区域差异(图 7-13)。尚未开通高速铁路的北翼城市宿迁(提升 11.55 小时)、淮安(提升 5.73 小时)、连云港(提升 5.45 小时)、南通(提升 3.86 小时)、泰州(提升 2.98 小时)、盐城(提升 2.88 小时)随着连盐高铁、连淮扬高铁、徐宿淮盐高铁、徐连客运专线、盐通高铁等的开通,不仅综合可达性整体提高,且江北新区到以上北翼城市的出行时间分别减少 4.55 小时、4.86 小时、4.85 小时、0.58 小时、0.61 小时、0.84 小时。

同样地,安徽亳州(提升 4.68 小时)、阜阳(提升 4.16 小时)综合可达性增加,在商合杭高铁开通后,江北新区至亳州时间缩短 4.24 小时、至阜阳时间缩短 3.80 小时。当前开通高速铁路的浙江南部城市温州(提升 2.49 小时)、丽水(提升 2.72 小时)、台州(提升 1.87 小时)在杭绍台高铁、杭温高铁的带动作用下,与江北新区的出行时间缩短 1.23 小时、0.75 小时、1.54 小时。京沪沿线城市徐州、宿州、亳州、南京、常州、无锡、宿州、上海等城市的综合铁路可达性变化幅度不大,江北新区至沿线城市的可达性提升在 0.5 小时以内(图 7-14)。

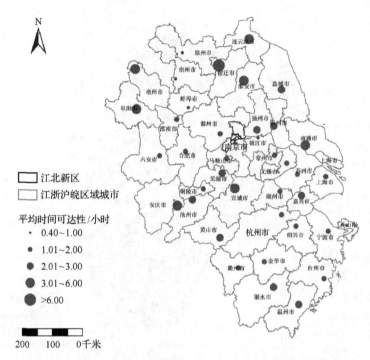

图 7-14　规划后城市综合铁路可达性相对现状综合铁路可达性提升

　　另外,快速发展的高速铁路网络带来可达性拟合空间城市位置偏移的缩小(图 7-15)。相较 2018 年陆路可达性拟合空间,浙江南部金华、温州、丽水、台州、宁波以及安徽北部亳州、阜阳与江北新区的距离由拉长变为缩短,态势由向外扩散、疏离变为向内聚集,与上海都市圈、杭州都市圈融为一体,表明规划高速铁路切实加强了江北新区与浙南、皖北城市的对接联系。根据江苏省人民政府、中国铁路总公司联合批复的《南京市铁路枢纽总图规划(2016—2030)》,规划于江北新区的南京北站于 2019 年开工建设,主要承担江北新区至扬州、泰州、南通、滁州、合肥、宿州、淮安等江苏北部与安徽东北部城市的铁路联系,研究结果显示江苏北部连云港、宿迁、淮安、盐城、南通,以及安徽的宿州、淮南、六安、安庆、铜陵等城市在规划后铁路可达性拟合空间中的向外扩散的形变得到不同程度的减弱,表明规划高速铁路对改善江北新区与以上城市彼此疏离现状发挥作用。

　　同时也应看到,尽管江苏北部、安徽西部边缘城市的可达性水平在不断提高,规划高速铁路并未扭转其在规划可达性拟合空间中的位置相对其实际地理区位向外偏移的情况,尤其是江苏南通、台州、扬州、盐城等城市良好的经济发展水平与可达性拟合空间中的地位不匹配。2020 年后,规划方案应加快补充南京—淮安、南京—泰州—上海、南京—扬州—盐城、连云港—宿迁—蚌埠、南通—泰州—扬州—南京、南通—上海、南京—合肥、北沿江等方向高速铁路,加快南京北站的建设速度,以提升江北新区、南京等核心区域到以上城市的交通可达性,以进一步扩大江北新区在研究区域内的辐射范围。

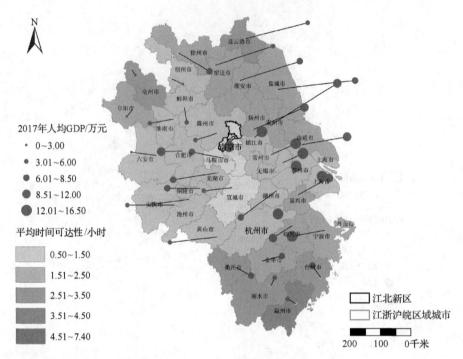

图 7-15　规划后铁路可达性拟合空间的形变

7.2.3　对标雄安新区的江北新区交通可达性提升分析

1) 对标 2035 京津冀区域公路可达性的江北新区可达性提升分析

高速公路网建设方面,根据《河北雄安新区规划纲要(2018—2035 年)》,将重点构建京港澳高速、大广高速、京雄高速(含新机场北线高速支线)、新机场至德州高速、荣乌高速新线、津雄高速、津石高速"四纵三横"区域高速公路网络,实现 60 分钟到北京、天津,90 分钟到石家庄。

至 2035 年,雄安新区至北京(15.75 分钟)、邯郸(9.75 分钟)、张家口(42.28 分钟)的公路可达性发生提升(表 7-3)。此外,区域形成以雄安新区为中心的圈层结构:保定

表 7-3　2035 年交通可达能力提升的城市间可达性值

城市名称	城市名称	公路可达性提升程度/分钟	2035 年公路可达性/小时
北京	邢台	28.48	4.55
北京	邯郸	65.57	4.56
北京	天津	6.60	2.00
北京	廊坊	64.59	0.25
雄安新区	北京	15.75	2.27
雄安新区	邯郸	9.75	3.95
雄安新区	张家口	42.28	3.69
雄安新区	承德	42.28	4.45

续表

城市名称	城市名称	公路可达性提升程度/分钟	2035 年公路可达性/小时
天津	邯郸	68.59	4.74
天津	张家口	6.60	4.58
天津	承德	6.60	4.19
天津	廊坊	6.60	1.52
石家庄	秦皇岛	7.00	6.76
秦皇岛	邯郸	63.37	7.71
秦皇岛	张家口	44.22	6.04
秦皇岛	承德	44.22	2.46
秦皇岛	保定	7.00	5.36
秦皇岛	廊坊	71.27	2.78
廊坊	邯郸	62.03	4.30
廊坊	张家口	64.59	2.87
廊坊	承德	64.59	2.88
保定	张家口	42.28	3.88
保定	承德	42.28	4.48
唐山	邯郸	65.57	6.65

(1.04 小时)、廊坊(1.69 小时)、沧州(2.24 小时)、北京(2.27 小时)、天津(2.35 小时)、衡水(2.45 小时)、石家庄(2.54 小时)可达性为第一圈层,即 2.5 小时可达性圈层;邢台(3.49 小时)、唐山(3.60 小时)、张家口(3.69 小时)、邯郸(3.94 小时)可达性为第二圈层,即 4 小时可达性圈层;外围承德(4.44 小时)、秦皇岛(4.95 小时)公路可达性较差,为 5 小时可达性圈层(图 7-16)。但由于城市内交通拥堵问题,雄安新区至北京、天津行政中心的交通可达性相较《河北雄安新区规划纲要(2018—2035 年)》显示的至北京外环线 1 小时时间、天津外环线 1 小时时间、石家庄外环线 1.5 小时时间分别高出 1.27 小时、1.35 小时、1.04 小时。

依据京津冀城市间空间距离、2035 年城市节点间公路可达性的多维尺度变化结果的雄安新区、京津冀城市群空间结构图显示,公路可达性下的京津冀城市群二维空间分布呈相对离散的状态,呈现以北京、天津、石家庄、秦皇岛等城市为中心的多核心结构。具体体现在北京、天津、雄安新区、廊坊、保定处于空间的中心位置;石家庄在城市群西南部起到核心作用,辐射影响周边衡水、邢台与邯郸。雄安新区、廊坊在基于 2035 年公路可达性的空间结构图中与北京、天津、石家庄的距离相对拉近,但外围的张家口、秦皇岛、唐山、承德较北京、天津的相对位置变化不大,表明规划高速公路起到加强雄安新区、廊坊与北京、天津、石家庄的交通联系作用,但对外围区域张家口、秦皇岛、承德等城市至核心城市的公路可达性提升幅度不明显。综上分析,以《河北雄安新区规划纲要(2018—2035 年)》为主导的规划方案,在公路交通出行方面,主要作用在于提升雄安新区、核心区域普通节点城市(廊坊)至北京、天津的可达能力,以及外围区域城市(邯郸、张家口、秦皇岛、唐山、承德等)至京津冀区域的整体可达能力。

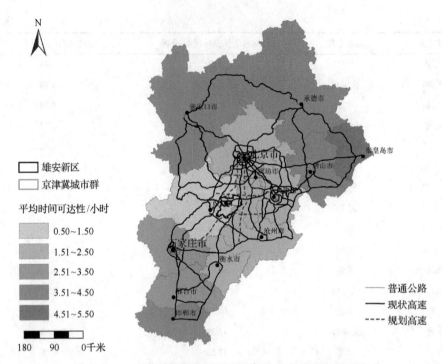

图 7-16　2035 年雄安新区至京津冀城市群公路交通可达性

　　与之对比，江北新区研究区域外围城市连云港、亳州、六安、台州等城市综合公路可达性的提升程度在 1 小时内，小于京津冀区域外围城市邯郸、承德的变化程度；并且江北新区至研究区域中心城市南京公路可达性提升 0.6 小时，至上海、杭州、合肥的公路可达性分别降低 0.28 小时、0.14 小时、0.02 小时，尽管降低程度在合理误差范围之内且研究区域规划高速公路网较为完备，但表明江北新区到区域中心城市的公路可达性水平变化不大。故未来应在建设江北新区至浙江南部高速公路、完善研究区域高速网络的基础上，进一步促进江北新区与上海、杭州、合肥等重要极核城市的公路联系。

　　2)对标 2035 京津冀区域铁路可达性的江北新区可达性提升分析

　　在优化京津冀区域高速铁路网络方面，《河北雄安新区规划纲要(2018—2035 年)》指出将重点加强雄安新区与北京、天津、石家庄等城市的联系，构建京广高铁、京港台高铁京雄—雄商段、京雄—石雄城际、雄安新区至北京新机场快线、津保铁路、津雄城际—京昆高铁忻雄段"四纵两横"高速铁路交通网络，实现 20 分钟到达北京新机场、30 分钟到达北京、天津，60 分钟到达石家庄。至 2035 年，京津冀区域各城市的铁路可达性得到不同程度的提高。雄安新区至区域其他城市的综合铁路可达性提高 1.79 小时(表 7-4)。随着雄安高铁站、雄安城际站的建设与京雄城际高铁、石雄城际高铁、京港台高铁(京雄段与雄商段)、京昆高铁(忻雄段)的开通，雄安新区至京津冀城市的铁路可达性形成以雄安新区为中心的圈层结构为：保定(1.64 小时)、石家庄(1.88 小时)、廊坊(2.05 小时)、衡水(2.12 小时)可达性为第一圈层，即 2.5 小时铁路可达性圈层；北京(2.73 小时)、唐山(2.74 小时)、沧州(2.89 小时)、邢台(3.04 小时)、秦皇岛(3.06 小时)、邯郸(3.16 小时)、张家口(3.02 小时)、天津(3.46 小时)可达性为第二圈层，即 3.5 小时铁路可达性圈层；承德(4.81 小时)位于北部边缘，尽管综合可达性能力得到极大提高，但雄安新区与其之间的铁路可达性最差(图 7-17)。

表 7-4　2035 年京津冀区域各城市综合铁路可达性变化程度

城市名称	综合铁路可达性变化程度/小时	城市名称	综合铁路可达性变化程度/小时
雄安新区	1.79	保定	1.50
北京	1.81	沧州	1.69
承德	3.90	邯郸	1.76
衡水	2.38	廊坊	1.93
秦皇岛	1.14	石家庄	1.52
唐山	1.01	天津	1.29
邢台	1.80	张家口	3.51

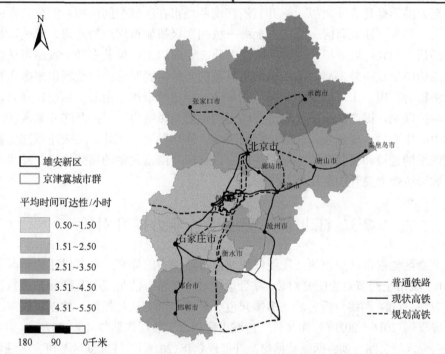

图 7-17　2035 年雄安新区至京津冀城市群铁路交通可达性

　　值得指出的是，城市与城市之间铁路可达性计算包含完整的"起点城市行政中心→步行至公交站点/轨道交通站点→乘坐公共交通至火车站/高铁站→乘坐普通铁路/高速铁路至终点城市火车站/高铁站→乘坐公共交通至公交站点/轨道交通站点→步行至终点城市行政中心"出行链，城市交通与高铁站接驳时耗对铁路可达性存在影响，此外有研究表明耗时过多的城市交通与高铁站点接驳削弱高速铁路"时空压缩"效应(牛玉和汪德根，2016)。至 2035 年，雄安新区至京津冀区域城市的公共交通、步行接驳时间占总出行时间比例呈高态势,尤以北京(75.44%)、天津(82.76%)、保定(87.71%)为甚,至石家庄、衡水、唐山、廊坊、邢台的接驳时间占比均达 50%以上,表明公共交通接驳高铁站时间是未来制约铁路可达性的最大因素。

依据 2035 年区域城市间铁路可达性的多维尺度变化结果的雄安新区、京津冀城市群空间结构图显示:北京、天津、雄安新区、廊坊仍处于区域空间的中心位置,但相对于基于公路可达性、最短交通距离的空间结构模式,铁路可达性下的京津冀城市群二维空间分布呈集聚的状态。具体体现在北京—天津—廊坊、雄安新区—保定及石家庄—衡水的城市出行、影响范围接近甚至重叠,形成空间连续、联系紧密的城市核心区。雄安新区、京津冀区域的 2035 年铁路可达性研究具有启示意义:在完善区域高速铁路网络的基础上,提高接驳效率、实现城市交通与高铁站点的高效对接将是进一步提升区域铁路可达性的主要手段。

与之对比,尽管研究区域城市在规划高速铁路作用下综合铁路可达性提升幅度存在区域分布差异,但整体提升幅度较京津冀区域更加明显,尤其未开通高铁的城市如宿迁、淮安、连云港等提升 5 小时以上,并且浙江南部城市在区域空间结构中的位置向中心集聚;然而,尽管"江北新区—南京—上海—杭州"极核城市周边的南通、泰州、嘉兴、湖州、扬州、绍兴等城市综合铁路可达性提升 2 小时以上,但其在基于铁路可达性的区域空间结构中呈现向外偏离、与极核城市离散的态势,表明这些周边城市未融入核心区域的经济辐射范围,未来应注重加强江北新区对极核城市周边南通、泰州、嘉兴、扬州等城市对接联系,提高江北新区对这些城市的辐射与影响力,以提升江北新区在区域网络结构中的中心度、加速融入江浙沪皖的区域一体化发展。此外,还应注重江北新区公共交通网络的建设和公共交通换乘的便捷,以实现与南京北站的高效接驳,减少城市交通对区域可达能力提升的潜在阻碍作用。

7.3 江北新区交通通达能力提升对策

江北新区辐射带动周边地区发展依赖交通可达能力的提高。本书以江北新区、江浙沪皖 40 个城市空间节点为研究对象,综合运用成本栅格方法与基于互联网开放数据可达性测度方法、GIS 网络分析方法、多维尺度分析等定量方法与模型,并以《铁路"十三五"发展规划(2016—2020)》和《长三角城市群综合交通网规划(2016—2020)》为主要依据构建研究区域公路、铁路网络数据集,开展现状年(2018 年)江北新区与研究区域城市陆路交通可达性现状分析、规划年(2020 年)江北新区与区域陆路交通可达性提升评估研究。在此基础上,以雄安新区至京津冀区域 13 个城市 2035 年公路可达性、铁路可达性为标杆,探讨雄安新区规划方案对江北新区交通可达性进一步提升的启示。最终得出如下结论:

(1)当前,江北新区存在至浙江南部沿海城市温州、台州、丽水的路网连接不足,公路方式出行时间较长;至江苏淮安、宿迁、连云港、南通、盐城,以及至安徽省西部、北部各城市联系对接不足等问题。规划方案应着重加快至浙江南部高速公路建设,还应充分利用高速铁路带来的可达性优势,加强江北新区与浙江南部、江苏北部、安徽省西部、北部之间的联系对接,以提升区域陆路交通可达能力。

（2）至 2020 年，高速公路网络的完善对各城市可达性水平提升的影响较小，各城市综合公路可达性空间分布区域均衡；区域建设高速公路对提高江北新区至其他城市的公路可达性的边际效应递减。

（3）至 2020 年，规划高速铁路对改善江北新区与浙南丽水、泰州，尚未开通高速铁路的北翼城市宿迁、淮安、连云港、南通、泰州以及亳州、阜阳等城市彼此疏离现状发挥作用，江北新区至以上城市的铁路可达性提升明显。但仍存在江北新区与南通、扬州、泰州、嘉兴等城市在可达性拟合空间未形成集聚态势的问题。未来规划方案应加快补充南京—淮安、南京—泰州—上海、南京—扬州—盐城、连云港—宿迁—蚌埠、南通—泰州—扬州—南京、南通—上海、南京—合肥、北沿江等方向高速铁路，以提升江北新区到以上城市的交通可达性，进一步扩大江北新区在研究区域内的辐射范围。

（4）对比 2035 年雄安新区至京津冀区域交通可达性，未来应在建设江北新区至浙江南部高速公路、完善研究区域高速网络的基础上，进一步促进江北新区与上海、杭州、合肥等重要极核城市的公路联系；注重建设公共交通以提高与南京北站接驳效率，加强江北新区对极核城市周边南通、泰州、嘉兴、扬州等城市的对接联系，从而进一步提升区域铁路可达性、提升江北新区在区域网络结构中的中心度。

第8章 江北新区防治城市交通拥堵的政策设计研究

8.1 江北新区交通拥堵现状评价

江北新区正处于城市化和机动化快速发展时期，城市交通基础设施正在逐步规划建设中。目前江北新区跨江交通和内部中心区域已存在拥堵，随着对外运输需求、跨江交通需求和内部运输需求的日益增长，规划区域未来可能出现拥堵。通过对江北新区不同区域、不同路段的交通拥堵状况进行实地调研，以期从主客观角度对江北新区进行交通拥堵评价和预测。

8.1.1 现状分析

1. 跨江交通拥堵现状

(1)机动车拥堵——跨江机动交通主导，分布不均衡。从跨江出行方式来看，由于江北新区与南京主城的跨江交通出行大多为中长距离出行，因此跨江出行以机动交通占主导，比例高达90%。截至2017年底，江北新区共有过江通道10条，其中包含南京长江大桥、南京长江第一大桥、南京长江第三大桥、南京长江第四大桥、南京大胜关长江大桥、南京长江隧道、南京扬子江隧道、南京地铁3号线、南京地铁10号线和南京地铁S3号线(图8-1)。

跨江交通需求总体呈现不均衡分布，拥堵集中在浦口境内的过江通道，原本南京长江大桥为非付费通道且通道两端为城市发展核心区，承担的交通量最大，日交通量超过10万标准车当量，高峰小时流量为7545标准车当量(双向)，饱和度为1.26，其他通道交通量相对较小，饱和度为0.3~0.6(图8-2)。南京长江大桥的封闭给过江交通造成了显著影响，原本南京长江大桥承担的交通量便分散给其余过江通道，导致离其最近的南京扬子江隧道和南京长江隧道拥堵加剧。南京长江大桥封闭后，南京扬子江隧道日均流量猛涨近70%，日均通车10.4万辆，通行压力巨大，成为早晚高峰的堵点，且拥堵呈现潮汐特征(图8-3)。

(2)公共交通拥堵——公交资源供不应求，拥堵日益严重。跨江交通出行中，公共交通出行比例占到整体机动交通出行的63%，包括地铁和普通公交。南京长江大桥封闭之前，过江普通公交线路共30条，南京长江大桥过度集中(达24条)，从南京长江第二大桥过江2条，从南京长江第三大桥过江1条，从南京长江隧道过江3条。过江公交出行平均时耗75.8分钟。高峰小时过江公交满载率(拥挤度)100%，日均客流量达37.3万人次。南京长江大桥的封闭维修导致普通公交"减车减线路"，跨江公共交通基本由轨道主导，现状有三条过江轨道，分别为南京地铁3号线、南京地铁10号线和南京地铁S3号线。地铁3号线过江需求量大，高峰时段拥堵严重，日均客流量在18.5万~22万人，地铁内较为拥挤，但在浦口内里程短、服务范围有限，而地铁10号线和地铁S3号线人流相对较少。

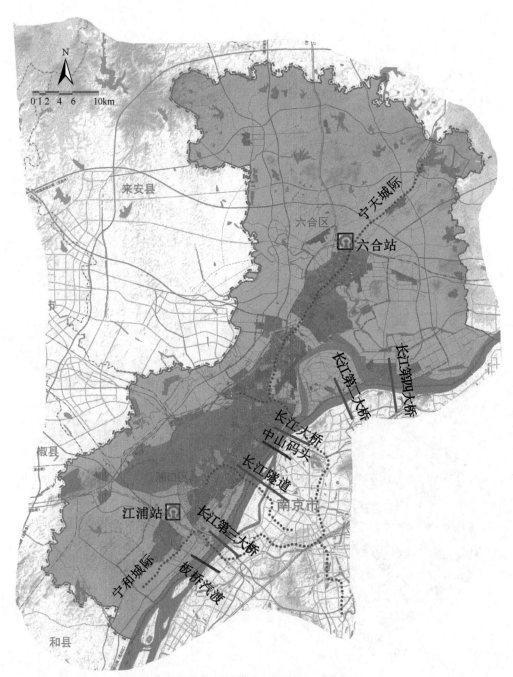

图 8-1　江北新区现有过江通道

资料来源：《南京江北新区总体规划(2014—2030 年)》

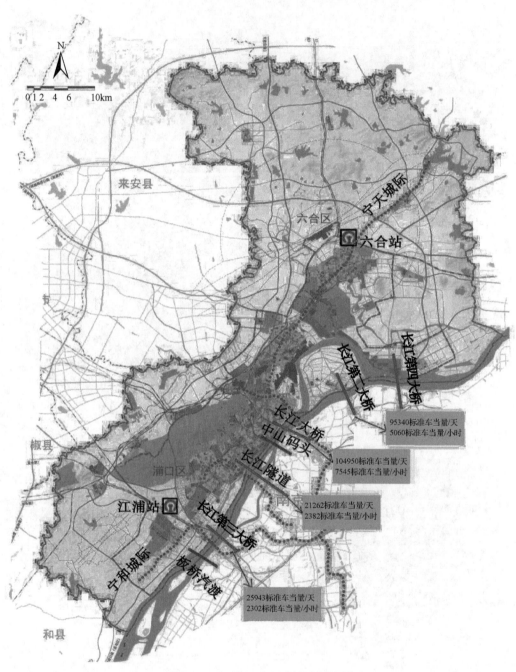

图 8-2 2012 年江北新区过江交通量

资料来源：《南京江北新区总体规划(2014—2030 年)》

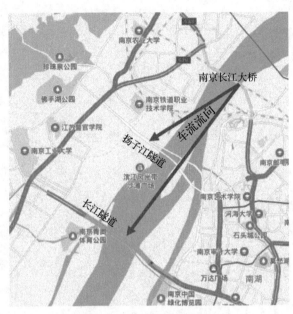

图 8-3　跨江通道拥堵情况

2. 内部交通拥堵现状

1)机动车拥堵现状

(1)带型城市走廊交通脆弱，通道障碍较多，南北贯通性较差。江北地区独特的地形使得城市形态发展成为典型的带型城市，至今仍然缺少贯通性的城市通道。目前，带型城市走廊内仅有浦珠路—江北大道 1 条贯通性道路，该道路高峰小时交通量为 5127 标准车当量，饱和度为 1.1，白天 12 小时交通量超过 5 万标准车当量，高峰交通拥堵严重，其中江北大道目前已建成高架快速路，长度约 24 千米，主辅路机动车双向 10 车道，快速路网分担率约 44%，整体运行良好。

(2)桥北核心区域跨江衔接不足，交通拥堵严重。南京长江大桥两端对接江南与江北新区的核心区，尤其是桥北区域是江北新区发展最早的区域之一，也是南京人口聚集地之一。加上南京长江大桥封闭修缮、客运枢纽(大桥北站)周围客流集聚、多处施工修路导致车辆绕行、交通管理不到位等一系列因素导致大桥北路周边区域拥堵最为严重，具体的拥堵路段有浦珠路、天华南路、柳洲东路、柳洲北路、高新南路等。同时，由于粗放式的建设模式，部分道路交叉口、路段交通工程设施缺乏精细化的设计与管理。造成部分路段出入口组织混乱，进出交通对主线车流形成较大干扰。交叉口空间未充分利用，对交通流引导不足，更加剧了高峰时段的拥堵，如图 8-4 所示。

(3)浦口老城路网等级整体偏低，难以适应城市发展需求。浦口区西段区域，拥堵集中在珠江镇(原江浦县)附近。现状城市路网注重干路骨架的建设，次一级的道路未得到充分重视，造成次干路、支路网络可达性较低，无法实现交通分流和集散作用。同时学校、住宅、购物中心等公共设施集中(图 8-5)，由于机关大院、高校、企业用地对道路网

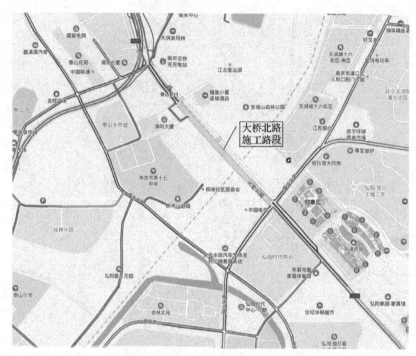

图8-4　大桥北路周边多处路段拥堵

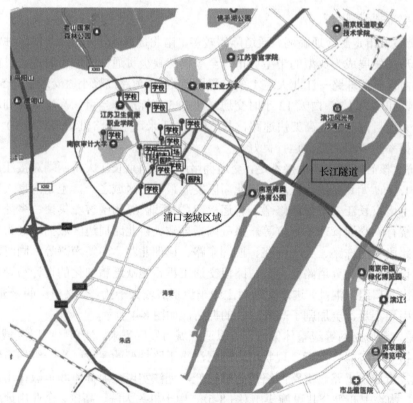

图8-5　浦口老城区域拥堵情况

体系的分割，整体路网体系不够完善，道路狭窄，等级偏低，断头路较多。总体路网系统性较差，难以适应都市圈建设、新型城镇化和交通发展的需求。拥堵路段有中圣南街、凤凰大街、珍泉路、河滨路等(图 8-6)。

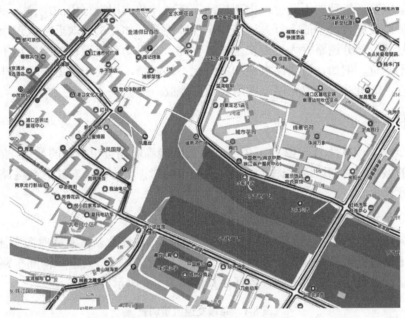

图 8-6 浦口老城区公共设施聚集

2) 公共交通拥堵现状

(1)轨道交通资源较为短缺，不能满足日常出行需求。截至 2017 年 12 月，江北新区共有 4 条地铁线路，地铁 3 号线、地铁 10 号线、地铁 S8 号线(宁天城际)和地铁 S3 号线(宁和城际)，总长度 80.8 千米，其中地铁 S8 号线宁天全线位于江北新区境内，地铁 S8 号线南延线正在建设中。地铁车站 36 座，换乘站 1 座；各地铁线路江北段日客流总量 22 万~27 万人次。总体而言，轨道交通资源与江南相比较为短缺，不能满足日常出行需求，早晚高峰地铁 S8 号线拥堵严重，随着与 2015 年 4 月开通运行的地铁 3 号线在冯泰路站的无缝衔接，地铁 S8 号线的日均客流量达到 6.5 万人，极大地推动了六合融入南京主城。

(2)普通公交服务水平较低，专用道建设滞后。普通公交线路共 96 条，江北地区公交运营线路 96 条，占全市线路的 22.9%；线路总长度 1746.7 千米，占全市的 25.6%。其中，城市公交 30 条，线网 641.7 千米，线路平均长度为 21.4 千米；郊区线路 66 条，线网 1105 千米，线路平均长度为 16.8 千米，2013 年公交线路总客运量 54 万人次/天，公交平均出行时耗为 61.56 分钟。受道路系统不完善、地理分隔、公交线网布局不合理等因素影响，江北地区公交站点覆盖率较低，城区公交 300 米站点覆盖率仅 32%，居民采取公交出行的便捷性较低，直接导致公交出行占比难以提升。区间公交及区内公交数量偏少，对中心城区服务不够，整体上仍呈现县城式的公交发展模式。公交专用道建设缓慢，并且管理不到位导致小汽车占道现象严重，公交出行延误较多。现状浦口区仅有浦珠路和大桥北路两条公交专用道，里程约 3.6 千米。

3)慢行交通拥堵现状

江北地区城市公交系统与慢行交通系统基本处于分离状态,系统之间相互衔接性较差,不能很好地吸引当地居民采用"公交+慢行"的低碳出行模式。步行设施不完善,且由于部分地区交通管理的不到位,出现机动车随意停放占用慢行道的现象,步行系统不连续,无障碍设施普及率低。行人过街安全保障不足,如交叉口缺乏行人过街安全设施与专用信号灯,部分道路行人过街安全难以保证。非机动车交通设施的发展不受重视,交通管理不到位。例如,道路路权空间的分配不够明晰,机动车占道停放,非机动车被迫机非混行,非机动车停放无序、占用人行道停放。

8.1.2 现状评价

根据 2018 年 10 月 11~12 日下午 5:30~7:30 晚高峰调查中得到的数据,依照《基于公共交通的城市交通拥堵现状评价指南》的城市拥堵评价方法,对江北新区路网整体拥堵情况进行评价。

1)社会车辆拥堵评价

运用 A1[道路交通饱和度(V/C)]指标进行评价,选取江北新区高峰时段车流量大的 5 条城市主干道进行晚高峰调查,分别为江北大道(辅道)、浦口大道、柳洲东路、天华南路和峨眉路,高峰小时交通量调查数据,具体如表 8-1 所示。

表 8-1　路段交通流量调查

路段名称	路段长度/米	日高峰小时交通量/标准车当量	道路小时最大设计通行能力/标准车当量	饱和度
江北大道(辅道)	1100	1530	2142	0.71
浦口大道	960	1080	2142	0.50
柳洲东路	760	1710	2142	0.80
天华南路	760	1080	2142	0.50
峨眉路	600	985	2142	0.46

根据路网里程加权平均得出 A1 路网平均饱和度为 0.6,相对应的服务水平为 70。

2)公交车辆拥堵评价

运用 B1(高峰时段公交平均运营时速)和 B2(高峰时段公共交通拥挤度)两个指标进行评价,选取高峰时段江北新区的 5 条公交线路,分别为 603 路、D10 路、618 路、691 路、690 路。采用跟车调查法,调查公交车的平均运行速度和拥挤度,如表 8-2 所示。

表 8-2　公交跟车调查

线路名称	线路长度/千米	总行驶时间/分钟	额定载客量/人	最高载客数/人	平均运行速度/(千米/小时)	拥挤度/%
603	16.8	66	85	21	15.3	24.7
D10	33.6	92	85	23	21.9	27.1
618	24.0	80	85	20	18.0	23.5
691	11.2	78	85	18	8.6	21.2
690	10.8	57	85	24	11.4	28.2

根据表中数据，得出 B1 平均运营时速为 15.0 千米/小时，相对应的服务水平为 27，B2 高峰时段平均公共交通拥挤度为 25%，相对应的服务水平为 16.7。

3) 慢行交通拥堵评价

运用 C1(路段平均速度)指标进行评价，高峰时段选取江北新区 4 条主干路，分别为浦口大道、柳洲东路、天华南路和峨眉路。调查数据如表 8-3 所示。

表 8-3 慢行交通调查

路段名称	路段距离/千米	行驶时间/秒	平均运行速度/(千米/小时)
浦口大道	1.20	263	16.4
柳洲东路	0.98	263	13.4
天华南路	0.96	254	13.6
峨眉路	1.01	238	15.3

根据表中数据得出 C1 平均运营时速为 14.7 千米/小时，相对应的服务水平为 59.2。

4) 拥堵综合评价

将上述指标进行综合，运用下式可计算出拥堵综合情况：

$$I = P_1 \times A + P_2 \times B + P_3 \times C \tag{8-1}$$

式中，P_1、P_2、P_3 分别为社会车辆拥堵、公交车辆拥堵、慢行交通拥堵所占权重；A、B、C 分别为社会车辆拥堵、公交车辆拥堵、慢行交通拥堵得分。

至 2017 年末，江北新区总人口 523.04 万人，常住人口 454.93 万人，根据国务院 2014 年印发的《关于调整城市规模划分标准的通知》，城区常住人口 100 万以上 500 万以下的城市为大城市，因此，江北新区属大城市级别，P_1、P_2 和 P_3 分别按 40%、40% 和 20% 取值计算。本次评价社会车辆交通拥堵采用方法一，其余均采用方法二，即

$$I = P_1 \times A_1 + P_2 \times (0.65 \times B_1 + 0.35 \times B_2) + P_3 \times C_1 \tag{8-2}$$

最终得出 I=49.2，属轻度拥堵。

8.2 江北新区未来交通拥堵状况预测

8.2.1 城市发展环境

江北新区成立三年多来，按照国家批复的"三区一平台"战略定位，以高质量发展为主线，主动探索、积极创新，凝聚起创新驱动的磅礴力量。当前，江北新区正按照全市"4+4+1"主导产业体系，聚焦聚力强力打造"两城一中心"，培育壮大战略性新兴产业集群。

展望未来，江北新区城镇空间发展以成就国家新区作为空间长远发展愿景，预留空间，满足从"副城"、"区域中心"向"国家新区"逐渐生长的可能，空间格局演化分三个阶段，见图 8-7。

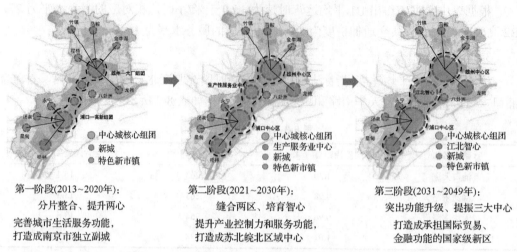

第一阶段(2013~2020年)：
分片整合、提升两心
完善城市生活服务功能，
打造成南京市独立副城

第二阶段(2021~2030年)：
缝合两岸、培育智心
提升产业控制力和服务功能，
打造成苏北皖北区域中心

第三阶段(2031~2049年)：
突出功能升级、提振三大中心
打造成承担国际贸易、
金融功能的国家级新区

图 8-7　江北新区城乡空间体系结构发展阶段示意图
资料来源：《南京江北新区 2049 战略规划暨 2030 总体规划》

8.2.2　经济社会指标

2012~2016 年，江北地区常住人口数量保持持续增长趋势，2015 年和 2016 年常住人口分别增加 2.26 万和 2.46 万。按区域看，浦口区（含高新区）贡献了 80%的外来人口增长。江北新区 2016 年常住人口 172.14 万。未来 10 年江北地区的人口将提升到 260 万，城市化率从 60%左右提升到 80%以上。近年来，随着社会经济水平不断提高，江北新区机动车拥有量持续稳定增长。但从发展阶段看，江北新区机动化水平仍处于发展阶段，机动车特别是私家车还有较大的增长空间。预计到 2020 年，江北新区私家车保有总量约达 55 万辆，千人拥有小汽车 220 辆。2030 年江北新区私家车保有总量约为 110 万辆，千人拥有小汽车 286 辆。

江北新区 GDP 总量已由批复前的 1435 亿增加到 2017 年的 2212 亿，累计增长 54.1%，主要经济指标增幅均明显高于全省、全市平均水平，呈现出蓬勃发展的良好势头，特别是 386 平方千米的直管区，已经成长为南京优质经济资源的集聚区和创新增长的潜力区。预计 2020 年,江北新区 GDP 为 4000 亿元,占全市的 28%;2030 年江北新区 GDP 为 9000 亿元，占全市的 30%~35%，见表 8-4。

表 8-4　江北新区近远期各项指标发展

指标	2020 年（近期）	2030 年（中远期）
总人口/万人	220~240	320~350
城镇人口/万人	170~180	270~300
GDP/亿元	4000	9000
机动车总量/万辆	70.5	152.8
私家车保有量/万辆	55	110

8.2.3　未来交通拥堵预测

1）近期拥堵预测（2020 年）

（1）跨江交通拥堵将有所缓解。根据过江交通需求预测，到 2020 年全天居民跨江客流量将达 137 万人次。虽然客流量持续增长，但近期随着南京长江大桥的通车、南京长江第五大桥的建成和近期将建成的三条跨江地铁线（南京地铁 4 号线二期、南京地铁 S8 号线南延、南京地铁 11 号线一期三条线路），跨江交通状况将会有所改善，尤其是扬子江隧道、长江隧道和地铁 3 号线的拥堵情况将有所缓解。新增机动车跨江通道应对超出预期交通需求的适应性进一步加强，公交服务能力将有效提升。

（2）普通公交线网布局调整，服务水平提高，城乡客运一体化水平提高。根据《浦口区交通运输"十三五"专项规划》，至 2020 年，城区公共交通机动化出行分担率达 60%，万人公交车辆标台数（含地铁）达到 22 标台，建设约 50 车道公里的公交专用道网络。推进主要公交走廊公共交通信号优先，加强对公交优先车道的监控和违法的执法力度。根据《六合区交通运输"十三五"专项规划》，2020 年六合常规公交日均客运量约为 16.5 万人次，常规公交年客运量达到 6000 万人次。同时，六合将加强常规公交对于宁启铁路和城市轨道交通的集疏运功能，增设连接大型社区和重点单位的公交线路，增加部分线路的运行班次，延长部分线路营运时间；加强重要街镇之间的公交线网连通度，增设雄州至竹镇、马集、冶山等地的半程公交线路，缓解局部客流的路段不均衡问题。至"十三五"时期末，公共汽电车万人拥有量达到约 14 标台，全区公交车数量突破 1000 标台（不含校车，不含大厂）。城区线网密度达到 3 千米/千米^2，城市公交站点 500 米覆盖率达到 95%。至 2020 年末，江北新区公交线路布设、班次安排根据居民出行需求进一步优化，普通公交站点覆盖率低、线网布局不合理、专用道不足等问题将有所缓解。镇村公交将实现更高水平的覆盖，居民公交出行便捷性提高，城乡客运一体化水平提升。

（3）城乡间出行持续增加，道路体系不够完善，拥堵仍将持续。江北新区建设带来城镇化水平快速提升，近期人均出行次数将保持增长趋势。至 2020 年末，江北新区总人口为 220 万～240 万人，其中城镇人口为 170 万～180 万人，将有大量的农村人口转向城市，城乡间出行明显增加，预测"十三五"期间全社会客运量年均增速为 10%左右，机动车总量约为 70.5 万辆，私家车保有量约为 55 万辆。而近期道路体系仍不够完善，与江北新区的定位还有差距，难以满足日益增长的出行需求，预计桥北核心区、浦口老城区拥堵仍将持续。

（4）特殊节点处附近易形成拥堵。南京北站、南京马鞍机场等重要的枢纽场站和客流集聚地将于近期建成，周边区域易形成拥堵节点。此外，随着交通基础设施的建设加快，重要经济节点、交通节点（过江通道、港区、汽渡等）、新增设施与已有道路的施工节点处易产生拥堵。

2）中远期拥堵预测（2030 年）

（1）跨江拥堵预测——分段服务水平有差别，中段饱和度较高。随着江北新区上升为国家战略，担当起长三角辐射中西部的桥头堡和两个示范区的重任，江北新区的国际运输需求和大区域运输需求将大幅上升(图 8-8)。江北新区与江南、六合与浦口的联系将更加密切，对于通道密度的需求加大。据预测，远期 2030 年跨江需求约 320 万人次/日，机动车交通量约 75 万标准车当量/天。其中江北中心区、浦口段、桥北高新段跨江需求最多(图 8-9)。

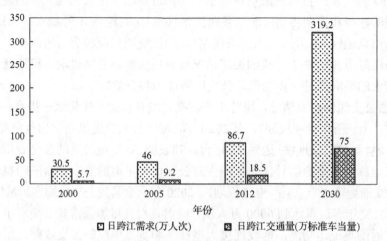

图 8-8　跨江交通需求增长趋势

资料来源：根据公开数据整理

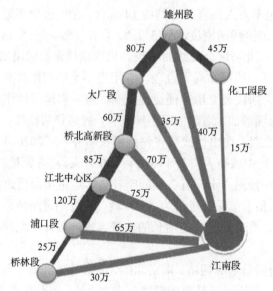

图 8-9　远期分组团跨江交通需求分布

资料来源：根据公开数据整理

远期规划过江通道有 20 处，其中道路与铁路复合共用通道一处(南京长江大桥)，铁路与地铁复合共用通道一处(南京大胜关长江大桥)(表 8-5)。

表 8-5 江北新区过江通道建设

名称	道路等级/类别	车道数/车辆编组	状态
南京长江大桥	主干道+铁路	4 车道+2 线铁路	建成
南京长江第二大桥	快速路	6 车道	建成
南京长江第三大桥	高速公路	6 车道	建成
南京长江第四大桥	高速公路	6 车道	建成
南京大胜关长江大桥	铁路	4 线铁路	建成
南京长江第五大桥	快速路	6 车道	在建
南京长江隧道	快速路	6 车道	建成
南京扬子江隧道	快速路	6 车道	建成
仙新路过江通道	快速路	6 车道	规划
和燕路过江通道	快速路	6 车道	在建
锦文路过江通道	快速路	6 车道	规划
七乡河过江通道	快速路	6 车道	规划
汉中西路过江通道	主干道	6 车道	规划
建宁西路过江通道	主干道	6 车道	规划
上元门过江通道	铁路	未定	规划
南京地铁 3 号线	地铁	6A 编组	建成
南京地铁 4 号线	地铁	6B 编组	规划
南京地铁 10 号线	地铁	6A 编组	建成
南京地铁 13 号线	地铁	6B 编组	规划
南京地铁 14 号线	地铁	6B 编组	规划
南京地铁 S3 号线	地铁	6B 编组	建成
南京地铁 S5 号线	地铁	未定	规划

注：黑体为已建成使用的过江通道

通道规模总体上能够满足要求，但分段服务水平仍有较大差别，如图 8-10 和表 8-6 所示，中段饱和度仍相对较高。轨道交通在供给能力上能够满足未来江北地区跨江出行需求，但南京地铁 3 号线、南京地铁 4 号线高峰负荷度较高。

(2) 内部拥堵预测。

带型城市走廊拥堵有效缓解，南北贯通性提高。目前江北新区带型城市的骨架路网支撑不够，路网密度较低，次、支路系统严重缺乏。根据远期规划，江北新区将全面建成"组团快联、轴向放射"的城市快速路系统，形成与江北新区带型城市空间结构相适应，功能合理、路权明晰、低碳生态的城市道路网体系。未来带型城市走廊通道增多，江北大道拥堵将有效缓解，南北贯通性提高。

轨道交通资源丰富，公交出行比例将大幅提高，全面实现"公交优先"。江北新区未来以"两城一中心"为城市布局目标，组团式的空间开发有利于分散交通压力，但狭长和局限的用地范围内容易引发交通流的高度集聚，必须采取集约化的交通模式。结合江北地区实际发展情况，核心区实行高强度开发，城市交通发展坚持公交优先战略，城市

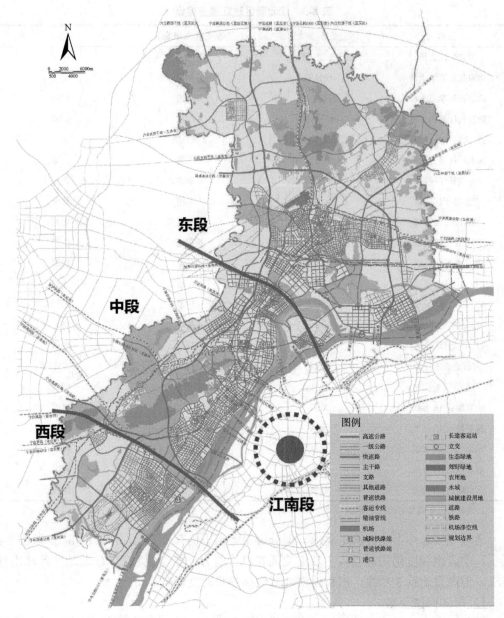

图 8-10 跨江区段划分

表 8-6 跨江机动车需求及通道规模评价

参数	东段	中段	西段
日机动车交通量/万标准车当量	17.31	61.00	9.48
早高峰小时单向交通量/万标准车当量	1.04	3.66	0.57
通道规模/(车道/单向)	12	24.5	4.5
饱和度	0.54	0.91	0.79

轨道交通发展加快，城市公共交通体系将逐渐完善。江北新区未来共设 12 条地铁线路，线网总长约 220 千米(地下线 170 千米)，线网密度为 0.63 千米/千米^2，达到南京中心城区规划线网密度。江北中心区线网密度为 1.5 千米/千米^2，达到国际大都市 CBD 线网密度水平。轨道资源更加丰富，公交出行比例将大幅提高。

路网体系更加完善，但城市开发引发新的需求，衔接过程易拥堵。根据规划，远期江北新区城镇建设用地规模为 506.72 平方千米，其中城市建设用地为 460.22 平方千米，人口规模达到 400 万～430 万，城镇化水平达到 92.5%，未来江北新区组团间联系更加紧密。规划中心城区形成"十七横二十七纵"的主干路网布局。桥林新城形成"两横三纵"的主干路网布局，与中心城区有 4 条道路通道相连。龙袍新城形成"三横五纵"的主干路网布局，与中心城区有 4 条道路通道相连。主干路道路红线宽度一般为 40～60 米，平均间距 800～1500 米，能够满足组团间的出行需求。

同时加密江北新区的支路网系统，商业区、商住功能混合区形成高密度的小格路网，与公交系统、慢行交通系统实现良好的接驳，提升江北新区居民的出行便捷性和舒适性。规划总体路网密度达到 8 千米/千米^2 以上，中心区路网密度不低于 12 千米/千米^2，道路间距不大于 180 米。因此未来江北新区内部路网体系更加完善。根据当斯定律，通道的增加极易诱发新增需求，随着城市开发和产业发展，未来学校、医院、商业综合体、产业基地等附近也易形成客流集聚，与内部路网的衔接处也易形成拥堵点。

8.3　城市新区防治交通拥堵政策研究及启示

8.3.1　国外城市新区防治交通拥堵经验借鉴

1) 巴黎马恩拉瓦莱新城

马恩拉瓦莱新城是巴黎地区的五个新城之一，位于巴黎城市发展轴线的东端，距离巴黎 20 千米。新城沿马恩河谷呈带状展开，由来自 3 个省的 26 个市镇共同组成，东西长 22 千米，南北宽 3～7 千米的范围内，总面积 152 平方千米，人口约 30 万。

(1) 交通规划先行。出于保护自然空间、打造田园风光考虑，在城市优先发展轴上，马恩拉瓦莱新城共分为四大功能分区。欧洲谷休闲娱乐中心；比西谷最大的一个城市分区，主要发展以知识经济生产为特征的新兴产业，目前已形成住宅、商务办公和产业开发等几大功能分区；莫比埃谷自然环境优势突出，住区环境优美舒适，1983 年在此成立了迪斯卡特科学城，至今已经吸引了十多所欧洲著名高校和研究机构以及近 200 家企业的研发部门在此集聚；巴黎之门邻巴黎，第三产业发达，既有巴黎地区商业交易活动最为活跃的购物中心之一，又有以 IBM 为代表的世界著名企业的办公机构，是巴黎和德方斯之后巴黎地区的第三大城市中心。

(2) 重视职住平衡理念。巴黎马恩拉瓦莱新城不拥堵的关键就在于通过混合土地使用，让人们能就近上班、上学、购物、娱乐，甚至办公和住宿能在同一栋楼解决，从而缩短出行距离、减少远距离出行次数。所以未来不管是建设新城，还是改造旧城，都应在规划设计中尽可能贯穿职住平衡的理念。

2) 东京新宿

新宿是日本东京国际大都市的一个副中心,是日本东京内 23 个特别区之一,面积 18.23 平方千米,位于东京市区内中央偏西的地带。东京是一个国际性大都市,仅距城市中心半径 20 千米的范围内就聚集着 800 多万人口。

(1) 倡导 TOD(Transit Oriented Development)模式。高密度发展的城市形态使城市内部交通量高度集中。东京铁路是这个城市最主要的交通方式,也是世界上少数能够盈利的城市铁路系统之一。城市重建地块、填充地块和新开发土地均以 TOD 理念来建造,TOD 模式的主要方式是通过土地使用和交通政策来协调城市发展过程中产生的交通拥堵和用地不足的矛盾。

(2) 打造便捷的换乘设施。20 世纪 70 年代开发的新宿副中心,商业娱乐中心及其周围的办公建筑集中在距铁路车站不足公里的范围内,有空中、地下步行通道保护行人免遭汽车和恶劣气候的侵扰。由环形铁路向外放射的郊区铁路沿线更存在一系列典型的 TOD 社区。大型社区中心围绕车站布置,有景观良好的步行系统从中心通往附近居住区,居民步行和乘公共汽车到铁路车站都很方便。居民到铁路车站的出行总量中,68% 为步行,24% 乘公交汽车,仅有 6% 使用私家车。东京修建环市中心铁路,将各副中心有机串联起来,实现都市圈 500~1000 米可换乘地铁,在繁华路段和主要干道建有复线轨道,承担东京全部客运量的 86%。这种用地布局在吸引远距离出行使用铁路的同时,还有效降低了社区内部的机动车交通量。

3) 伦敦城市新区

(1) 鼓励使用公共交通。伦敦公共交通设施十分发达,目前,公交出行分担率达 70%。在伦敦街头,随处可见具有城市标志性特色的红色双层公共汽车,垂直的双倍空间有效缓解了交通压力和车内拥挤问题。为了满足残障人士,携带行李和婴儿车乘客的需要,伦敦公交车中采用低底板和残障人士专用车门等无障碍设计,同时车内也设有轮椅和婴儿车专用停靠空间。此外,伦敦交通署通过在公交车上安装 GPS 模块、车辆感应装置与交通信号灯联动控制实现公交优先信号控制。资料表明,公交车的交叉路口延误减少了约 1/3。除了车内设施和线路的升级,公共车站口贴心的信息化设计也为出行提供了便利。乘坐公共交通车的人可以通过电子公告牌清楚地知道各班车辆的到达时间。

(2) 收取交通拥堵费。拥堵费支付方式灵活多样,可以从零售商店、自动售货机、报摊、加油站购买,或采用电话、邮寄、上网及短信等多种方式。同时,政府鼓励提前付费。如果按周、按月、按年提前付费可以获得最多为 15% 的折扣。从 2006 年起,实行可次日缴费制度,即进入收费区域的车辆可在次日零点之前缴纳费用。而超过次日凌晨仍未缴费的车辆将会被处以 100 英镑的罚款。而残疾人车、9 座以上座位的车辆、收费区内居住人口、电力车、两轮车、微型出租车、救护车等可以享受减免优惠和全免。收取交通拥挤费产生了立竿见影的效果,在拥挤费收取不到 2 个月的时间内,伦敦的交通情况明显改善,交通拥堵减少了 30%,减少了交通事故,改善了空气质量,收费渠道运行状况良好,交通状况基本符合预期目标。

8.3.2 国内城市新区交通拥堵防治经验借鉴

1) 上海浦东新区

(1) 大力整治交通违法行为。浦东新区对严重影响道路交通秩序的"十大交通违法行为"开展重点执法整治，包括机动车乱停车、机动车乱占道、机动车乱变道、机动车乱鸣号、机动车涉牌违法、机动车路口违法行为、机动车逆向行驶、非机动车乱骑行、行人乱穿马路、非法客运。全区把道路交通管理工作放在更加突出的位置来抓，严格执法、严格管理，促进道路交通秩序提升。盯住非机动车乱骑行、行人乱穿马路等突出交通违法行为，以"零容忍"态度强力整治，做到见违必纠、纠违必处、处罚必严，切实起到震慑作用。

(2) 加强交通基础设施完善。浦东新区还将做好交通标志标线更新、交通基础设施完善，积极创新交通管理和执法手段，探索在试点警车行车记录仪对各类动态道路交通违法行为抓拍和取证工作、立项推广机动车违停抓拍系统建设、解决"僵尸车"长期违停占路等。同时，着眼于长效，进一步研究完善道路交通管理警务运作机制，提高街面交通管理执法的"在岗率""见警率""管事率""查处率"。目前违停抓拍电子警察主要安装在小陆家嘴地区和违停多发路段，未来新增的电子警察主要投放在全区各中心集镇、大型公交站点等违停重灾区，并视交通整治进展调整位置，最大程度发挥震慑违停行为的作用。

(3) 大力发展公共交通。浦东新区是上海重要的交通枢纽，先进的国际物流港口，航空运输、铁路轨道运输、城际高速路共同建构水、陆、空三位一体的交通体系。浦江大桥、海底隧道、磁悬浮列车、地铁线路织成密集的交通网络。浦东新区经历了翻天覆地的变化机场、铁路、磁悬浮、地铁的建设提升了浦东发展的速度。浦东新区内跨越黄浦江交通设施有南浦、卢浦、杨浦、徐浦 4 座大桥，上中路、龙耀路、打浦路、西藏南路、复兴东路、人民路、新建路、延安东路、大连路、翔殷路、外环线 11 条车辆隧道和 1 条外滩人行观光隧道。跨海交通设施有通往崇明的上海长江大桥(隧道)和通往洋山的东海大桥。浦东的轨道交通有浦东铁路和磁悬浮线，对外交通运输枢纽主要有浦东国际机场、外高桥港区、洋山深水港区、上海汽车长途客运总站(东站)、川沙汽车长途客运站、南汇汽车长途客运站。浦东新区所属公交企业有浦东大巴、上南巴士、浦东强生、浦东大众、锦江公交、华夏公交、申浦公交 7 家，公有营运车辆 3586 辆，营运线路 216 条。

2) 天津滨海新区

滨海新区，天津的市辖、副省级、国家级新区和国家综合配套改革试验区，国务院批准的第一个国家综合改革创新区。滨海新区位于天津东部沿海地区，环渤海经济圈的中心地带，总面积 2270 平方千米，常住人口 297 万，是中国北方对外开放的门户、高水平的现代制造业和研发转化基地、北方国际航运中心和国际物流中心、宜居生态型新城区，被誉为"中国经济的第三增长极"。

(1) 加速打通断头路。随着滨海新区经济社会纵深发展，滨海新区核心区的交通开始变得拥堵。造成核心区交通拥堵频发的原因除大量外来车辆增加外，滨海新区优先的交通资源被天津港集疏港及客车通行同时挤占，加上海河及集疏港货运铁路的自然阻隔，加剧了滨海新区的交通拥堵状况。部分区域还有断头路、瓶颈段，交通管理设施不够完善，城区次支路网密度不大、道路微循环不畅等原因，因此，滨海新区加大交通基础设施的建设速度，并加速打通断头路，通过打通断头路及卡口瓶颈，充分提高核心区路网联通性，优化路网级配，提高区内道路的整体服务水平。

（2）打造立体化大交通体系格局。滨海新区加大交通基础设施建设的速度，并加速打通断头路，建设跨河通道，打破交通瓶颈，打造立体化大交通体系格局。打通断头路、瓶颈段，实施城区卡口改造等是滨海新区畅通工程的重要建设内容，主要是解决部分功能区与骨架道路缺乏衔接，对外出行不畅，入区通行能力不足，跨河、跨铁路通道拥堵，主要节点通行不畅，道路微循环不完善等问题。核心区交通改善加快实施，北海路地道基本完工，第二大街桥、港塘路-天津大道立交、京山南道西延等工程加快推进，有力支撑了核心区建设。南北两翼路网更加完善，津汉公路改建、寨上大桥重建、世纪大道东延等项目完工，珠江道西延、中央大道南延等项目开工建设，通行能力得到全面提升。

3）河北雄安新区

雄安新区位于河北省保定市境内，地处北京、天津、保定腹地，中共中央、国务院于 2017 年 4 月 1 日在此设立的国家级新区。新设立的河北雄安新区，与北京、天津正好形成一个等边三角形，新区向北偏东方向，直线距离北京 100 多千米，正东方向距离天津 100 千米。

（1）大力发展智能交通。为避免重蹈"现代城市病"之覆辙，雄安新区大力建设绿色智慧交通系统，同步规划建设数字城市，努力打造智能新区。《河北雄安新区规划纲要（2018—2035 年）》提出，坚持数字城市与现实城市同步规划、同步建设。雄安新区充分引入和运用大数据、云计算、人工智能等新技术，加强智能基础设施建设，提供全面智能化应用服务。全面部署感知设施系统，未来雄安新区的建筑、道路、桥梁、停车场、信号灯乃至灯杆、井盖、垃圾桶都是智能的，它们有自己的身份证，构建时时处处能够感知、万物互联、信息相通的智能城市体系，出现问题也能及时得到快速响应处理。城市统一的物联网平台将真正实现，整个新区的基础设施智慧化水平将大于 90%。

（2）打造层次丰富的公共交通系统。未来，在雄安新区，车辆智能，路更智能，车辆超视距感知、全程绿波通行、多车协同编队、智能泊车引导、公共智能驾驶服务、无人化物流配送将走进人们的生活。利用智能交通技术，未来的雄安新区将打造智能运行、层次丰富的公共交通。公交系统分快线、干线与支线组织。公共交通占机动化出行方式的比例大于 80%，公交枢纽换乘时间少于 5 分钟，组团内平均通勤时间单程少于 15 分钟。便捷和高品质的公共交通服务将给人们带来媲美私家车的出行体验，因此可以大大降低私家车的拥有和使用意愿，避免形成交通拥堵这一城市病。

（3）便捷的智能交通服务。在交通管控上，雄安新区将建立数据驱动的智能化协同管控系统，探索智能驾驶运载工具的联网联控，采用交叉口通行权智能分配，保障系统运行安全，提升系统运行效率。雄安新区将高效融入"轨道上的京津冀"，通过高速铁路网，20 分钟可到北京新机场，30 分钟到北京、天津，60 分钟到石家庄。人们将享受到这样的智能交通服务：出门前，打开手机应用，各种路线选择、出行方式组合便展现在眼前，去目的地花费的时间、消耗的卡路里等都会计算出来。通过手机应用可以完成各类交通服务的预约与定制，人们只需要通过手机应用，一键下单、一键支付，便可完成"指尖上的出行"。

以上新区防治交通拥堵经验总结如表 8-7 所示。

表 8-7　国内外部分城市新区防治交通拥堵经验对比

城市名称	主要措施
巴黎马恩拉瓦莱新城	交通规划先行；重视职住平衡理念
东京新宿	倡导 TOD 模式；打造便捷的换乘设施
伦敦城市新区	鼓励使用公共交通；收取交通拥堵费
上海浦东新区	大力整治交通违法行为；加强交通基础设施完善；大力发展公共交通
天津滨海新区	加速打通断头路；打造立体化大交通体系格局
河北雄安新区	大力发展智能交通；打造层次丰富的公共交通系统；便捷的智能交通服务

资料来源：根据公开资料整理

8.4　江北新区内部区域交通拥堵防治政策

人是城市生活的主体，城市交通要以人为根本。统筹各方利益、协调城间交通系统的发展则是江北新区交通拥堵防治政策设计诉求的方向，其最终目标是构建一个畅通、协调、有序、高效的城间交通系统。

具体来说，一要正确认识和把握国家发展形势，解读国家政策，结合江北新区发展的现实，开展新区城市交通拥堵防治政策的论证与设计工作；二要坚持"以人为本"的原则，高水平、高质量地满足大众的出行需求，努力平衡出行效率与资源公平问题；三要按照"差异化"的原则进行政策设计，未来江北新区公共客运体系的运输方式构成、运力结构、运营组织和服务模式应该是以满足不同社会群体、不同出行目的、不同出行时空的多层差异性需求为依据，同时需要对已建成区域和待开发区域发展的不同阶段分别进行拥堵的治理和预防政策研究；四要按照"系统化"的原则进行政策设计，增进系统协调，促进系统发展。增进城间交通子系统内部、子系统之间的协调，促进城市交通、经济等的协调和可持续发展；确保城间交通系统技术上各环节的协调，实现利益相关者的效益均衡。同时区域内各阶段各部分协调统一，最终形成江北新区整体城市交通拥堵防治政策体系。

8.4.1　核心政策

政策设计内容将根据政策内容与目标的紧密程度分为核心政策和辅助政策两个层次。

核心政策即与政策实施目标有直接关系，对于江北新区内部交通而言，核心政策包含"预防"和"治理"两大部分的内容。

1) 拥堵预防政策设计

(1) 规划先行，推动"公交引领城市发展"政策落实。2013 年南京市编制了《南京江北新区 2049 战略规划暨 2030 总体规划》，对中华人民共和国成立 100 周年时大江北地区进行战略思考和长远谋划，并对 2030 年用地、产业、交通等进行统筹规划布局。2017 年印发了《南京市"十三五"公共交通发展规划》，充分吸收借鉴国内外先进理念。在新一轮南京市城市总体规划的基础上，2018 年南京制定了"三年缓堵计划"，对接江北新区规划，贯彻强化公共交通引领城市发展的理念。

由其他已经成熟或正在发展的国家级新区交通发展模式经验(表 8-8)可以得知，大力推进以公共交通为主导的南京江北新区交通模式，是预防城市拥堵的必由之路。

表 8-8　部分国家新区交通发展模式

新区	发展背景	交通发展模式
浦东新区	城市功能较为完备，具有良好的经济基础和设施配套	以公交为先导进行土地开发，逐步形成以公交和慢行交通为主导的复合交通模式
滨海新区	经济条件基础优越，有较好的产业基础	政府大力扶持公共交通，主导公共交通模式
两江新区	有较好的经济基础，小汽车迅猛发展已有一定规模	政府优先发展公共交通，形成以公交为主导，小汽车为辅符合交通模式

资料来源：根据公开资料整理

具体来说，江北新区"带型+串珠状"的城市形态适合并且必须以轨道引导城市发展(图 8-11)。依山傍水，狭长用地范围内交通流的高度集聚，为轨道交通提供了充足的客流，同时局限的用地范围必须采用集约化的交通模式；因此，将来江北新区交通将是以轨道交通为骨干和引领，地面公交为核心，慢行交通为主体的绿色交通出行结构。可根据江北新区实际建设进度，设置中运量、小运量，常规固定线路、定制线路等多元化公共交通组合配置模式。

(2) 打造"片区微循环"，积极预防城市拥堵。江北新区在城市形态上相对独立，与南京主城的关系不太可能如上海浦东浦西一般"一体整合"，所以发展中要更注重内部循环系统的建立。同时由于江北新区内部自身用地情况、产业分布和交通特征，形成多个交通分区，在建设初时，各组团内部就需要树立"打造片区微循环"的理念，主动出击，预防可能出现的交通拥堵。

这种内部循环，首先是带型新区中各个组团之间的交通连接。目前，江北地区的骨干交通，基本上是从江南向江北延伸过来的，所以江北的各个城市组团之间，需要尽快利用轨道交通与公共交通串联，成环成网，形成内部的循环体系。其次在组团内部，片区微循环的一个重要组成元素是"小街区，密路网"，能极大程度上减少原有干路上的大量车流带来的拥堵风险(图 8-12)。

这种模式可应用于枢纽节点附近和大型小区内部。如规划中的南京北站及周边商住区域就可参考南京南站附近的某一新建小区采用的密路网形式(图 8-13)来进行建设，未雨绸缪，预防交通拥堵拥堵。

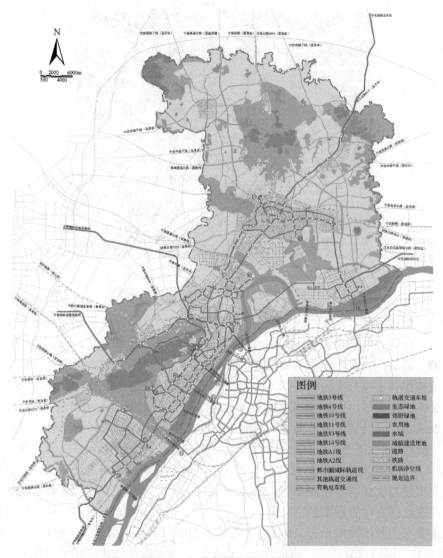

图 8-11　江北新区轨道规划图示

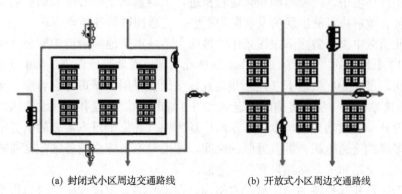

(a) 封闭式小区周边交通路线　　　　　　(b) 开放式小区周边交通路线

图 8-12　封闭式小区与开放式小区交通路线示意图

图 8-13　南京南站附近某一小区采用的密路网形式

片区微循环的另一重要组成元素为"微循环公交",这是解决那些因城市区域或社区难以被公共交通有效覆盖,居民居住点或活动区域分散、远离公交、地铁等公共交通站点造成的"最后一公里"出行问题的重要方案。其特点是里程短、班次多、车型小、效率高,能够弥补干线公交短板,深入支线道路,串联居住小区、商业网点、轨道交通站点及办公休闲场所等,更好地满足市民日常出行需求。浦口区于 2017 年 11 月开通了第一条微循环(社区)公交,成效明显,这也将是江北新区片区微循环的发展方向。

(3)充分重视地下空间,强化 TOD 理念,制定城市地上地下一体化发展政策。强化 TOD 理念,制定地上地下一体化发展政策,以轨道交通和快速路系统为依托,利用公共交通设施引导与支撑城市空间形态,充分利用地下空间资源,引导新区带型城市的空间格局,建设宜居宜行的新型城市。公共交通导向的城市土地开发 TOD,是一种以公共交通为主的典型的社区发展形态,既适用于大都市的城市规划也可用于小社区的区域设计。TOD 以公共交通站点为核心,将居住区、办公区、商业区及公共空间组织在一个较小范围的社区步行环境中。而随着城市化进程推进,土地紧缺是核心区域面临的最大难题,地下空间可有效解决可能出现的发展面积不够、交通拥堵等各项矛盾。

在江北新区中央商务区未来图景中,地面上,城市新地标绿地国际金融中心高高耸立、囊括 10 个地块的"新金融中心"形成产业集聚;而地平线以下,480 万平方米的巨大地下空间,最深处直抵地下 7 层,集商业、交通大平层、城市综合管廊、地下车库及4 条地铁线路站厅于一身,将构成稳定强大的"城市命脉"。这并非江北新区的空想和新尝试,国内外早有成功先例,以日本多摩广场为例,其位于日本多摩的商务中心区,此中转站是多摩的交通枢纽,拥有开阔的空间,地上有室内综合商务区;交通方便,与周边主干道,公交站和火车站都只有几步之遥。

江北新区依托其独特的山、城、水格局,在未来的开发过程中促进轨道交通等公共交通建设与土地开发的良性互动,同时大力发展慢行交通和便捷的一体化换乘系统,打造绿色、人性的交通环境，最终将实现节地、节能、顺畅、高效的整体发展目标。

2) 拥堵治理政策设计

交通拥堵预防的对象是新建区域和项目，而对于建成区已经出现拥堵的节点，如江北大道和几个商区附近，则需要进行拥堵治理政策和治理行动计划设计。

(1) 路网组织模式优化。在对现状道路系统梳理的基础上，以江北新区快速路和主干路为骨干，在实际操作合理可行的基础上重点加密新区城市中心的支路网密度，如图 8-14所示。

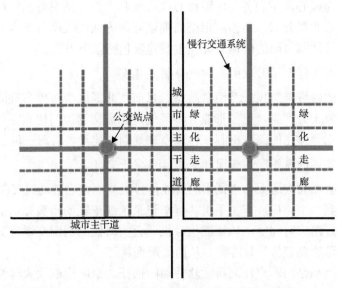

图 8-14　江北新区城市中心路网组织加密示意图

(2) 主干道客货分流疏导。中心城区道路交通拥堵多为高峰时段大量车流同时段涌出或同时间进入同一道路，超出道路最大通行量，以致拥堵发生，需要对高峰时段车流进行及时疏导。如在交通拥堵"潮汐"现象较规律且路面条件允许的道路上，加设可变车道；同时要加强主干道交通管理，提升交警快速疏导能力和机动车驾驶人员自身的疏堵能力。江北大道交通流量现状已经很难再有大的疏解，江北新区启动了"二通道体系一环三线"的项目研究，将对沿山大道、横江大道实施快速化改造。该项目建成通车后，现有的江北大道将不再通行外地货车，全部由二通道分流，届时，江北大道等将真正成为一条城市内部的快速路，起到片区路网主骨架的作用。未来对江北新区内各条主干道客车货车实现交通分流，减少混行，提高行车速度和安全性，道路功能更加明确。

(3) 强化"公交优先"理念和政策落实。通过宣传和鼓励措施等，让社会各界从主观上认识公共交通优越性，提高群众"公共优先"的出行意识，使"公共优先"理念成为社会共识。保证公共交通的优先路权，通过设置公交专用道等措施解决公交网络应对各种高峰时段、突发状况带来的道路交通问题。了解居民公共交通出行需求，完善公共交通基础设施，逐步实施"公交优先"的战略。

(4) 制定票价优惠政策。制定科学合理、可操作性强的票价优惠,实现票制票价一体化,鼓励多乘、换乘,消除换乘障碍,重点解决高峰期的通勤出行。在保障公交服务质量的基础上惠民,提高公交车的吸引力,让百姓出行形成"坐公交"概念,提高道路资源利用率。同时市政府和江北新区有关部门尽快建立规范的成本费用评价体系和补贴机制,确保补贴资金的及时到位,使公交企业发展步入良性循环。

8.4.2　辅助政策

辅助政策:为核心政策服务,保障核心政策顺利实施;调整外部环境,提高政策总体效率。除了核心政策外对于防治城市交通拥堵问题方面的策略与土地、规划、市政等政府各部门以及其体制机制的协调研究。主要建议包括以下方面:

1) 完善江北新区停车场基础配套和收费制度建设

建立差别化的区域停车供应及消费政策。目前江北新区少有停车难的矛盾,但根据调研显示停车乱象十分严重,已经形成一种风气,急需交管部门建立完善的收费机制进行管理整改。建立一体化的工作机制,体现停车规划、建设、管理三位一体的原则。

2) 江北新区整体的智能交通管理和交通信息化研究

以在江北新区江北大道上布点试用的智能信号机为例,它能通过 5G 通信和车辆进行通信,车辆每到一个路口,车主手机、行车记录仪或车辆的抬头显示上都会显示精确的倒数时间、通过路口时间等,该智能信号机还会实时监测周围交通情况,遇到拥堵,就能及时预测并迅速调整信号灯方案,从而缓解拥堵。

这种高科技产品是由落户江北新区软件园的依托北京航空航天大学综合交通大数据应用技术国家工程实验室组建而成的南京协同交通产业创新发展研究院研发。江北新区研究机构以产业需求为导向进行市场化运作,致力于成为车路协同、智能驾驶领域的信息集大成者、技术领导者和产业孵化器。成为一股不可忽视的新兴科技产业力量,助力江北新区整体的智能交通管理发展。

3) 科学定位政府角色,转化政府职能

贯彻科学发展观,推进城间交通协调发展,意味着政府交通主管部门的角色也将重新定位。要进一步转变政府职能,交通、土地、规划、市政等多部门统一协调,建设"服务型政府",政策的制定要突出民生导向,充分发挥政府在推进交通发展中的"宏观调控、市场监管、社会管理和公共服务"的作用。

8.5　江北新区对外联系通道拥堵防治政策

政策设计从空间上分主要包含两大部分,除了上述江北新区内部区域交通拥堵防治政策,还应涵盖江北新区对外联系通道拥堵防治政策。

8.5.1　江北新区过江通道拥堵防治政策

随着江南江北之间的交通联系越来越频繁,过江交通压力仍然较大。随着产业分工细化、城市群一体化发展需要，必须提供更加高效、便捷、可靠的过江方式，才能适应时代发展新要求。

1) 江北新区未来跨江联系逐步走向相向互动发展

发展过程将经历以下几个阶段：

(1) 加大供应，大桥恢复通车后，未来五年将有南京长江第五大桥、和燕路过江通道、建宁西路过江通道、仙新路过江通道等建成通车，旨在满足跨江交通需求；跨江联系以机动车通道为主。

(2) 提高既有过江通道的使用效率，加入高效的公交引导；跨江联系机动车、公交轨道同步增长。

(3) 分离城市交通和过境交通，打造公交主导型高品质的交通；跨江联系进入以轨道、公交为主导的交通增长阶段。

(4) 科学的常态化需求管理，引导健康城市生活；打造智能和谐的交通；跨江联系趋于稳定，智能平衡。

2) 优化过江桥隧与江北新区中心城区路网的结合，加大优先发展公共交通力度

(1) 完善江北新区与过江桥隧通道的路网衔接，保障跨江公交的路权优先。

(2) 适当增加跨江公交线路，进一步加大过江公交车投放量，适当延伸营运里程，提高公交车辆的使用效率，使公交线路能够更深地覆盖到当前比较薄弱的区域和生活区。

(3) 针对江北新区居民夜间在市区消费娱乐的需求，适当拉伸过江公交营运时间，延长服务时段。

(4) 考虑个性化便民服务需求，开设跨江定制公交，加强跨江定制公交(班车)管理，支持共享出行。

3) 加强对隧道交通事故快速处置

加强各隧道的交通管理保障，除了相应的限行措施，还要加强对隧道内交通事故的快速处置，减少因突发原因造成的交通瓶颈。对隧道全线监控，禁行、变道抓拍的基础上，制定智能交通管理综合方案，实现隧道及周边交通的智能引导、快速疏导。

8.5.2　江北新区对外区域联系拥堵防治政策

从规划来看，南京江北区域对外交通包含公路、航空、铁路、水运四大方式，南京北站、南京马鞍机场等重要的枢纽场站和客流集聚地即将建成，如表 8-9 所示，辐射苏皖，带动周边的合肥、滁州等地发展，公路铁路枢纽布局规划如图 8-15、图 8-16 所示。

表 8-9　规划中的江北新区对外区域交通

枢纽名称	枢纽的描述
航空：六合马鞍机场	军民两用机场，集航空、铁路、公路于一体的复合型空港枢纽，完善机场集疏运体系，远期发展为国内干线机场
铁路：南京北站	形成"一环六线"的客运铁路网络
公路：4 个公路客运站	形成"一环(绕越高速)七射"高速公路网和"一环(公路三环)四横十射"国省道干线公路网
水运：西坝港区和七坝港区	形成立足江北，带动苏皖，辐射中西的江北港口枢纽

图 8-15　江北新区规划公路网图

资料来源：《南京江北新区总体规划(2014—2030 年)》

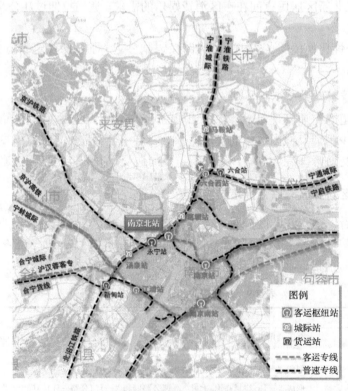

图 8-16　江北新区铁路线路及铁路枢纽布局图

资料来源：《南京江北新区总体规划(2014—2030 年)》

　　在此形势下，江北新区应尽快建立完善的集疏运体系，政策优先保障集疏运体系的顺畅衔接，规划江北新区建立多个综合性换乘设施，枢纽地区的交通接驳方式的多元化，建成集区域交通和城市交通于一体的综合性换乘枢纽如南京北站，提高枢纽地区的客流集散效率，缓解枢纽的高峰集聚交通流对周边道路造成的压力。

第 9 章 江北新区"小街区、密路网"规划建设研究

9.1 江北新区"小街区、密路网"规划建设的必要性

2016 年 2 月 6 日，中共中央、国务院发布《关于进一步加强城市规划建设管理工作的若干意见》明确提出，优化街区路网结构，加强街区的规划和建设，分梯级明确新建街区面积，推动发展开放便捷、尺度适宜、配套完善、邻里和谐的生活街区。新建住宅要推广街区制，原则上不再建设封闭住宅小区。已建成的住宅小区和单位大院要逐步打开，实现内部道路公共化，解决交通路网布局问题，促进土地节约利用。树立"窄马路、密路网"的城市道路布局理念，建设快速路、主次干路和支路级配合理的道路网系统等。规划提出到 2020 年，城市建成区平均路网密度提高到 8 千米/千米^2，道路面积率达到 15%。

江北新区是国家级产业转型升级、新型城镇化和开放合作示范新区，是长江经济带和长江三角洲重要发展支点。其主要职能是打造中国重要的科技创新基地和先进产业基地，南京都市圈北部服务中心和综合交通枢纽，南京市生态宜居、相对独立的城市副中心。目前，江北新区城市规划建设处于初期阶段，中心区是未来新区发展的核心与重点，在城市功能上以商业、居住、办公类型为主，有响应和落实国家要求的基础条件，未来应率先开展"小街区"路网的实践，探索"小街区"落实的控制指标及保障措施，打造低碳生态、文明和谐的现代化街区，为江苏省乃至全国"小街区"的落地提供示范和参考。

9.1.1 支撑江北新区落实公交优先发展的需要

公交优先是我国城市综合交通的发展战略，《关于进一步加强城市规划建设管理工作的若干意见》明确要求，优先发展公共交通，到 2020 年，超大、特大城市公共交通分担率达到 40%以上，大城市达到 30%以上，中小城市达到 20%以上。2012 年 10 月，交通运输部正式批准南京为公交都市建设示范工程第一批创建城市，"公交优先"是南京交通可持续发展的主要依托。道路网络密度、形态、结构是制约公交优先发展的关键和基础要素。一方面，路网尺度直接影响公交的覆盖率。另一方面，宽马路、大街区将公交线路集中于几条主要干道上，公交串车严重制约了公交运行效率和服务水平的提升。因此，从促进公交优先发展的角度来看，江北新区作为未来南京新主城，有必要实施"小街区、密路网"的规划要求，对路网结构及形态进行调整，进一步提升公共交通发展的服务水平和吸引力。

9.1.2 推进江北新区落实慢行友好发展的需要

2012 年 9 月，国家住建部、发改委、财政部联合下发《关于加强城市步行和自行车交通系统建设的指导意见》，明确要求加强步行道和自行车道建设，城市道路建设要优先

保证步行和自行车出行，要结合旧城改造、环境整治等，打通断头路，打开封闭街区，加密路网，完善步行和自行车微循环系统。《南京江北新区发展总体规划》中提出建立高密度、安全、舒适、连续、全覆盖，与公共交通良好衔接的步行道和自行车道网络，保障步行和自行车空间，步行和自行车出行分担率达 45% 以上。"小街区、密路网"是提升慢行便捷性、安全性的重要保障。一方面，"密路网"可为步行、自行车提供多条选择路径，减少绕行距离和出行距离，必然带来慢行交通方式使用比例的上升；另一方面，"小街区"的道路宽度相对较小，步行过街的时间得到缩短，安全性得到提升，尤其利于儿童、老人等弱势群体，也是社会公平的体现。

9.2　国内外经典案例研究

9.2.1　柏林

柏林的城市发展经历了不同寻常的发展道路，从分裂走向统一，从隔离走向融合。柏林重建成功地将苏联模式引导下的"宽街廊、大马路"的交通模式与欧洲传统的"小街区、密路网"模式缝合起来，将割裂的城市交通融合，延续了城市高密度的历史特点，最终形成了有机融合、宜居活力的新柏林。东西德合并后开始进行城市重建和融合建设，经过 20 年的建设，柏林老城基本成功复兴，形成了形态完整兼具现代活力的城区，在城市及其交通融合方面积累了诸多成功经验。

柏林在分治期间，东柏林地区形成以有轨电车为主、公共汽车为辅的公共交通系统，西柏林地区则形成了"地铁+公共汽车"的公共交通网络，东西柏林两个板块之间主要通过城市快铁(S-Bahn)来联系。在新时期交通建设阶段，柏林在欧洲新的政治职能及地理中心位置要求先进的交通运输系统与之配套，需要通过公共交通系统来整合城市空间，逐步化解分裂所带来的"后遗症"。整合过程中，保留了历史脉络和分裂时期的网络。因此形成了特有的"东西分治、板块交通"的组织模式，具体如图 9-1 所示。柏林主要通过两个途径来整合城市交通系统，一方面，继续大力发展和完善原有的市郊铁路网络，加快两个板块之间的联系；另一方面，重点建设两个板块之间的综合交通枢纽，如波茨坦广场地区综合交通枢纽，形成两个板块各自交通网络的有效拼接。柏林的城市融合实践可为江北新区老城与新城相互融合的城市空间提供诸多有益启示。

柏林重建过程中，处于东西柏林之间边界上的波茨坦广场是柏林城市重建中将"宽街廊、大马路"与"小街区、密路网"融合的典范案例，该地区延续了高密度路网的特点，是连接东西柏林的综合交通枢纽之一，也是柏林分割与统一的象征。

波茨坦广场位于原东西柏林中心交接处，担负着弥合裂横的重任。波茨坦广场在重建街区的划分上充分尊重柏林原有的肌理、尺度和地形条件。以方块为城市建设基本单元，每个方块大小均为 50 米×50 米，方便根据不同功能合理分割。短而窄的街道将方块隔开，这些街道通向城市的四面八方，同时地区内部设置等级明确的道路系统。柏林重建完成后，在城市道路系统方面，道路面积在城市用地中所占的比例很高，交通建设用地占城市总用地的 15.2%，而中心区更达到了 22.8%，城市支路系统发达。重建过程并没有改变原来的城市格局，这使城市道路网延续了城市高密度的历史特点。

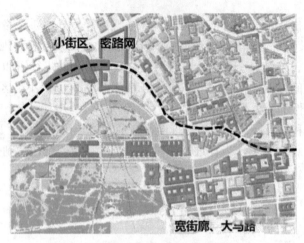

图 9-1　柏林 "东西分治" 的城市特征

资料来源: 根据相关资料绘制

在建筑形式上, 建筑传承传统空间特色。建筑形式以古典的 "柏林式建筑" 为主, 对檐口线脚高度、立面材质、颜色等进行控制: 所有的新建筑都必须控制在檐口高度 22 米, 屋顶高度 30 米的体量范围内, 以获得协调统一的街景。

9.2.2　纽约曼哈顿

纽约曼哈顿是城市设计理念的典型表达, 从图 9-2 中可以看出, 一个典型特征是建筑的整体性, 具有明显的 "街墙", 即使有些地块呈现 "三角形" 等不规则形状, "街墙" 的整体感也特别明显。单从建筑个体看, 整体感很强, 注重面向街道一侧建筑界面的连续性和友好型, 整齐的建筑退线造就了整齐的 "街墙", 街墙背后、不面向街道的一侧则是小汽车出入和停车的区域, 可以认为这是一种面向 "公共空间" 的设计方法。虽然塔楼建筑很高, 但建筑底层的裙房之间的距离要小得多, 如图 9-2(d) 两座建筑之间的距离约 23 米。

图 9-2　纽约曼哈顿地区系列截图

资料来源: Google 地图

国内城市类似于上海陆家嘴的设计手法比比即是，而欧洲和美国一些城市广泛得采用了曼哈顿模式，如巴塞罗那、巴黎、伦敦、柏林、哥本哈根，如图 9-3 所示。其中，巴塞罗那 130 米×130 米的城市网格是最为典型的代表。

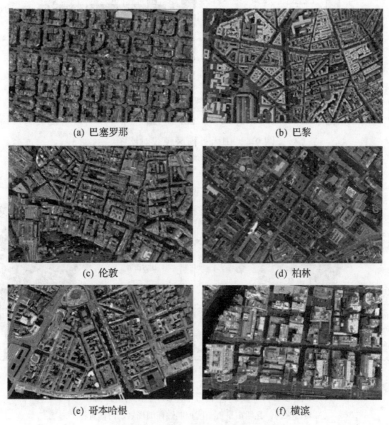

(a) 巴塞罗那　　　　　　　　(b) 巴黎

(c) 伦敦　　　　　　　　(d) 柏林

(e) 哥本哈根　　　　　　　　(f) 横滨

图 9-3　部分城市街区形态截图

资料来源：Google 地图

总结来看，两种模式之间的差异可用图 9-4 表达。第一种表现为大街区特征，尺度为 300~400 米，建筑布局灵活，自身拥有广阔的建筑前区或围墙，建筑开口不得不面向主要街道；第二种为小街区特征，尺度为 80~150 米，面向街道的建筑界面连续性好。

9.2.3　昆明呈贡新城

昆明呈贡新城位于滇池东岸，距离昆明主城约 20 千米，距离昆明长水国际机场约 22 千米，规划人口 95 万，用地规模 107 平方千米，核心区 12.16 平方千米（规划至 2020 年）。呈贡新城尝试采用"新城市主义"设计理念，采用"密路网，小街区"的城市空间规划模式。

呈贡新城规划路网密度 11.82 千米/千米^2，通过加密城市路网，减小街区尺寸，分散交通流，增加机动车行驶路径的选择。在主次干道红线宽度较大的基础上，新增加二分路与地方街道，二分路红线宽度控制为 30 米，地方街道红线宽度为 20 米（图 9-5）。

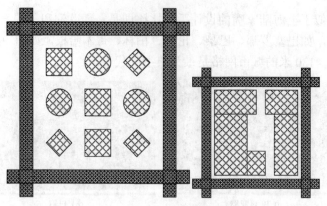

图 9-4　国内外街区模式对比图

资料来源：根据相关资料绘制

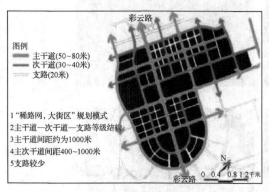

(a) 2006年版路网结构

(b) 2013年版路网结构

图 9-5　呈贡新区传统街区与小街区的对比

资料来源：昆明市呈贡新区控制性详细规划，内部资料

　　在交叉口设计上，主干路和二分路交叉口红线切角按 10 米控制，地方街道交叉口红线切角按 5 米控制。将部分道路的路缘石向路内扩展，以减小行人的过街距离。在出入口方面，机动车出入口与交叉口的距离按照 20～50 米来控制，车辆右进右出。机动车出入口尽量设置在地方街道上，地下车库的出入口，应先经街区内部道路再进入地下车库。在停车布局方面，300 米范围内商务、商业等功能建筑的停车位配置可减少为昆明市管理技术规定的 0.5 倍，1 个车位/200 平方米地上建筑；地铁站 500 米范围内按该规定的 0.75 倍设置。并采用地下停车和路内停车两种形式，通过利用城市道路地下空间和建立不同街区间地下通道的方式来提高地下空间利用率；结合 20 米地方街道设置单侧路内停车，可提高人行道步行者的安全性，还可增强街区活力。

　　在街区规模上，单元尺度为 75～198 米，其中(75～115 米)×(96～125 米)居多。双向差异型路网，混合了正方形和长方形形态，按照不同方向的交通需求确定合理的路网间距。在功能布局上，实现城市、社区和街区三个层面的土地混合利用。城市层面，将能提供就业岗位的用地主要集中布局在轨道交通沿线形成东西、南北各一条商业商务走廊，串联多个居住片区。在社区层面上，所有社区均采用土地混合利用的策略，在 5 分钟步行的有效出行距离范围内构建社区，社区将住宅、商店、办公楼、公园和学校混合布置在一起。在街区层面，除了作为绿地、公共设施使用的街区外，其他街区都是混合用地，主要包括两种情况，一是居住用地混合 10%~20%的商业建筑，二是商业商务用地混合 20%~40%的公寓。在公共空间方面，开敞空间布置在高强度开发的街区沿线，以实现公共资源和设施的最大共享。

在土地利用方面，街区容积率在 2.5~5，其中 2.7~2.8 的居住用地比例接近 50%，4~5 的居住用地比例仅占 10.89%。在建筑密度方面，一栋建筑占据一块街区，建筑密度为 100%的居多，其他街区的建筑密度一般都在 65%以上。在绿地系统方面，由三种形式组成，绿地之间由街道和慢行网络连接。绿地分布比较均衡，居民出行 200 米即可到达离住宅最近的绿地，人均绿地 14.2 平方米。

在建筑布局方面，建筑平行或垂直街道呈周边式布局，街区内"留出"供人们活动的院落空间。各街区混合的商业建筑尽量设置在临街道的建筑底层，塑造连续统一的街墙面。在建筑界面方面，商业街区贴线率为 70%，居住区贴线率为 60%。在建筑高度上，结合 TOD 理念控制建筑高度。建筑退线除部分主干道退距较大，其他街道退距均在 5 米以下。

9.2.4　案例综合分析

小街区的形成与建筑退线距离、道路宽度、道路间距、用地效率密切相关。为研究各要素之间的关系，进行交叉数值试验。如图 9-6 所示，假设道路宽度为 D_1，道路间距为 D_2，建筑物后退红线距离为 D_3，建筑体边界占地面积为 S_1，道路红线围合区域为 S_2，道路中心线围合区域为 S_3，则有 S_1/S_3 为用地使用效率；$1-S_2/S_3$ 为道路面积率；$(S_2-S_1)/S_3$ 为建筑退线区域面积率(图 9-6)。

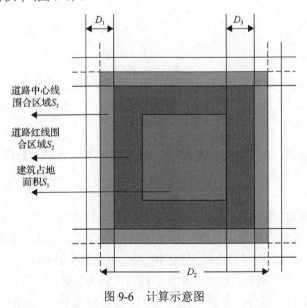

图 9-6　计算示意图

参考巴塞罗那、哥本哈根等城市的道路平均宽度在 10 米左右，同时考虑我国相关规范中对道路宽度的要求,分别对 12 米、18 米、24 米、36 米、40 米以及建筑退线距离在 0 米、3 米、5 米、10 米、15 米、20 米情况下进行交叉计算土地使用效率、道路面积率、建筑前区面积率。实验结果表明,道路宽度、道路间距、建筑退线直接影响着土地使用效率,三个因素分别与土地利用效率成反比、成正比、成反比。要保证一定的土地利用效率,有两种模式:一是"宽道路+大间距+大退线"组合,二是"窄道路+小间距+小退线"组合。与前述两种街区模式正好相匹配。

就我国多数城市而言,建筑退线大多采取了"大距离"的方式,在退线距离很大的要求下,要保障土地利用效率达到一定的水平,就必须采用道路大间距的形式,同时要保障一定的道路通过能力(或道路面积率),道路宽度也必须要达到一定水平之上,进而形成"宽马路+大间距+大退线"的情形。因此建筑退线如果不做出改变,很难实现"小街区"模式。要形成紧凑的、以人为本的尺度,需要做到"3S"原则:

(1)窄街道(small street width)。道路宽度应小于 24 米,以双向两车道为主(当道路宽度为 24 米,道路间距在 150 米时,即使建筑退线为 0 米,土地使用效率仅为 70.6%)。

(2)小退线(shallow building setback)。道路退线应在 0~5 米(当道路宽度为 24 米,道路间距在 150 米时,即使建筑退线为 5 米,土地使用效率仅为 60%,如果再扩大退线,土地使用效率更低)。

(3)小间距(short street spacing)。道路间距不超过 150 米,80~120 米最适宜步行。三者之间相互关联,不可或缺。

9.3　江北新区核心区案例研究

9.3.1　江北新区规划概述

1. 总体规划

1)规划定位

自主创新先导区、新型城镇化示范区、长三角地区现代产业集聚区长江经济带对外开放合作重要平台。

2)交通发展的要求

(1)建立枢纽集群,提升新区辐射能级。建立集航空、铁路、公路、水运于一体的综合枢纽体系,强化江北新区核心功能的集聚,支撑江北新区参与国际竞争、东部传承和西部辐射。

(2)复合区域通道,强化江北新区辐射范围。打造以高速公路、高速铁路为主体,干线公路为补充的区域复合通道,建立江北新区的辐射载体,扩大江北新区服务腹地。

(3)强化 TOD 理念,引导江北新区空间格局。以轨道交通和快速路系统为依托,引导江北新区带型城市的空间格局,以有轨电车、城市干路为载体,促进城市组团功能的形成。

(4)注重慢行品质,提升江北新区城市活力。建立江北新区组团内完善的慢行交通系统,结合江北新区组团式的空间发展格局,编织开敞、舒适、安全的日常慢行网络,依托江北新区丰富的山水基地，打造滨江、沿水风光带慢行廊道，构建江北新区休闲绿道网，提升江北新区城市品质。

3) 江北新区轨道线网规划

规划 12 条线路经过江北新区，包括 7 条城市轨道与 5 条城际轨道，并设有 21 座换乘枢纽。

2. 控制性详细规划

1) 总体定位

江北新区是融合商务商业、文化休闲、健康医疗和生态宜居等多种功能为一体的城市中心区，是引领南京发展的活力积聚区和多功能示范区，同时也是南京创建国家新型创新型城市的发展平台。

2) 交通规划

规划区道路分为快速路、主干路、次干路、支路四个等级，形成方格网状的路网结构。规划区内共有 3 条快速道路、4 条主干路、1919 条次干路或若干条支路。规划道路总长度约 171.4 千米，总体路网密度为 10.7 千米/千米^2。其中，快速路 12.9 千米，路网密度为 0.81 千米/千米^2；主干路 12.8 千米，路网密度为 0.8 千米/千米^2；次干路 40.7 千米，路网密度为 2.54 千米/千米^2；支路 104.6 千米，路网密度为 6.54 千米/千米^2。尤其在核心区提高了支路网密度，完善了微循环系统，具体如图 9-7 所示。

图 9-7 江北新区中心区(NJJBd010 单元)城市道路系统规划图

资料来源：南京江北新区中心区(NJJBd010 单元)控制性详细规划，江苏省城市规划设计研究院编制的江北新区的控制性详细规划，是法定教材

3) 公共交通

(1)轨道交通。规划轨道交通线 4 条,分别为南京地铁 4 号线二期、11 号线、13 号线、15 号线。南京地铁 4 号线二期南至滨江站,北至南京北站,线路沿定山大街、浦乌路地下敷设,规划区内设站 5 站,分别为滨江站、中央商务区站、浦江站、浦珠路站、定向河北站。南京地铁 11 号线南至马骡圩站、北至葛塘站,线路沿万寿路地下敷设,规划区内设站 3 站,分别为商务东街站、中央商务区站、七里河东站。南京地铁 13 号线南至七里河站、北至沿山大道站,线路沿规划支路地下敷设,规划区内设站 4 站,分别为滨江站、中央商务区站、国际健康社区站、万寿路站。南京地铁 15 号线南至老山站、北至南京北站,线路沿规划支路地下敷设,规划区内设站 8 站,分别为浦口公园站、浦口火车站、浦新路站、新华街站、滨江东站、滨江站、沙滩广场站、闻涛广场站。同时规划从老山沿中央大道、滨江大道至浦口老火车站建设一条城市有轨电车,全长 8 千米,有轨电车停保场安排在北侧相邻控规单元铁路防护绿地内,规模约 7 公顷。

(2)常规公交。规划建议在 13 条道路上布置公交干线线路,包括浦珠路、横江大道、定向河路、七里河大街、定山大街、沿山大道、浦滨路、滨江大道、广西埂大街、商务西街、万寿路、石佛大街、七里桥北路。

规划公交场站共 6 处,总面积为 5.95 公顷,其中首末站 4 处,占地面积约 1.85 公顷;枢纽站 1 处,占地面积约 0.55 公顷;停保场 1 处,占地面积约 3.55 公顷,具体如图 9-8 所示。

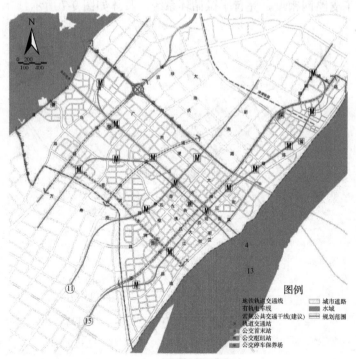

图 9-8　公共交通规划图

资料来源:南京江北新区中心区(NJJBd010 单元)控制性详细规划,江苏省城市规划设计研究院编制的

江北新区的控制性详细规划,是法定教材

4)慢行交通系统

规划构建连续、完善、安全、舒适的慢行交通系统，串联公共活动中心、居住区和公共交通站点。规划"一环"休闲性慢行专用道，包括青龙绿带慢行专用道、珍珠河慢行专用道、定向河慢行专用道与滨江风光带慢行专用道。结合地下空间规划人行过街地道 7 处，保留现状过街天桥 2 处。

3. 城市设计

1)功能定位

江北新区核心区将融合商业商务、文化休闲、健康医疗和生态宜居等多种功能，成为引领江北新区发展的活力集聚区和多功能示范区。

2)设计原则

(1)以人为本。传统道路的等级、服务水平、设计参数是以车辆行驶特性为主要依据。"小街区、密路网"的目的是倡导回归步行交通，更重注步行体验。传统道路与"小街区、密路网"模式下的道路在服务对象、服务目标方面均不同，设计理念、设计参数、评价标准也相差甚远。在"小街区、密路网"模式下，不仅要考虑传统的道路等级因素，更要统筹好道路的公共空间、公共活动功能，体现以人为本的道路设计理念。

(2)多元统筹。"小街区、密路网"不是一个孤立的路网或交通问题，而是一个集交通、用地、空间、景观、市政、建筑及城市运行管理的配套体系，单独将路网加密、道路做窄是不够的。一方面，交通本身需要强调多方式融合，包括个体机动车、公交、慢行、路内停车等；另一方面，需要多专业融合，强调道路交通的顺畅、用地布局的紧凑、街道空间的场所感、街道景观的和谐、市政设施的统筹等。"小街区、密路网"要求从关注道路交通到关注城市街区发展，综合制定多专业融合、多功能统筹的设计方案。

(3)立体控制。"小街区、密路网"模式不单考虑平面统筹问题，更强调地面、地上、地下的综合协调控制。地面包括两方面，一是常规道路交通红线范围内的路权设计等，二是建筑沿街退后空间的综合利用，实现道路设计由红线范围内到建筑退后空间范围的转变；地上空间则是统筹人们活动的公共空间，包括街道的空间形态、建筑的沿街立面要素等；地下空间则包含地下交通空间、地下市政空间及地下活动空间等。

(4)有序引导。综合考虑目前道路网络发展阶段、人们出行交通习惯，一步到位实施"小街区、密路网"模式的可接受程度面临挑战，需综合引导，有序衔接和过渡。规划设计阶段需要将目标蓝图设计好，但在具体的实施过程中，一方面，需要进行合理的物理过渡，通过设计、管理的方式合理衔接小街区与外部交通的转换；另一方面，需要制定有效的建设计划，有序引导，为小街区发展预留空间，逐步实施。

3)道路网络优化

维持主要区域交通走廊，保证交通可达性。快速路与主干路网络基本保留，仅作线位与特定路段的断面调整。加支路密度和连接来提升内部交通运行效率与服务水平，同时也强化交通高峰时段道路的灵活性。增加跨越项目边界的道路联系。强化核心区与周边区域的衔接，形成区域联动发展。

4) 单行道路

结合中心区道路网络规划及周边用地特性，研究部分道路将双车道改为单车道，以减少小街区密路网模式下，交叉密集带来的冲突与矛盾。

5) 慢行交通系统

(1)步行系统。规划区的滨水空间包括 CBD、老浦口火车站等重要的吸引点，加上基地西南的体育/演艺中心，将成为一条沿江展开的市民休闲长廊。

(2)自行车系统。沿中央大街、滨江和青龙绿带等多条线形休闲空间，结合自然景观与亲水空间，设置以健身、游憩功能为主的景观自行车道。

9.3.2　规划方案

1. 道路功能分析

1) 中心区交通分区

根据江北新区中心区的功能布局与用地特点，以自然水体、道路为边界，考虑不同功能区块的用地属性、开发强度等特性，将江北新区中心区划分为 22 个交通小分区，具体如图 9-9 所示。

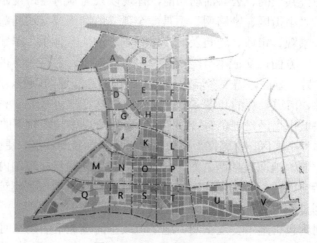

图 9-9　中心区交通分区图

资料来源：南京江北新区中心区(NJJBd010 单元)控制性详细规划，江苏省城市规划设计研究院编制的江北新区的控制性详细规划，是法定教材

交通分区充分借鉴国际城市社区发展经验，以 500～800 米为参考，考虑步行 10～15 分钟的可达性，依托轨道站点，按照"15 分钟社区"概念考虑交通分区，在各交通分区内完善发达的步行与自行车交通网络，将人们日常行为活动出行距离控制在 15 分钟步行、自行车和公交出行范围距离以内，以减少城市机动车交通量，这些日常的行为活动包括上学、上班、购物、休闲、娱乐等。主要类型包括：

(1)居住功能区。约 9 个居住功能区，用地以居住用地为主，居住功能区内重点强化社区支路系统建设，结合城市设计确定社区主街，建设发达的步行休闲网络。

(2)商办功能区。约 7 个商办功能区，用地以办公商业功能为主，该功能区开发强度高，就业岗位规模较大，早晚高峰潮汐交通现象突出，需要重点打造轨道与地面交通的一体化衔接，强化地下空间开发，打造 TOD 模式。

(3)混合功能区。约 6 个混合功能区，分区内用地混合，通常包括居住、研发、医疗、商业等功能用地，需要依据不同开发特点，强化不同功能区块间道路交通的特性塑造，针对性设计交通与组织。

2)道路功能划分

当前城市道路分级主要考虑机动车交通特征的差异，按照道路的红线宽度、车道数量、设计车速划分为快速路、主干路、次干路与支路四种类型，并形成相应的设计标准和规范。

长期以来，我国采用大街坊模式，强调各等级道路的机动车交通效率，对道路提高慢行交通服务水平考虑不足。同时，现行规范主要以设计车速确定道路等级，这与城市交通特点、集约建设要求及慢行交通协调等不相适应。针对城市交通的特点，改进以设计车速确定道路等级的做法，根据车道数量和空间容量确定道路等级，以具有弹性的管理车速取代统一的设计车速，适度降低路段和节点设计时速，并调整相应设计标准，以达到集约建设用地、缓解交叉口机动车与行人和非机动车冲突的目的。

以南京市街道设计导则为主要依据，结合江北新区中心区的用地与功能特点，将中心区道路划分为五个功能等级(表 9-1)，增加景观休闲街道，体现江北新区中心区临江、沿山等特点，并与城市绿化主轴规划相契合。

表 9-1　江北新区中心区道路功能划分

功能类型	功能说明
交通性街道	车辆可以快速通过，受两侧干扰较少，沿线严格控制开口数量，机动车流量较大，交通性功能较强的街道
生活性街道	服务居住区，有部分商业，可以设置少量路内停车，满足停车要求，客流量较大
综合性街道	沿街地块和建筑功能属性与界面类型混杂程度较高，交通性和活动性兼具，客流量和机动车流量较大
服务性街道	主要用于解决后勤机动交通和集散的街道
景观休闲街道	滨水景观及历史风貌特色突出，沿线设置集中成规模休闲活动设施的街道

2. 交通组织方案

1)中心区和周边区域联系与组织协调

与主城区的联系主要依托四条跨江通道，分别为模范西路过江通道、汉中西路过江通道、建宁西路过江通道、应天大街过江通道。此外，中心区还可以借助南京地铁 4 号线、13 号线与主城区直达联系。与大厂、浦口等江北其他组团的联系主要通过沿山大道、浦珠路、浦滨路、横江大道实现。与邻近地区的组织协调，原则上支路不跨越浦镇大街和七里河，支路与浦镇大街相交均采用"右进右出"的组织模式。此外，中心区与南部地区的支路规划设置两处慢行跨河通道，具体如图 9-10 所示。

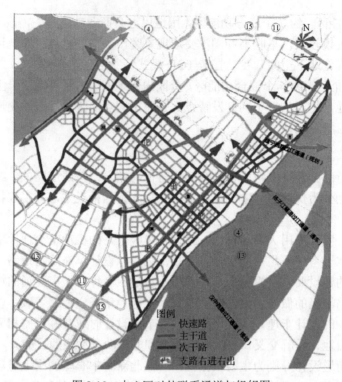

图 9-10　中心区对外联系通道与组织图

资料来源：南京江北新区中心区(NJJBd010 单元)控制性详细规划，江苏省城市规划设计研究院编制的
江北新区的控制性详细规划，是法定教材

2) 支路跨越主要干路交通组织

中心区采用"小街区、密路网"的布局模式，支路间距 100～150 米。根据控规路网规划断面，中心区范围内浦珠路、七里河大街、沿山大道、定山大街、滨江大道、商务西街、石佛大街等干路均设置有中央分隔带(图 9-11)，支路与设有中分带干路相交时，原则支路均采用"右进右出"的组织方式。支路与不设中分带的次干路相交时，根据道路功能定位及支路组织形式，可以考虑采取平面交叉组织方式。

3) 单行交通组织方案

单行交通是一种投资少、效率高、易实施的交通管理措施，可以充分挖掘现有道路资源的潜力。单行交通组织的本质是"以时间换空间"，通过不同方向的交通流分道行驶来简化交通组织，提高道路使用效率。单行交通具有以下优点：①减少交叉口冲突点，提高通行能力。统计表明，国外单行道可提高通行能力达 20%～80%，国内一般在 15%～50%。②提高道路运行速度，降低行车延误。③提高车辆行驶安全性，降低交通事故。④充分挖掘次要道路潜能，降低主要道路负荷。⑤为路边停车位和公交专用道设置创造条件。⑥有利于信号灯配置，为线路信号联动控制提供有利条件。⑦单行道路在交叉口渠化要求低，可以更好地让出空间给慢行交通使用。

江北新区中心区单行交通组织建议如下：①根据不同组团用地与路网条件分区组织单行交通：健康城以局部微循环单行交通为主，商务区路网条件更有利于组织大范围区

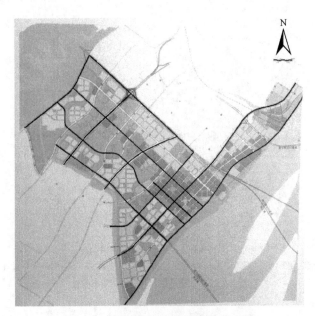

图 9-11 设置中央分隔带道路分布图

资料来源：南京江北新区中心区(NJJBd010 单元)控制性详细规划，江苏省城市规划设计研究院编制的
江北新区的控制性详细规划，是法定教材

域性单行交通，火车站片区则围绕火车站利用窄马路组织整体单行交通。②以顺时针单行交通组织为主。考虑到平行道路顺时针单行交通消除了交叉点，因此建议中心区单行交通总体上以顺时针组织方式为主。③优先考虑平行于主干路的支路单行的原则——平行于主干路的支路组织单行有利于分流干路系统的交通压力，应重点考虑。④片区路网结构完备、单行交通实施条件良好，实施全天候的固定式单行交通。⑤单行交通重点结合商务办公区进行组织，尽量减少在居住区设置单行线。

对于中心区单行交通组织提出两种组织方案：

(1)方案一(高方案)。组织思路：①单行交通组织以分流中心区中轴线交通压力为主导；②选择对偶平行道路，组织单行交通；③浦口火车站地区对路幅较窄的支路组织单行交通。中心区单行交通组织方案一如图 9-12 所示。

(2)方案二(低方案)。组织思路：①居住区尽量不设置单行线，单行交通以商业办公地区为主；②居住区的单行交通以短距离的对偶平行支路配对组织单行交通为主，不组织大范围的单行交通；③商办混合地区，以街区为单元组织地区系统性的单行交通。中心区单行交通组织方案二如图 9-13 所示。

4)单行交通方案评价分析

评价思路：以定量评价为基础，通过定性与定量分析相结合的方法对两个方案进行分析评价，并结合专家与地方各部门的相关建议提出最终推荐方案，具体流程如图 9-14 所示。

本次单行组织方案的评价主要是从网络整体的运行效率考虑，用于评价单行组织方案对道路网络的速度、饱和度、时耗等指标的影响。具体采用的评价指标如下：①出行距离、时耗，一定程度反映出行效率；②车速，反映道路交通的运行效率；③饱和度，反映交通拥堵情况；④车公里数，路网中每辆车的行车距离之和。

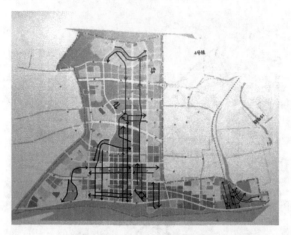

图 9-12　方案一交通组织图

资料来源：南京江北新区中心区(NJJBd010 单元)控制性详细规划，江苏省城市规划设计研究院编制的
江北新区的控制性详细规划，是法定教材

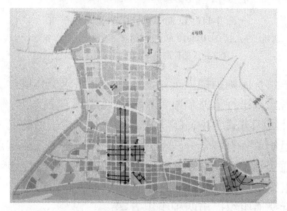

图 9-13　方案二交通组织图

资料来源：南京江北新区中心区(NJJBd010 单元)控制性详细规划，江苏省城市规划设计研究院编制的
江北新区的控制性详细规划，是法定教材

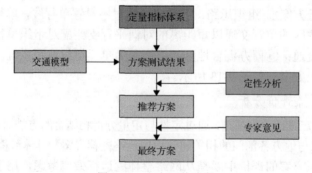

图 9-14　方案评价流程

各指标的评价结果如下：

(1)从出行时耗来看，方案一总出行时耗最低；从出行平均距离来看，方案一平均出

行距离最大。

(2) 从平均速度来看,方案一最大,方案二其次。由于没有对向交通影响,单行线单向车辆运行速度明显高于双向运行速度,次干道及支路网速度明显提高。

(3) 从饱和度来看,方案一主次干道以及支路网饱和度都有所降低,单向方案通行效率高于原双向道路,使得整个路网平均饱和度有所降低,服务水平提升。

(4) 从车公里数来看,方案一最大,方案二其次,原因在于单行组织方案增加车辆的绕行,但是从车公里数来看,增加幅度并不大。

从道路交通运行状况来看,方案一预测结果显示,定山大街交通拥堵有一定程度的缓解,早高峰由南向北 1500~1600 标准车当量/小时,饱和度在 0.85 以下。方案二预测结果显示,定山大街南部交通量在 1700 标准车当量/小时左右,交通拥堵有一定改善。

综合考虑交通组织方案的实施效果与实施难度,建议采用分期实施单向组织方案的策略,在规划初期可以采用方案一,重点考虑在中央商务区实施单向交通。规划远期根据中心区道路交通的变好情况,逐步推行大范围的单向交通。

3. 道路横断面优化设计

1) 道路横断面形式

结合中心区用地特性、道路功能、交通需求及道路红线宽度,规划提出两种 18 米支路的道路横断面形式,分别为机非共板模式、慢行共板模式。并形成 5 个断面形式,分别如下:

(1) 机非共板、双向 2 车道。断面布局为车行道 12 米,人行道 3 米。适用于交通流量较小的服务性支路和景观性支路。

(2) 慢行共板、双向 2 车道。断面布局为车行道 7 米,人行道 5.5 米(包括 1.5 米的侧分带、2 米非机动车道、2 米人行道)。适合低密度开发的居住区,道路交通量不大的情况。

(3) 慢行共板、双向 3 车道(9 米)。断面布局为车行道 9 米,人行道 4.5 米(包括 1.25 米的侧分带、1.75 米非机动车道和 1.5 米人行道)。适用于交通流量较大,交叉口需要增设车道的交通性支路。

(4) 慢行共板、双向 3 车道。断面布局为车行道 9.5 米,人行道 4.25 米(包括 1.25 米的侧分带、2 米非机动车道和 1 米人行道)。适用于交通流量较大,交叉口需要增设车道的交通性支路。

(5) 慢行共板、双向 3 车道。断面布局为车行道 10 米,人行道 4 米(包括 1.25 米的侧分带、1.75 米非机动车道和 1.5 米人行道)。适用于交通流量较大,交叉口需要增设车道的交通性支路;有路侧停车需求的生活性支路和景观性支路;住宅、学校等用地有围墙的地块。

2) 道路横断面设置建议

建议中心区道路整体上采用慢行共板的道路断面形式。位于中心区外围的开发强度较低的住宅区周边服务性支路,可考虑采用双向两车道的横断面,车行道 7 米。该道路断面严禁路边临时停车,主要服务两侧地块的出入性交通。其他支路考虑慢行空间以及机动车道的组织,建议采用双向 3 车道、车行道 9.5 米的横断面。

关于横断面与建筑退让的协调关系,采取如下原则:①对于住宅、学校、医院等设有围墙的建筑,建筑退让红线 3 米时,建议围墙需退让道路红线不小于 1.5 米。②对于商务办公等不设围墙的建筑，建筑退让红线 3 米时，所有建筑的退界内区域都应作为人行道的拓展区来处理。③对于商业建筑等退让空间 5 米时，考虑到这类建筑客流吸引交通量较大，所有建筑的退界内区域都应作为人行道的拓展区来处理。

4. 公共交通方案

(1)公交走廊规划。建议在 13 条道路上布设公交干线，包括快速路和主干路：沿山大道、浦乌路、浦珠路、浦滨路、万寿路、九袱州路、横江大道、定向河路、广西埝大街、定山大街、商务西街、石佛大街、七里河大街。保障公交停靠站设置空间，减少车辆停靠时与机动车和非机动车的冲突。

(2)常规公交站点。规划设置 92 对公交站点，干路上为港湾式公交停靠站，支路为直线式停靠站。

(3)轨道换乘设施。根据《南京市轨道交通站点换乘及服务设施配套规划标准》，依据轨道交通站点在城市中所处的位置及其周边地区开发功能进行划分，这种分类标准主要为站点地区的规划和建设提供土地开发的导向性，有利于轨道交通与城市、地区开发建设相结合，同时将高效客流转换作为站点地区的基本功能。结合江北新区范围内站点周围土地现状和规划情况，将江北新区 5 条地铁线路的 15 座车站进行功能分类(表 9-2)。对各站点换乘设施做规模需求预测，并提出布设建议，具体如图 9-15 所示。

(4)有轨电车。规划有轨电车车站 9 个，结合地铁站点和常规公交站点设置，方便接驳。

(5)接驳巴士。规划 9 条接驳巴士线路，连接轨道交通车站和周边用地。规划接驳巴士后，轨道交通 300 米覆盖率达到 87%。

表 9-2　规划区轨道交通站点功能分类

线路	站点名称	站点类型
4 号线	定向河北路站	交通接驳站
	浦珠路站	一般站
	浦江路站	一般站
	中央商务区站	公共中心站
	滨江站	公共中心站
11 号线	七里河东站	一般站
	中央商务区站	公共中心站
	商务东街站	一般站
13 号线	万寿路站	一般站
	国际健康社区站	交通接驳站
	中央商务区站	一般站
	滨江站	一般站
15 号线	闻涛广场站	一般站
	沙滩广场站	一般站
	滨江站	公共中心站
	滨江东站	一般站
	新华街站	一般站
	浦新路站	一般站
	浦口火车站	综合交通枢纽站

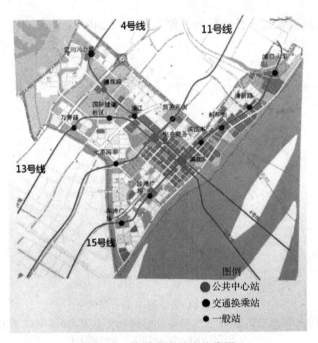

图 9-15　轨道交通站点分类图

资料来源：南京江北新区中心区(NJJBd010 单元)控制性详细规划，江苏省城市规划设计研究院编制的
江北新区的控制性详细规划，是法定教材

5. 停车设施布局方案

(1)规划划定三个路内停车严管区，分别为国际健康城、中央商务区、浦口火车站，如图 9-16 所示。对于禁停支路主要分两类：①三大组团划定的严禁路边停车的区域；②低密度开发的居住区以及居住区内部服务性支路。

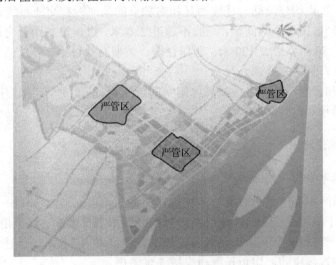

图 9-16　中心区禁停区划分示意图

资料来源：南京江北新区中心区(NJJBd010 单元)控制性详细规划，江苏省城市规划设计研究院编制的
江北新区的控制性详细规划，是法定教材

(2)中心区共规划设置 5 处路外公共停车场，约 2400 个停车泊位，如图 9-17 所示。

图 9-17　社会公共停车场布局优化图

资料来源：南京江北新区中心区(NJJBd010 单元)控制性详细规划，江苏省城市规划设计研究院编制的
江北新区的控制性详细规划，是法定教材

(3)建议落实"互联网+智慧停车"建设思路，建设核心智慧的停车云平台，建设一体化停车智能控制系统。

6. 慢行交通系统规划方案

(1)将步行交通网络划分为 3 个结构层次(图 9-18)：①现代城市景观步行轴，主要沿定山大街发展轴打造城市级的步行系统；②城市核心景观步行廊道，结合规划区内的青龙绿带，建设贯通中心区的休闲步行廊道；③滨江滨河景观步行廊道，充分考虑滨河景观节点的要求，重点构建流动、连续而又相对独立的滨河慢行交通系统。

(2)合理控制过街通道的间距，一般不超过 250 米。过街设施距公交站及轨道交通站出入口不宜大于 80 米，最大 120 米。距居住区、大型商业设施、公共活动中心的出入口不宜大于 100 米，最大 200 米。

(3)沿滨江和青龙绿带等多条线形休闲空间，结合自然景观与亲水空间，设置以健身、游憩功能为主的景观自行车道。

7. 交通系统设计

1)路缘石转弯半径

建议江北新区中心区路缘石转弯半径规定如下：

(1)干路与干路相交交叉口，路缘石转弯半径根据规范要求，可采用 10～15 米。

(2)支路与干路相交交叉口，路缘石转弯半径建议采用 7.5 米，且建议做切角处理，以保证交叉口的等候空间，切角长度建议按 5 米考虑。

(3)支路与支路相交交叉口，路缘石转弯半径建议采用 5 米。

(4)地块开口，开口转弯半径采用 3 米。

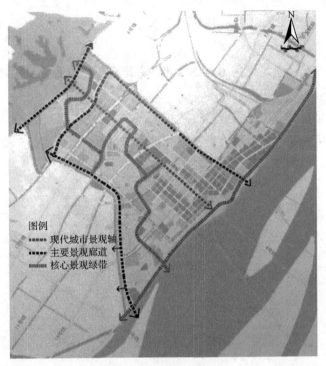

图 9-18　步行廊道规划图

资料来源：南京江北新区中心区(NJJBd010 单元)控制性详细规划，江苏省城市规划设计研究院编制的
江北新区的控制性详细规划，是法定教材

2) 交叉口与路段渠化设计

支路交叉口渠化设计，三种情况：

(1)支路交叉口双向通行，交叉口渠化段双向 3 车道，其中进口道 2 个，1 左转车道、1 直行加右转车道、出口道 1 车道。

(2)支路交叉口单行线相交，单行线交叉口渠化 3 车道，1 左转车道、1 直行车道、1 直行加右转车道。

(3)支路交叉口双向通行与单行线相交，双向通行交叉口渠化段双向 3 车道，其中进口道 2 个，1 左转车道、1 直行加右转车道、出口道 1 车道；单行线交叉口渠化 3 车道，1 左转车道、1 直行车道、1 直行加右转车道。

路段渠化设计，可考虑两种方案：①设置地块出入口左转车道。②地块出入口不设左转等待区。

3) 地块开口设置要求

支路交叉口转角侧端 15 米以内，机动车出入口、公交车站两端 10 米以内禁止开口。建议道路沿线地块与道路衔接处同标高，便于慢行空间共享。周边地块规划人行出入口处，道路应采用连续的路缘石、路内不设置开口。

4) 支路公交车站设计

公交车站距离交叉口人行横道线 15 米以上；车型形式建议采用直线式公交站台；车

站站台宽 1.5 米，条件受限时可采用 1～1.2 米。

5) 路边停车泊位设置建议

路边停车泊位尺寸建议采用 6 米×2 米的标准车位；位置建议距离人行横道线和机动车出入口 10 米。

6) 交通稳静化措施与建议

构建行人专用空间，在道路设置上限制机动车交通，限制机动车交通的进入。

第 10 章　江北新区商业布局及优化研究

10.1　江北新区商业发展现状

10.1.1　江北新区主要片区经济发展现状

江北新区的 GDP 总量已由批复前的 1435 亿元增长到 2017 年的 2212 亿元，累计增长 54.1%。特别是 386 平方千米的直管区，已经成长为南京优质经济资源的集聚区和创新增长的潜力区。2017 年，江北新区直管区的 GDP 达到 1068.96 亿元，占到南京市 GDP 的 9.12%，每平方千米创造 GDP 约 2.77 亿元，是南京市平均水平的 1.6 倍；同时，相对 2016 年，直管区 GDP 名义增长率达到 15.63%，高出南京市 GDP 增长速度 6 个百分点。

1）浦口区经济发展现状

2017 年全区实现地区生产总值 317.58 亿元，按可比价格计算，较上年增长 8.2%，增速较往年有所放缓。其中，第一产业增加值 40.20 亿元，同比增长 1.4%；第二产业增加值 78.42 亿元，同比增长 7.8%；第三产业增加值 198.96 亿元，同比增长 9.2%。

全区经济结构更侧重于服务业，三次产业比重依次为 12.7%、24.7% 和 62.6%，第三产业增加值占地区生产总值的比重超过 5 成。

随着江北新区建设的不断推进，商业载体项目陆续建设交付加快。全区的消费环境持续优化，居民消费层次升级，消费品市场稳健增长。2017 年，全区实现全社会消费品零售总额 52.40 亿元，比上年增长 11.3%，增幅在全市各区中领先。分行业看，批发和零售业实现零售额 42.96 亿元，同比增长 11.3%；住宿和餐饮业实现零售额 9.44 亿元，同比增长 11.3%。

区内象山路市民中心、龙华永辉等一批新型的商业项目投入运营，虹悦城项目开建在即，这些新型商业主体有力地提升了全区消费服务的层次。全区当年新增限额以上贸易企业（单位）12 家，限额以上企业总数达到 72 家。2017 年，限额以上企业（单位）全年总计完成消费品零售额 35.02 亿元，比上年增长 11.5%，占社会消费品零售总额的 66.8%。

2）六合区经济发展现状

2017 年，六合区全年实现地区生产总值 870 亿元，增长 7.8%；一般公共预算收入 108.26 亿元，增长 9.8%；全社会固定资产投资 535 亿元，增长 10%；社会消费品零售总额 420 亿元，增长 10%；城乡居民收入分别达 50200 元和 22500 元，分别增长 8.8% 和 9.1%。

产业结构逐步优化。规模以上工业总产值增长 5%，高新技术产业产值占规模以上工业总产值的比重达 46%，战略性新兴产业主营业务收入增长 12.5%。全社会研发经费支出占 GDP 比重达 3.2%，新培育"新三板"挂牌企业 5 家、主板上市企业 1 家。实现服务贸易 1.2 亿美元、实际利用外资 4.3 亿美元、外贸出口 92 亿元。软件和信息服务业主营业务收入 19 亿元，文化产业增加值占 GDP 比重提升 0.2 个百分点，旅游业增加值占 GDP 比重达 4.5%。生物农业实现产值 50.1 亿元，新增高标准农田 2.5 万亩、设施农业 4700 亩、设施渔业 3300 亩，新发展农业电商主体 35 家、实现销售收入 9 亿元。

3) 栖霞区八卦洲街道经济发展现状

八卦洲街道生态环境良好，凭借特色的洲岛风光、日渐便捷的交通和周边南京主城区域的高速发展为八卦洲旅游业发展提供了强劲动力，休闲旅游业成为八卦洲服务业发展重点之一。但目前街道旅游业呈缓慢发展态势，由于地方财力有限，街道完全依赖社会性投资的单个项目的开发建设难以形成气候，如曾火爆一时的沙漠风情目前已经停业。旅游服务设施建设滞后，2005 年后八卦洲没有大型的酒店等旅游服务设施建成，目前在建的柳林度假村由于种种原因也难以正常开张营业。

10.1.2　江北新区主要片区的商业设施发展现状

目前江北新区有 1 处桥北建材家居市场群；2 条商业街，分别为六合长江路商业街和长冲商业步行街；2 个二手车交易市场，分别为六合区鸿顺二手车交易市场和浦口区石佛寺二手车交易市场。

浦口区 2000 平方米以上大中型商业网点共有 42 处(表 10-1)，其中超市 4 处，市场 18 处，百货店 1 处，餐饮 11 处，专卖店 7 处、购物中心 1 处。主要集中在江浦街道、顶山、大桥北路、泰山街道、沿江街道上，其余分散在各街镇中，包括桥林、盘城、竹镇、乌江、永宁等地。浦口区 2000 平方米以上大中型农贸市场情况见表 10-2。

表 10-1　浦口区大中型商业网点(2000 平方米以上)一览表

序号	商业网点名称	地址	经营业态	营业面积/平方米
1	鼎业国际会所	文德东路 33 号	餐饮	2267
2	国美电器(南京桥北店)	大桥北路 24 号金盛国际家居 1 层	专卖店	4300
3	苏宁易购(大桥北路店)	大桥北路 48 号弘阳广场 A2 馆 1 至 3 楼	专卖店	4500
4	苏宁电器(金浦购物中心店)	文德路 3 号	专卖店	2400
5	星辰大酒店(盘城店)	盘城新街 188 号	餐饮	3400
6	江苏宝铁龙运通汽车有限公司	柳洲北路 2 号	专卖店	4100
7	华润苏果购物广场(金浦路店)	文德路 7 号	超市	4900
8	五星电器(南京江浦店)	中圣街 2 号	专卖店	3000
9	东东酒楼(宴春路店)	中圣北街 3-23	餐饮	2100
10	昌海大酒店	大桥北路 12 号	餐饮	2400
11	浦发大酒店	金盛田阳光青城 2 栋 401 室	餐饮	4000
12	凡星农贸市场	文昌路 17-18 号	市场	4600
13	浦口服装城农贸市场	浦珠中路服装城	市场	4700
14	南苑农贸市场	顶山街道吉庆村娄圩组	市场	3500
15	桥北农贸市场	大桥北路 12 号	市场	3200
16	沿江农贸市场(中心路)	泰冯路 98 号	市场	2800

序号	商业网点名称	地址	经营业态	营业面积/平方米
17	泰山庙市场	泰山庙东门	市场	4200
18	盘城农贸市场	盘城街道西侧	市场	2200
19	汤泉农贸市场	汤泉街道木星北路	市场	3500
20	石桥镇农贸市场	星甸街道新石路 55 号	市场	3000
21	乌江农贸市场	桥林街道故居路	市场	2500
22	桥林农贸市场	桥林街道西街	市场	2600
23	永宁镇农贸市场	永宁街道玉兰路 55-2	市场	3500
24	点将台农贸市场	大桥村 99 号	市场	4000
25	华润苏果购物广场(浦珠北路店)	浦珠北路 126 号澳林广场 B1	大型超市	6800
26	璞味食府(宴会店)	珍珠南路 91 号-6	餐饮	5000
27	明发珍珠泉大酒店	珍珠街 178-1 号	餐饮	6628
28	百安居	团结路 32 号附近	专卖店	7500
29	金盛国际家居(南京大桥北路广场)	大桥北路 24 号	专卖店	7700
30	华润苏果购物广场(华侨城店)	大桥北路 1 号华侨广场	大型超市	7800
31	南京珠泉农贸市场	江浦街道珠泉路 13 号	市场	6000
32	江苏欣彩农副产品批发市场	桥林开发区步月路 9 号	市场	6000
33	金浦购物中心	文德路 3 号	百货店	5100
34	浦东路菜市场	浦东路 5-1	市场	6680
35	澳林广场	浦珠北路 126 号	购物中心	21200
36	弘阳家居建材馆	大桥北路 48 号	市场	32000
37	南京苏宁威尼斯酒店	江山路京新 198-1 号	餐饮	13000
38	南京鼎业开元大酒店	文德东路 35 号	餐饮	28000
39	大吉温泉度假村	汤泉镇凤凰路 88 号	餐饮	40000
40	华侨广场	大桥北路 1 号	大型超市	14270
41	弘阳广场购物中心	大桥北路 48 号	市场	70000
42	万成生态园	石桥镇高庙村	餐饮	40000

表 10-2　浦口区大中型农贸市场(2000 平方米及以上)一览表

农贸市场名称	地址	营业面积/平方米
荷花塘菜场	沿山大道东 200 米	2000
南苑农贸市场	顶山街道吉庆村娄圩组	3500
城北农贸市场	江浦街道北门大街	5870
凡星农贸市场	文昌路 17-18 号	4600
南京珠泉农贸市场	珠泉路 13 号	6000
江苏欣彩农副产品批发市场	桥林开发区步月路 9 号	6000
浦口服装城农贸市场	浦珠中路服装城	4700
桥北农贸市场	大桥北路 12 号	3200

续表

农贸市场名称	地址	营业面积/平方米
沿江农贸市场(中心路)	沿江街道泰冯路 98 号	2800
浦东路菜市场	浦东路 5-1	6680
泰山庙市场	泰山庙东门	4200
盘城农贸市场	盘城街道西侧	2200
汤泉农贸市场	汤泉街道木星北路	3500
石桥镇农贸市场	星甸街道新石路 55 号	3000
乌江农贸市场	桥林街道故居路	2500
桥林农贸市场	桥林街道西街	2600
永宁镇农贸市场	永宁街道玉兰路 55-2	3500

六合区 2000 平方米及以上商业网点共有 45 处(表 10-3),其中超市 7 处,市场 21 处,百货店 4 处,餐饮 8 处,专卖店 5 处。主要集中在雄州镇上,其余分散在各街镇中,包括大厂,新篁新集、竹镇、八百桥镇等地。六合区 2000 平方米及以上大中型农贸市场情况见表 10-4。

表 10-3　六合区大中型商业网点(2000 平方米及以上)网点一览表

序号	商业网点名称	地址	业态特征	营业面积/平方米
1	金宁购物广场	长江路 1 号	超市	2000
2	御容山庄宾馆	雄州东路 272 号	餐饮	3000
3	凯旋假日大酒店(公园路店)	公园路 23 号	餐饮	2000
4	华宫大酒店	延安北路 3 号	餐饮	2000
5	六合商厦	雄州镇长江路 20 号	百货店	2500
6	新世纪大酒店(白果北路)	白果北路 8 号	餐饮	3200
7	龙扬大酒店	雄州南路 280 号	餐饮	2000
8	南京市大厂土特产品公司春秋商场	新华路 520 号	超市	2500
9	百姓人家	新华路 528 号	餐饮	2600
10	扬子宾馆	葛关路 688 号	餐饮	2500
11	永安大卖场有限公司	雄州街道白果路 1 号 1 幢	超市	2000
12	南京丽豪大酒店	雄州南路 1 号	餐饮	2000
13	国美电器(南京六合金宁店)	雄州镇长江路 1 号金宁乐活城 2 楼	专卖店	2000
14	苏宁电器(六合津路店)	龙津路 35 号	专卖店	2000
15	群星家具城	雄州街道泰山路 112 号	专卖店	2100
16	五星电器(大厂十村店)	葛关路 298 号永利购物中心 F3	专卖店	2000
17	横梁农贸市场	石源路 15 号	市场	2600
18	新篁农贸市场	市场路 25 号	市场	3600
19	瓜埠农贸市场	环山南路 15 号	市场	2500
20	马集镇北菜市场	人民路与 X001 交叉口西 100 米	市场	2000

续表

序号	商业网点名称	地址	业态特征	营业面积/平方米
21	苏皖边贸市场	新集西路 63	市场	4000
22	程桥综合贸易市场(毛庄街)	程桥中心卫生院北	市场	3600
23	晓山菜市场	大厂街道杨庄北村 28 栋	市场	2700
24	西厂门农贸市场	凤凰南路 373 号	市场	2000
25	扬子十七村市场	扬村路	市场	2000
26	新华市场	新华路 175 号	市场	3400
27	玉带农贸市场	六合区 702 县道	市场	2800
28	中山农贸市场(中心路店)	扁担沈路 50 号	市场	2000
29	樊集农贸市场	金牛湖环线中国邮政东 150 米	市场	2800
30	泰亿农贸市场	草芳路 3 号	市场	4000
31	龙池农贸市场	集群路 55 号	市场	2500
32	BHG-生活超市(大厂店)	新华路 108 号	超市	5000
33	大厂华联综合超市有限公司	新华路 108 号	大型超市	7000
34	五星电器(六合店)	雄州镇泰山路 2 号	专卖店	6000
35	六合中心农贸市场	环城东路 26 号	市场	7000
36	苏皖农副产品贸易中心	竹镇恃朗路	市场	6840
37	青龙农贸市场	八百桥镇八百大道 286-306 号	市场	8100
38	经久市场(新华东路店)	潘营路 4 号	市场	7100
39	仁和商城(泰山路店)	白果南路 1 号	百货店	20000
40	金年华广场	新华路 528 号	百货店	14000
41	苏果超市(紫晶国际购物中心店)	紫霞街 10 号紫晶国际购物中心 F3	超市	12000
42	金宁购物广场	长江路 1 号	百货店	30000
43	宝润家具建材城	雄州镇雄州东路 100 号	市场	50000
44	华润苏果购物广场(大厂店)	新华路钻石星城 1 楼	大型超市	13000
45	南京六合招商市场	雄州西路与龙池路交叉口北 100 米	市场	18000

表 10-4　六合区大中型农贸市场(2000 平方米及以上)一览表

农贸市场名称	地址	营业面积/平方米
刘家湖市场交易服务中心	六合区凤南街 88	2000
马集镇北菜市场	人民路与 X001 交叉口西 100 米	5000
四合集贸市场服务中心	冶山街道石柱林路 29 号	8000
程桥综合贸易市场(毛庄街)	程桥中心卫生院北	3600
新城市场服务中心	大厂葛中路	20345
钟家集市场	冶东线与钟黄路交叉口西南 50 米	3500
南京泰亿投资管理公司服务中心	大厂街道纬二路草芳社区	2000
王家田农贸市场	春和巷 8 号	3000
西门农贸市场	雄州沿河路西门菜场(复兴园东南 150 米)	2000

续表

农贸市场名称	地址	营业面积/平方米
青龙农贸市场	八百桥镇八百大道 286-306 号	5000
瓜埠农贸市场	环山南路 15 号	2000
玉带农贸市场	六合区 702 县道	2200
龙袍农贸市场	龙袍镇综合贸易市场	3200
欣乐市场	欣乐路 29	11000
中山农贸市场(中心路店)	扁担沈路 5	10000
长芦市场	长丰南路 12 号	10000
陆营市场	六合区长芦陆营市场	6000
经久市场(新华东路店)	潘营路 4 号	6000
新华市场	新华路 175 号	3000
扬子十七村菜市场	六合区扬村路	2000
东沟农贸市场	龙袍街道青芦线圆通速递旁	4000
新篁农贸市场	市场路 25 号	5200
钟林农贸市场	冶东线与钟黄路交叉口西 50 米	9600
横梁农贸市场	石源路 15 号	9292
马集农贸市场	飞天路与 203 县道交叉口西北 200 米	6000

10.1.3　江北新区商业布局存在的主要问题

1) 交通限制了江北新区承接江南商业溢出效应

南京的长江段宽约 1683 米，境内长度约 95 千米。江南、江北的通道有南京长江大桥、南京长江第二大桥、南京长江第三大桥三个；根据现行规划通道有纬七路过江通道、纬三路过江通道、大胜关铁路大桥、南京长江第四大桥；另外经规划确认的过江通道还有上元门过江通道、南京长江第五大桥、龙潭三江口过江通道等。过江通道总共有 10 条，通道间隔 6.3 千米，与世界其他跨江城市相比密度明显不够。另外，世界范围内跨越河道、山体等门槛发展的城市比比皆是。但为了跨越需要付出的用于交通联系通道建设的资金也是一笔可观的投入，需要雄厚的资金作后盾。南京的长江段约 1683 米，参照世界其他城市的建设密度，以 15~20 条过江通道计算；若按已实施工程，每处过江通道投入约为 30 亿元，需投资 450 亿~600 亿元。

2) 内部产业空间布局分散，商业聚集度低

观察区内各类产业的空间布局可以发现，江北新区的产业空间基本呈现散乱、主导产业缺乏统筹的状态。区内电子信息、生物医药产业遍地开花，外围地区机械加工、装备制造及纺织服装产业散落在各个街镇级的地方工业园内。如电子信息产业多分布在高新-大厂地区，生物医药行业则集聚于浦口经济开发区与老山附近。机械加工和装备制造多分布在西侧的桥林镇和东侧的六合区内。同时，市级研发平台也呈现空间散布状态。如紫金创新平台分别在六合区、化工园大厂片、高新区、浦口区四处；南京软件园还分成了东区和西区两个部分。研发平台多而散成为江北新区产业空间布局的一个短板。

3) 江北新区商业圈体量偏小

江北新区商业网点偏少，行业发展不健全，社区功能偏弱；商业业态还是以传统的店铺销售为主，综合型多专业型少，缺乏地域分工与地区特色的商业网点。如楼盘密集度最高、新增居住人口最多的桥北地区，常住人口超过 50 万，其中天润城、威尼斯水城、明发滨江新城、旭日爱上城等为大体量社区，人口更加集中，但是周边只有弘阳广场、印象汇、天悦城等项目，远远不能满足周边消费者的需要。

10.2　江北新区优化商业布局的支撑条件

10.2.1　社会经济环境层面

（1）人口规模。户籍人口比例较大、城镇化率较高。以 2012 年为例，江北户籍人口 151.96 万，占全市户籍人口的 23.80%；常住人口 168.70 万，占全市常住人口的 20.67%；城镇人口 98.44 万，占全市城镇人口的 15.11%；城镇化水平为 58.35%，低于全市平均水平（80.23%）。其中，浦口区户籍人口 59.49 万，常住人口 72.49 万，城镇人口 48.92 万，城镇化水平 67.49%；六合区户籍人口 89.25 万，常住人口 92.50 万，城镇人口 49.29 万，城镇化水平 53.29%；八卦洲街道户籍人口 3.22 万，常住人口 3.71 万，城镇人口 0.22 万，城镇化水平 5.93%。2017 年常住人口 180 万，占南京全市人口的 21.6%。

人口总体增长较慢。2006～2013 年南京各个地区历年常住人口变化表明，位于主城区和江南郊区的常住人口均高于江北地区，且 2009 年后人口增量多发生在江南郊区，江北地区虽有小幅上升，但是 2010 年之后基本保持稳定，近 3 年没有太大的变化。如果把江北新区与其他基本国家级新区进行比较的话，可以发现江北新区在 2007～2013 年的年均增长量仅为 2.3 万人，远远低于其他国家级新区，如浦东新区在 2006～2013 年的年均增长量达 12.5 万人，天津滨海新区年均增长量为 17.4 万人，而两江新区自 2010 年成立至今基本以每年 22.3 万人的速度在增长。综合以上，结合江北新区总体规划，预计到 2020 年，江北新区常住人口将达到 225 万～245 万人，城镇人口将达到 170 万～190 万人，城镇化率将达到 80%左右。

（2）经济基础。经过区划调整后，江北新区对南京市的总体经济增长贡献率大大提升。作为中国第 13 个、江苏省唯一的国家级新区，江北新区具有众多独特的发展优势，正成为中国最具投资价值的热土之一。从各区来看，江宁区、江北新区直管区、鼓楼区 GDP 总量均超 300 亿元，其中江宁区 GDP 总量最高，为 461.15 亿元，同比增长 7.8%。江北新区直管区和鼓楼区排名第二和第三，GDP 总量分别为 357.73 亿元、325.25 亿元。从增速来看，江北新区直管区、雨花台区、玄武区、栖霞区、鼓楼区增速超全市平均水平，其中，江北新区直管区增速最高，达到 11%；雨花台区和玄武区排名第二和第三。

按照江北总规确定的新区城乡空间结构，目前已构建"中心城-副中心城-新城-新市镇"的城镇体系，确定用地空间布局。同时，江北新区还聚焦集成电路、生命健康、新金融等新兴领域，明确"两城一中心"的产业定位，即打造中国的"芯片之城"、"基因之城"和新金融中心。

"芯片之城"。首期投资 30 亿美元的台积电(南京)公司 12 英寸制造项目正式量产，ARM(英国)、Synopsys(美国)等百余家集成电路产业上下游企业集聚江北新区，国内排名前十的集成电路设计企业有一半以上落户江北新区，初步形成芯片设计、制造、封测和配套材料、设备生产的完整产业链，力争到 2020 年达到千亿规模。

"基因之城"。江北新区承接国家级的健康医疗大数据中心及产业园建设试点工程，已建成亚洲最大的基因测序基地，年测序量超 50 万人次；建成计算速度全国第四的超算中心，已集聚包括深圳华大基因股份有限公司、世和基因、先声药业等在内的 700 多家生命健康企业，2018 年产值超 600 亿元。

新金融中心。江北新区与上海等传统金融中心形成错位发展，摆脱传统金融业发展模式，主要发展金融资产管理、股权投资、金融科技、保险创新等新金融业态，目前，集聚了注册资本 120 亿元的工银金融资产投资有限公司等 20 余家新金融机构和 80 余支基金，认缴规模超 2000 亿元，到 2020 年资金规模将超万亿。

这些高附加值的产业规划与发展显著影响人口增长幅度，带动高收入、高学历、高素质"三高"人群加速集中，商业潜力巨大。

(3)城市影响力。南京连续多年入选福布斯"中国大陆最佳商业城市"榜单；拥有被誉为"中华第一商圈"的新街口商圈。无论是商业规模商场品质还是商场销售业绩，南京排名均在国内前列。近些年来南京商业发展在原有基础上不断拔高，商业中心也由原有的传统商圈向外扩散，商业布局正在重新洗牌，分成新街口、江北、河西和城南四个市级商业中心(表 10-5)。按照国家对南京作为东部地区重要中心城市、长三角特大城市以及全国性商贸物流重要节点城市的发展定位和要求，南京将会建设成为辐射东部、服务全国、面向世界的国际化消费中心和全球性商品区域集散中心。

表 10-5　南京商业中心一览表

序号	名称	规划定位	规划策略
1	新街口	具有国际影响力的现代综合性商业中心	强化其在长三角地区乃至国际的商业影响力
2	江北	国家级新区的商业主中心和都市级滨江特色商业中心	国家级新区的形象展示窗口，增强对苏北、皖北地区的辐射带
3	河西	南京主城西部高档次、多功能的重要市级商业中心	促进商业设施的适度集聚和业态多元化发展，提供河西中区高端商业配套服务
4	城南	南京主城南部的市级商业中心和枢纽型商业中心	加强商贸、商务功能与交通枢纽的复合化布局，建设枢纽型商业中心

资料来源：根据公开资料整理

10.2.2　基础设施层面

(1)打造南京北站枢纽、加速推进相关衔接铁路建设。目前南京江北新区有 1 条高速铁路、1 条城际铁路、2 条普速铁路及若干条铁路专用线过境，铁路站等级普遍不高，以铁路货运功能为主、客运功能薄弱，在对外运输中承担功能有限。未来随着南京铁路环形枢纽的形成，江北新区铁路设施的发展潜力较为巨大，江北新区将形成由 5 条铁路客运专线、5 条普速铁路、6 座铁路客运站及 12 座铁路货运站构成的铁路网络布局，而南京北站作为南京三大客运站之一，将是重塑江北新区宏观区位、引导城市空间结构性调整和提升城市活力的战略性交通枢纽。因此近期应着力打造南京北站枢纽、加速推进相关衔接铁路建设。规划到 2020 年，江北新区将建设形成 3 条高铁、1 条城际铁路、1 座高铁站和 5 座城际铁路站的客运铁路网络主骨架。

(2)有序推进江北机场建设，优化至禄口机场间的交通联系通道。江北新区未来将拥有浦口直升机机场和六合马鞍机场两座机场。其中，六合马鞍机场位于雄州组团西北，近期为军用机场、远期规划为 4E 级军民合用机场，目前该机场已投入运营。浦口直升机机场由南京江宁搬迁至江北新区桥林片区。因此江北新区机场枢纽发展策略应注重近远期差别，近期应着重优化江北新区至禄口机场间的交通联系通道、保障基本的民用航空需求，远期应预留六合马鞍机场军民合用、功能转型的可能性。规划近期应有序推进浦口直升机机场建设计划。

(3)形成强有力的公路网系统。江北新区内部公路网建设，强化江北新区与滁州、和县方向对外联系通道。其中，"两横"是指六合北部干线和六合中部干线；"两纵"是指六合东部干线和六合西部干线；"八射"是指江北沿江高等级公路(扬州方向)、扬滁公路 G328(扬州方向)、金江公路 S247、宁淮公路 G205、宁滁公路 G104(S422)、宁滁公路浦合复线、宁乌公路 S124 和江北沿江高等级公路(乌江方向)。

(4)江南江北的轨道逐渐被打通。江北新区城市轨道交通的功能定位为作为南京整体轨道线网的组成部分，主要承担江北与江南之间的快速联系和沟通以及江北内部组团即桥林、浦口、高新—大厂、雄州之间的快速联系，支撑城市空间的拓展和承载主要客流走廊交通。江北新区轨道交通线网结构应从目前的"轨道末端组织模式"向"轨道枢纽组织模式"转变，并遵循两个规划原则，即构建江北新区主要城市中心与江南主要中心间的直达线路，江北新区内部各片区中心 1 次轨道换乘可达。规划远期江北新区轨道交通线网由 12 条线路组成，线路总长 220 千米，线网密度达到 0.57 千米/千米^2。近期一方面继续强化江南和江北的轨道联系，另一方面争取形成江北内部贯通的轨道线路。

10.2.3 文化资源层面

江北新区含六合区和浦口区，历史悠久、底蕴深厚。六合古称棠邑，在距今约 1 万年前就有原始氏族村落，西周灵王元年(公元前 571 年)置邑，是中国最早建城的城邑之一，素有"京畿之屏障、冀鲁之通道、军事之要地、江北之巨镇"之称，是"天赐宝、中华一绝"雨花石的故乡，是中国民歌《茉莉花》的发源地。

浦口元代为浦子市，也称浦子口，明洪武四年(1371 年)建浦子口城(原浦口区内东门、南门范围)，是捍卫明都的驻军重镇。老浦口在历史上的名称沿革变化频繁，老浦口由三镇组成，即浦口镇、东门、南门镇，三镇相互联系。民国 17 年(1928 年)，老浦口改名为浦镇区，是当时南京的第一大镇和南京江北的经济与行政文化中心。1949 年，江浦县所属的浦镇、东门镇划归南京市，与原浦口并建为南京市两浦区。1955 年改名浦口区，由于老浦口历史上曾为浦镇区，因此如今浦口的东门镇、南门镇也常被当地居民称为浦镇东门和浦镇南门。创立于 20 世纪初的浦镇车辆厂坐落在浦镇南门，是我国著名的制造铁路客车、城市轨道交通车辆的大型骨干企业。浦镇东门是南京现存建制最完整，面积最大,保存古建筑最多,历史遗迹最丰富的古镇。江北新区文化资源丰富,并且具有一定的历史延续性。现状不仅保留有六合老城、浦子口城、江浦老城等传统老城格局,外围村镇如竹镇镇、东王村、八百桥青龙街、龙袍老街、瓜埠镇、汤泉镇、桥林镇等还留存重要的历史街区和古镇古村。

此外,江北新区涵盖了不同时代的文化特色,既有古代的城池街区、古镇古村,也有近现代的民族工业、民国遗风。每个城市都有自己的历史,每个地区都有自己的记忆,空间规划与设计应加强对场所历史的尊重,延续城市的记忆,让生活在这片土地上的人们能感知到地域的历史文化魅力,增强地域认同感。

10.2.4 创新层面

(1)从高新技术产业发展来看,2018 年前 9 个月全市高新区(园)实现高新技术产业产值 5875.69 亿元,占全市比重达到 76.3%,产业规模呈现良好发展态势。总量前 3 位依次是南京高新区(江北新区)、南京高新区(江宁开发区高新园)和南京高新区(新港高新园)。浦口高新区、六合高新区和麒麟高新区由于原有产业基础相对薄弱,在全市高新区(园)中产值居后。

(2)从企业研发投入来看,2018 年前 9 个月全市高新区(园)实现企业研发投入 174.88 亿元,较上季度增加 57.1 亿元,研发经费投入力度稳步提升,有力促进园区产业竞争力提升,推动园区高质量发展。总量前 3 位依次是南京高新区(江北新区)、南京高新区(江宁开发区高新园)和雨花台高新区。从科技成果产出来看,全市高新区(园)实现发明专利申请 16980 件,较上季度增加 7355 件,科技成果产出能力不断提高,专利申请结构不断优化。总量前 3 位依次是南京高新区(江宁开发区高新园)、南京高新区(江北新区)和江宁高新区。

除高新技术产业发展和研发投入有一定提升外,江北高新区还有一个得天独厚的创新资源:高校资源丰富。南京是国家唯一的科技综合体制改革试点城市,拥有高校 53 所、省级以上研究机构 600 多个、在校大学生 70 多万、两院院士近百人、国家“千人计划”特聘专家近 200 人、万人发明专利拥有量 25 件,每万人中大学生数量超过 980 人。江北新区现有各类科技创新平台和工程技术中心百家。这些资源都是江北新区不可或缺的,会成为江北新区发展的助推剂。江北新区分布有南京农业大学、南京工业大学、南京信息工程大学、南京审计大学等 15 所高校,涵盖了理工、医、经济、管理、军事等学科门类,拥有包含 9 名院士在内的 2.3 万人的师资力量,在校生总规模达 16.22 万人。

10.3 江北新区优化商业布局的对策建议

商业空间结构是否合理,是否地尽其用,将影响到城市聚集经济效益是否最大化。从某种程度上代表着这个城市能级人口的快速增长,代表着消费的高度需求,区域内的商业配套自然也要跟上步伐,否则必然造成强烈需求和难以满足的“冲突”,导致区域居民对整体区域的不舒服感和不认可感。纵观整个江北新区,无论是江浦商圈、桥北商圈,还是六合商圈,大量的人口涌入,已造成现有的商业配套远远跟不上消费需求。

10.3.1　江北新区商业布局优化原则

新的发展机遇下，江北新区应从自身发展基础与区域定位出发，实现商业布局从传统向现代、从分散向集聚、从低端向高端的转型发展，增强辐射力和影响力，在江北新区商业布局优化调整过程中，应遵循如下原则：

(1) 整体协调，优化布局原则。从整体视角出发，联系江南江北、自身实际，逐层分析，环环相扣，以商业空间整体的协调发展作为目标，把握发展趋势，顺应市场发展需求，提出优化布局方案，以指导商业布局的优化调整。

(2) 错位发展，特色引导原则。对不同发展能级的商业空间提出有针对性的发展方案，明确并强化各区域功能定位，避免商业空间趋同与重构；同时突出自身优势、坚持特色发展，从而构筑特而强的商业资源，形成以特色兴优势、以优势保发展的良性循环。

(3) 围绕轨道站点，实施 TOD 模式。TOD 模式是以公共交通为导向的综合发展模式，集工作、商业、文化、教育、居住等为一体的"混合用途"城区，强调多功能空间交互，追求公共设施高效利用，实现居住、商业、办公、休闲、娱乐等多功能融合，满足人们对生活和环境的多样化追求。

(4) 以人为本，宜业宜人原则。以人为主是商业空间可持续发展的客观要求，人与商业空间具有互利互惠的关系，人为商店带来利润、商店为人提供所需物品或服务，所以商业空间的布局应以人的分布为重要考量，形成"商使人便，人使商兴"的良性循环。

10.3.2　江北新区商业布局优化对策

1) 整体协调，优化布局

(1) 利用大数据精准定位聚客点，优化现有商业布局。商业布局与人的日常活动时距密切相关，中心服务体系的形成是人群密集活动的外在显现，因此空间结构确定过程离不开对人的需求、活动规律的分析解读。商业布局的优化可以采用大数据分析手段，如利用新浪微博签到数依照时间先后顺序进行连线获取人群活动路径，以此解析江北新区居民的活动规律，进行相应的商业布局与优化。此外与南京江北新区大数据管理中心进行数据共享，作为承载建设江北新区数字城市的职能部门，拥有从地下建设开始，物理城市所有的建筑、道路、设施以及物件、事件都有相应的数字虚拟映像，从而实现从规划、建设到管理的全要素、全过程的商业布局规划数字化。

(2) 匹配江北新区的发展规划，进行前瞻性的商业布局设计。江北新区设立的定位是作为华东面向内陆腹地的战略支点，规划拥有便捷的公路、铁路、水路和航空枢纽，是长江经济带与东部沿海经济带的重要交汇节点，长三角辐射中西部地区的综合门户，南京北部是连接中西部的重要区域。目前各大项目都在陆续推进，到 2020 年南京力争建成南京长江第五大桥和浦仪公路跨夹江通道，完成南京长江大桥维修改造，开工建设和燕路过江通道、建宁西路过江通道、仙新路过江通道。而各个区域又有自己的发展空间，如江北新区重点建设"江北中心板块"，高新区重点落实"知识创新、科技创新"两大板块；化工园重点发展"长芦园区、西坝园区"两大产业高地；浦口区重点发展"桥林新城""老山休闲板块";六合区则重点打造"六合副中心板块"。因此,需要在此基础上根据江北新区整体发展规划以及各个区域板块空间定位,进行前瞻性的商业布局。

2)错位发展,特色引导

(1)各商业设施结合功能布局和交通体系统筹发展,形成服务不同定位的网络体系。根据江北新区总体规划要求,商业服务业布局以城市公共活动中心为主要载体,构筑城市(副)中心、地区(新城)中心、居住社区(新市镇)和基层社区(村)四级商业中心体系。城市(副)级商业中心具有区域辐射功能,应加强辐射范围较大的生产性服务业和商业金融业设施建设;地区(新城)级商业中心、居住社区(新市镇)级商业中心和基层社区(村)级商业中心以服务本地居民为主。按照江北新区"一主一副城市中心+地区中心+居住社区中心+基层社区中心"的中心体系规划内容,分级布局商业服务业设施。积极建设江北城市商业中心,布局大型购物中心、高档百货店、精品专卖店和专业店等多层次、多类型的商业服务设施,融合文化娱乐、休闲体验等业态,集中培育商务功能,打造区域性商务服务中心。六合城市商业副中心以既有金宁广场、紫晶广场及雄州站周边商业为基础,打造城市级商业中心,服务六合及其周边地区。地区中心按照《南京市公共设施配套规划标准》,服务人口 20 万~30 万人,服务半径 2~3 千米。规划形成高新、大厂、北站、桥北、珠江、三桥、桥林、龙池、龙袍 9 个地区中心。地区中心为居民提供门类齐全又有选择的一般生活服务项目。社区中心指为 3 万~5 万人的居住社区配置的公共服务中心,服务半径 500~600 米,为居民提供较为综合、全面的日常生活服务项目。根据江北新区用地特征,将社区中心分为居住型、研发型、工业型、城市中心型 4 类共 72 个社区,社区中心提供基础性商业服务设施。基层社区是由城市支路以上道路围合、服务半径 200~300 米的城市最小社区单元,人口规模为 0.5 万~1 万人,3~6 个基层社区构成居住社区。

(2)各片区加快城市中心建设。以浦口、高新—大厂、雄州三大组团为中心,重点提升商贸、枢纽、文化等城市功能,加强城市设计,加强对天际线、山际线和滨水线的管控,体现江北新区地域特色、人文元素和时代风貌。浦口组团加快形成滨江特色鲜明的公共活动中心,结合老山南侧地区高教资源,加快产学研一体化发展,提升三桥地区整体科技研发与创新能力。加强老山和绿水湾等生态资源的保护,严格遵守生态核心区周边地区的相关开发建设与控制要求,建立生态休闲功能为主的滨江风光带。高新—大厂组团加快形成北部居住综合区、中部科技研发区、南部居住综合区、老山生态旅游区、中山科技园及紫金特区、北斗卫星导航及生物医药基地六个片区,在北部居住综合区、南部居住综合区建设地区级中心。雄州组团加快建设北部城市中心,成为江北新区向北部、东部周边地区辐射的区域中心和重要的新兴产业基地。

3)围绕轨道站点,实施 TOD 模式

(1)利用 TOD 模式引导商业布局。轨道交通具有大运量的特点,能为其周边商业带来巨大人流。诸如北上广深等一线城市,已经有轨道交通综合体开发的典范,如上海龙之梦、北京来福士等都是非常成功的交通枢纽型商业地产。而随着经过江北中心区的南京地铁 4 号线二期、11 号线一期工程启动建设,江北地区轨道交通纵横交错将初步呈现网络化运营，与其配套的商业地产开发也将得到蓬勃发展。关键是如何在这片轨道交通商业的沃土上开花结果，通过 TOD 来提升轨道交通商业综合体的品质与收益。另外 TOD 采用组团式的发展方案能够避免"老城区与中心城区的过度集聚，出现居住功能疏解到外围，而消费购物还留在老城"的现象，其中最为关键的地铁等轨道交通，更是进一步加速组团式的城市布局扁平化，以及以前处于城市核心组团边缘地带的周边物业的价值得到提升，最终形成消费者与商业空间的联系。

(2) 按照商业业态的具体情况进行空间布局优化。在商业布局应按照空间所承担的商业业态进行空间层面的更新，这样按照未来业态状况进行更新产生的商业布局可以适应其未来商业业态的需求。另外在商业布局更新时也要考虑片区文化背景，充分展示片区商业空间特性，同时对文化的保护也提升片区商业活动的质量和等级，从而深化空间文化底蕴，提高商业质量和消费水平，达到文化氛围塑造与商业收益相得益彰的局面。

4) 以人为本、宜业宜人

(1) 营造"宜业"环境。在江北新区角色定位的基础上，有序开放金融、教育、文化、医疗等服务业领域，放开育幼养老、商贸流通、电子商务等服务业领域，推动优良营商环境快速构建，推动设立自由贸易试验区，建立法治化、国际化、便利化的营商环境，促进国际资源进一步向江北新区集聚。加快口岸服务功能平台建设，积极推动设立新区综合保税区、保税物流中心。大力扶持西坝和七坝港区企业码头扩大开放。推动建设口岸监管机构集中办公的江北国际航运综合服务中心。充分发挥海关、检验检疫等垂直管理部门在推动市场采购、跨境电子商务、全球维修等新型贸易方式方面的职能作用。加快推进航空口岸功能向江北新区延伸，为高端客商出入境和外贸货物进出口提供便捷快速通道。优先保障港区建设和项目所需用地。对进入临港产业用地的重点项目给予政策支持。不断完善港区金融保障机制，推动建立发展专项基金，为企业提供多渠道的融资服务，打造成熟的临港产业链。

(2) 营造"宜人"环境。江北新区采取"多中心、开敞式、轴向、组团"发展，符合世界大城市发展潮流，也符合自身发展条件。这种城市空间结构使得江北新区尺度宜人，且整体运行效率较高。江北新区功能逐渐完善，发展相对独立，已逐步形成城市的反磁力中心，实现对主城的疏散。因此，江北新区具有建设宜居区域的条件，通过组团式城市空间结构的宜人尺度感和整体运行效率，能够有效克服大城市病。

第三篇　人　才　篇

第十二章 入门篇

第11章　江北新区集聚海外高端人才调查研究

11.1　江北新区人才发展现状

江北新区成立以来，直管区人才工作在新区党工委、管委会的领导及市人才办、市人社局、市科委的悉心指导下，紧紧围绕"三区一平台"战略定位，聚焦江北新区"4+2"现代产业体系，以国家、省市重点人才工程为抓手，加快构建更具竞争力的人才集聚制度和创新创业环境，为将江北新区打造成为全省未来创新的策源地、引领区、重要增长极提供智力支撑和人才保障。

为集聚高端人才，江北新区制定了一系列的政策措施，包括《南京江北新区研发机构引进培育支持办法(试行)》、《南京江北新区加快建设扬子江新金融集聚区的若干意见(试行)》和《"创业江北"人才计划十策》等。

截至2018年1月，江北新区直管区内已经累计引进两院院士15人(含柔性引进)，集聚培育国家"千人计划"人才67人，"万人计划"人才2人，入选江苏省"双创人才"47人、"双创博士"52人、"双创团队"4个，入选省"333工程"人才36人，入选省"六大人才高峰"计划人才21人，集聚科技顶尖专家5人，培育科技创业家、创新型企业家58人，引进领军型科技创业人才、高层次创业人才556人，入选南京市"高端人才团队"21个，区级高层次创业人才计划入选178人。

本章主要研究江北新区海外高端人才集聚问题，从理论上探究江北新区海外高端人才集聚的影响因素及其内在机理，分析江北新区集聚海外高端人才的促进因素和制约因素；研究典型地区集聚海外高端人才的成功经验及存在的问题，分析制约江北新区海外高端人才集聚的体制机制障碍，探究其中的内在原因；从大力实施人才工程、建设一流人才载体、营造良好科研氛围、改善工作生活条件等方面，构建提升江北新区海外高端人才集聚的政策体系。

用最新的国际国内的实践事实对江北新区海外高端人才集聚问题进行研究，分析江北新区海外高端人才集聚的影响因素及其内在机理，查找制约海外高端人才集聚的体制机制障碍，探究其中的内在原因。形成相对系统的研究体系、探索新的研究路径和方法，是对人才理论的丰富与发展。

在理论研究、案例研究，并借鉴其他新区经验和做法的基础上，提出提升江北新区海外高端人才集聚的路径和政策建议。研究成果对于江北新区建设自主创新先导区和具有全球有影响力的产业科技创新中心重要基地，集聚海外高端创业创新人才，推进高端人才引领，大力实施创新驱动，促进产业转型升级，具有一定的借鉴意义。

11.2　江北新区海外高端人才现状调查

11.2.1　问卷调查及分析

1) 样本选取与基本情况

本书将调查对象界定为江北新区引进的海外高端人才，调查采取匿名形式，鼓励调查对象认真填写以维护自己的切身利益，也便于调查人员获取最真实和最鲜活的第一手资料，从而保证问卷的回收质量。通过问卷分析之后发现，本书研究样本的人口统计数据具有鲜明的特点，在一定程度上反映了江北新区海外高端人才的结构性特征。

2) 高端人才引进现状分析

一是海外高端人才的寻职模式较为单一。调查发现，35.8%的海外高端人才是通过政府推荐或联系找到现职工作的，24.2%是通过大学推荐或联系找到现职工作的；由此可见，政府及大学推荐或联系是海外高端人才的主要寻职方式。但是，海外高端人才的寻职方式仍然带有明显的传统模式，如依赖血缘或血缘关系；调查显示，有 25.3%的海外高端人才是通过朋友或亲戚推荐与联系的。而仅有 9.5%的高端人才是通过公开招聘找到现职工作，4.2%是通过企业合作，1.0%是通过猎头公司。而发达国家的经验表明，公开招聘、企业合作和猎头公司才是更为公平与开放的人才引进方式，这说明引进海外高端人才的寻职模式市场化程度不高，这在一定程度上限制了一些海外高层次人才回国发展。这就意味着在以后引进海外高端人才过程中，应充分利用市场化寻职模式来获取海外高端人才。

二是我国海外高端人才回国发展的动力机制趋于完善。调查显示，38.6%的海外高端人才到江北新区发展是因为江北新区处于高速发展期，发展机会更多；26.9%是因为报效祖国，为祖国的科研事业出力；而亲情友情和归属感的比例相对较少，分别为 19.7%和11.7%。排名最后的为中国和地方文化的吸引，比例仅为 3.1%。这说明新区海外高端人才回国发展的动力机制趋于合理和完善，在实现个人利益最大化的同时，也为祖国科研事业的发展贡献力量。

三是海外高端人才回国发展的考虑因素趋于合理。调查发现，吸引和留住海外高端人才的要素当中，排在前三位的分别是个人发展机会(29.7%)、科研平台建设(21.5%)和人才引进政策(19.1%)；随后是单位发展前景(13.8%)和薪酬福利水平(10.7%)；最后是便利家庭生活(3.7%)和领导重视(1.5%)。这表明海外高端人才更为看重自己事业的未来发展机会和科研平台建设，以及当地对于人才引进政策的支持程度。由此可见，海外高端人才回国发展时考虑更多的是未来的发展，考虑因素更加趋于合理和长远。这就意味着对于海外高端人才而言，能否提供一个良好的科研发展平台，远比能否解决与他们相关的家庭问题更为重要。调查显示，薪酬福利水平对人才流动的影响程度不高，这可能是因为在海外引进过程中，人才引进政策已经包含相应的经费资助和福利待遇，从而使得海外人才对于薪酬福利的看重度相对较低。

四是江北新区从事科研工作的优势较为突出。调查显示，在江北新区从事科研工作的优势当中，排在前三位的分别是科研经费充足(28.4%)、政策完善(24.7%)和科研配套设施齐全(22.1%)；其次是领导重视(9.6%)和团队能力强(7.7%)；最后是薪酬和福利待遇高(4.1%)和学术氛围宽松自由(3.4%)。由此可以看出，科研经费充足、政策完善和科研配套设施齐全是江北新区从事科研工作的主要优势，这主要是因为江北新区政府高度重视科研工作，制定了一系列科研政策和配套措施，并持续增加科研经费投入。

五是超过半数以上的海外高端人才认为科研或工作压力比较大。调查显示，53.7%的海外高端人才认为科研或工作压力比较大，23.1%认为科研或工作压力非常大，17.8%认为科研或工作压力一般，而仅有5.4%认为科研或工作压力比较轻松。这说明大多数海外高端人才仍然面临着比较大的科研或工作压力。这主要是因为国内一些学者的科研能力也非常强，对海外高端人才的科研工作带来了竞争效应。如果海外高端人才享受非常好的福利待遇，而几年下来却没有做出什么高质量的科研成果，不但会被本土学者看不起，还会面临着非常大的工作压力。因此，海外高端人才往往面临着比较大或非常大的科研工作压力。

六是国内影响海外高端人才科技创新的因素分布不均衡。调查显示，在影响海外高端人才科技创新的因素当中，排在前三位的分别是缺乏团队支撑或团队力量弱(22.7%)、科研激励机制不健全(19.5%)和资料缺乏或技术创新信息缺乏(16.0%)；其次是科研评价机制不完善(12.2%)、科研平台或硬件条件差(9.8%)和缺乏科研学术氛围(7.3%)；最后是学术交流不够(4.2%)、科研经费投入不足(3.8%)、领导创新意识不强(2.8%)和科研工作时间无法保障(1.7%)。由此可以看出，团队支撑缺乏或团队力量弱、资料缺乏或技术创新信息缺乏以及科研平台或硬件条件差是影响江北新区海外高端人才科技创新的重要因素；科研激励机制和科研评价机制的不健全和不完善也会极大地影响海外高端人才科研工作的积极性，制约了海外高端人才的科技创新工作。而科研经费投入不足、创新意识不强和科研工作时间无法保障等因素对海外高端人才的科技创新工作影响较小。因此，修订和完善科研激励机制及科研评价机制可以有效地帮助海外高端人才从事科研工作。

七是海外高端人才生活压力的来源较为集中。调查显示，在海外高端人才生活压力的来源当中，排在前三位的分别是经常出差不能和家人在一起(31.2%)、工作压力大导致身体出现问题(29.1%)和配偶工作调动与就业问题(20.5%)；其次是配偶及子女的医疗保险问题(7.1%)和子女升学与就业问题(5.7%)；最后是住房和生活条件差(3.8%)及工资待遇偏低(2.6%)。由此可以看出，经常出差不能和家人在一起、工作压力大导致身体出现问题、配偶工作调动与就业问题、配偶及子女的医疗保险问题、子女升学与就业问题是我国海外高端人才面临的主要生活压力，而住房和生活条件、工资待遇对我国海外高端人才造成的生活压力较小。因此，切实解决好配偶及子女的就业、医疗保险，以及子女升学问题可以显著缓解我国海外高端人才的生活压力，政府和相关单位可以在这些方面着力突破。

八是海外高端人才对目前工作的满意度较高。调查显示，23.2%的海外高端人才对目前的工作很满意，54.7%比较满意，15.8%基本满意，5.3%不太满意，1.0%很不满意。这说明大多数的海外高端人才对目前工作的满意度较高，可以全力以赴地投入到创新创业工作中去；但还是存在需要进一步修改和完善的地方，使得更高比例的海外高端人才对目前的工作更为满意，从而全身心地投入到工作中去。

九是我国海外高端人才对自己目前的生活状况满意度比较高。调查显示，18.8%的海外高端人才对自己目前的生活状况很满意，56.1%比较满意，21.3%基本满意，3.2%不太满意，0.6%很不满意。这说明虽然海外高端人才面临着一定的生活压力，但绝大多数的海外高端人才对自己目前的生活状况满意度比较高，这在一定程度上说明国家制定的人才引进政策得到了有效落实，较好解决了我国海外高端人才的生活问题。

11.2.2　江北新区集聚海外高端人才的优势

1) 人才政策全面

江北新区政府高度重视海外高端人才的引进工作，出台了力度较大的人才引进政策（表 11-1）。通过制定并实施这些各具特色的人才引进计划，完善人才政策体系，加强创业载体建设，多渠道引进海外高层次人才，为海外高端人才的集聚提供了政策保障。调查显示，绝大多数的"千人计划"高端人才对此次人才引进工作的满意度比较高。

表 11-1　江北新区部分人才政策

政策措施
南京江北新区促进创新创业十条政策措施
南京江北新区科技服务机构引进培育支持办法(试行)
南京江北新区高新技术企业培育支持办法(试行)
南京江北新区科技企业孵化器及众创空间奖励办法(试行)
"创业江北"人才计划十策
南京江北新区研发机构引进培育支持办法(试行)

资料来源：根据公开资料整理

2018 年 3 月 16 日，为深入贯彻实施"创业南京"人才计划，加快南京江北新区人才高地、创新高地、产业高地建设，努力实现成为全省未来创新的策源地、引领区、重要增长极目标，结合江北新区人才工作实际，制定《"创业江北"人才计划十策》。提出了全面实施"创业江北"人才计划，重点引进顶尖人才团队、集聚科技顶尖专家、培育创新型企业家、引进高层次创业人才、引领青年大学生创业、支持企业引才，构建从金字塔尖到塔基的全方位人才政策体系，必将为江北新区的海外高端人才引进和集聚发挥巨大的政策效应。

2) 江北新区产业布局合理，发展机会充分

江北新区的发展目标是：自主创新先导区，即充分发挥苏南国家自主创新示范区的引领带动作用，着力打造宁镇扬乃至全省创新的策源地和引领区；新型城镇化示范区，即坚持走以人为本、四化同步、优化布局、生态文明、文化传承的中国特色新型城镇化道路，用最先进的理念和国际一流的水准进行城市设计，打造标杆工程，建设绿色、智慧、人文、宜居新区；长三角地区现代产业集聚区，即加快经济转型升级，建设长三角地区具有较强自主创新能力和国际竞争力的现代产业集聚区；长江经济带对外开放合作重要平台，即抓住国家实施"一带一路"倡议和长江经济带建设重大战略机遇，打造江

海联动、铁水联运、对接国内外的综合性开放平台，促进长三角城市群与长江中游城市群、皖江城市带等长江中上游地区的协同合作。

对江北新区的准确定位和良好的发展机遇正是吸引高端人才集聚的基础条件。调查显示，江北新区正处于高速发展期、回国发展机会多、产业布局合理先进是高端人才回国发展，在江北新区创新创业的最重要原因。

3) 创新平台建设完善

江北新区深入实施市委市政府创新驱动"121"战略，加快建设自主创新先导区和示范区，助推全市具有全球影响力创新名城发展，加快引进和培育各类科技创新平台，提升区域自主创新能力。对入驻江北新区的新型研究机构和认定的各类企业创新平台，从资金等方面给予相应的支持。江北新区的建设和发展需要引进一批拥有自主知识产权或掌握核心技术、具有海外自主创业经验、熟悉相关产业领域和国际规则的海外高层次创业人才，从而打造高新技术企业、新兴产业企业的创业孵化培育基地。因此，创新平台成为人才集聚载体，为海外高端人才回国发展提供了充足的施展舞台，对海外高端人才回国发展也具有一定的吸引力。

为完善创新平台建设，相应的支持政策主要有：对通过南京市备案的新型研究机构，一次性给予 500 万元奖励；对新落户新区的江苏省产业技术研究院专业研究所，一次性给予 500 万元支持；对新型研究机构同时符合通过南京市备案认定和列入江苏省产业技术研究院专业研究所序列的，不重复享受该奖励。对江苏省产业技术研究院专业研究所实施并落户新区的重大产业技术研发项目获得江苏省产业技术研究院支持的，按其获得的支持力度，给予 1∶1 的配套经费支持。对获得省、市绩效奖励的新型研究机构，给予其获得的省、市绩效奖励资金 10% 的附加奖励。

对新获批或新落户的国家实验室、国家重点实验室、国家工程研究中心、国家技术创新中心、国家临床医学研究中心、国家企业技术中心、国家制造业创新中心、国家产业创新中心给予 500 万元支持；对新获批或新落户的省级重点实验室、省级技术创新中心、省级工程研究中心、省级工程技术研究中心、省级企业技术中心、省级临床医学研究中心、省级科技公共技术服务平台给予 200 万元支持；对新获批或新落户的省级企业院士工作站给予 100 万元支持。对推动科技创新、产业转型具有重要意义的科技创新平台项目，采取"一事一议"方式给予支持。

4) 政策支持力度大，配套措施完善

江苏省、南京市和江北新区有关部门已经做出规定，要求并支持用人单位为引进海外高端人才提供良好的工作条件。如引进具有世界一流或国际先进水平的顶尖人才团队，最高可获 1 亿元综合资助；集聚科技顶尖专家，最高提供 1000 平方米办公场所，免三年租金，享 1000 万或 500 万元产业化资金；引进高层次人才，分别给予 50 万、150 万元项目启动资金，并对优质项目给予 100 万元项目发展资金，对企业研发费，给予最高 10% 普惠奖励；支持企业引才，江北新区培养入选省"双创"国家"千人计划""万人计划"人才和团队，给予 30 万～100 万元奖励资助。对新型研究机构、高新技术企业中的技术团队领军人才、管理团队核心成员，以及提供中介服务的经理人，人才经纪人、天使投资人等年薪收入在 50 万元以上的，根据贡献情况给予奖补；对新型研究机构、高新技术企业、独角兽企业、瞪羚企业，科技中小型企业中新引进人才年薪过 50 万元的，按实际支付人才应纳税收入 30% 的标准，给予用人单位连续三年的引才奖补，每家企业最高不超过 100 万元；设立博士站给予最高 60 万元资助，企业博士站招收博士后(博士)，每名给予最高 20 万元补助，符合条件的企业新引进名校优生，按本科、硕士、博士分别给予2 万元、3 万元、4 万元一次性生活补助。

江北新区完善了综合环境和配套服务，优化行政审批制度，培育市场服务主体，加大金融支持，整合科技平台资源，落实税收优惠政策；建立社会化市场化人才认定机制，经市高层次人才举荐委员会举荐认定的高层次人才，可直接享受相应政策扶持；建立中青年拔尖人才选拔培养体系。

5) 福利待遇优厚

为解决海外高层次人才的后顾之忧，江北新区有关部门提供了一系列特定的生活待遇。如协调落实符合条件的人才子女入学、医疗、落户、居留和出入境等配套服务；实施人才安居工程，对符合条件并经审核后的人才提供实物安置与货币补贴相结合的安居保障；对经审定的高级人才可给予减免租金、加大共有产权房产权持有比例、放宽商品房限购等保障措施，并提供优质安居配套服务。这些优厚的福利待遇也是吸引海外高端人才回国发展的重要原因。

6) 人才保障政策落实到位

成立江北新区"顶尖专家专项办"，专门高端人才保障政策的落实。江北新区在发布《"创业江北"人才计划十策》时，同时发布详细的实施细则，如江北新区科技顶尖专家集聚计划实施细则，在"政策兑现"部分，第十一至十六条详细列出 A 类顶尖专家可享受的政策，并指定具体负责的单位和措施。如对五年内获风险投资的人才创业项目，由市金融办牵头组织科技银行对项目贷款进行预估评审，按市场化原则，江北新区协调项目所需的融资担保。对江北新区急需紧缺战略科技人才和高水平创新团队，经南京创新名城建设理事会、专家咨询会举荐，可实行一事一议、特事特办，资助额度上不封顶。江北新区顶尖专家专项办负责牵头协调落实符合条件的科技顶尖专家子女入学、医疗、落户、居留和出入境等配套服务。

11.2.3　江北新区集聚海外高端人才的制约因素

虽然江北新区短短几年就在人才引进和发展上取得了不错的成绩，但通过本次调查发现，也存在对一些制约人才聚集因素，主要集中在以下几个方面：

1) 海外高层次人才获取就业信息的渠道不通畅

调查显示，回国的海外人才了解人才引进信息的主要渠道是政府及高校、国内及国外的朋友，而具有较大传播范围的报纸杂志、招聘会却是收效甚微，并且很少利用公开招聘、猎头公司等市场化寻职模式为江北新区输送人才。同时，江北新区寻找海外高端人才的宣传力度不够，针对性不强，宣传模式以及吸引平台比较单一。目前海外高端人才的引进主要依靠政府的政策支持，缺少市场的自发性，容易导致引进的人才不对称，带来人力和财务资源的浪费。同时很多海外归国人员反映负责主管人才引进工作的行政部门办事效率低下,行政手续太过繁杂。一些归国海外高层次人才在办理居留和出入境、户口安置、子女上学、医疗保险等问题时要花费很大的精力,甚至在引进单位办事时也存在不断"跑腿"、反复折腾的现象,导致人才引进的效率比较低。

2)缺乏团队支撑

随着科学技术的深入发展,社会分工越来越精细,学科专业性也越来越强。前辈在各个方面都做出了卓有成效的贡献,想凭一己之力做出巨大贡献难上加难。无数的事实证明,团队协作在科研工作中日益重要,只有依托一个强大的团队和平台,才会有更大的机会创造丰硕的科研成果。政府花大力气引进海外高端人才,但如果没有较好的团队支撑,或团队力量弱,也难以产生高质量的科研成果。调查显示,在影响高端人才科技创新的因素当中,排名最高的是缺乏团队支撑或团队力量弱。因此,要想使得高端人才科技创新工作做得更加出色,需要不断地加强创新团队建设,或者直接引入创新团队。

3)科研激励机制与科研评价机制不健全

现行的科研激励机制和科研评价机制可以促进科技成果的完善和科技水平的提高,正确判别科技成果的质量和水平,加速了科技成果的推广和应用,但仍存在一些问题,主要表现在三个方面:一是科研激励机制和科研评价机制只有原则性问题的规定,缺乏细则,可操作性太强,公平性不足。二是对不同科研活动采取同一种评价尺度。基础类、应用类成果的试验研究方向、目标、手段各不相同,对应用性科技成果评价的最终目的是要转化和推广,不应采取同一评价尺度和指标。三是对评审专家的监督机制还不健全。评审专家会不自觉地渗入评估者的利益和决策者的利益成分,影响评价结果的公正性。调查显示,科研激励机制和科研评价机制不健全和不完善也是影响海外高端人才科技创新工作的重要因素。

11.3　美国波士顿人才集聚案例研究

11.3.1　波士顿人才集聚措施

波士顿人才集聚措施涉及多个社会组织,如政府、学校、产业、非政府组织、风险投资机构。不同的社会组织发挥了不同的作用,加上波士顿有良好的社会环境,使得波士顿集聚了众多的人才。

1)政府:做好基础服务工作

与中国政府在人才集聚的工作中扮演的保姆式角色不同,波士顿政府和美国联邦政府一样,只是从宏观层面上对人才市场进行引导,并做好基础工作。

(1)实施扶持政策。马萨诸塞州政府、波士顿政府的人才扶持政策包括税收激励政策、高等教育政策、科技人力资源政策等方面。以税收激励政策为例,波士顿政府有多种税收减免政策,政府会为商务成本高且能创造大量就业岗位的企业、项目提供10~15年的特别纳税信用,这样既能吸引企业常驻波士顿,又能通过这些企业、项目吸引大量人才流入波士顿。为了鼓励人才在波士顿购房定居，政府会对买房自住而非投资的户主提供优惠的房地产税。在科技人力资源政策方面，马萨诸塞州政府 2014 年发布的《科技人力资源分析》中提到，科技人力资源的短缺已经成为企业发展的主要障碍……寻找、挽留人才成为了企业将来成长的第一难题……因此希望企业雇主、行业团体、学者专家和政府机构能紧密合作来解决科研人才短缺问题。面对人才资源短缺，州政府及时做出反应，发动各界力量来解决问题。

(2)提供财政资助。波士顿政府通过对企业、高校提供诱人的经费资助、奖励来引进人才。2016 年 1 月 13 日，通用电器公司(General Electric)决定把全球总部迁至波士顿，其中一个重要原因是波士顿政府、马萨诸塞州政府比其他地区投资更多的经费在研发项目上，能吸引多元化的科技人才。为此，马萨诸塞州政府为 GE 提供了高达 12000 万美元的奖励金，而波士顿政府也提供了高达 2500 万美元的物业税减免额。另外，教育作为引进人才的重要领域，波士顿政府在其经费投入上也是毫不吝啬。如表 11-2 所示，波士顿的教育部门在 2016 年将会总共获得 1224060467 美元的基金预算费用，占了波士顿本年度总的基金预算费用的 43.08%。如表 11-3 所示，2015~2018 年，对于波士顿教育部门的一般资助每年都会增多，其经费增长率达到 3%或以上。这些经费会用于学术研究、科研创新、人才培养等方面。

表 11-2　波士顿教育部门第一财政年度经费预算　　　　（单位：百万美元）

类别	部门	一般资金预算	外部资金预算	资本预算	全部资金预算
教育	波士顿公立学校	1013.50	135.41	75.15	1224.06
	总计	2215.16	323.79	302.39	2841.34

资料来源：波士顿政府网站

表 11-3　波士顿教育部门预算支出　　　　（单位：百万美元）

部门	2015 财年预算	2016 财年预算	2017 财年预算	2018 财年预算
学校部门	974.93	1013.50	1054.28	1088.37

资料来源：波士顿政府网站

(3)改善生活环境。生活环境主要是指城市各类生活设施的建设和生活服务硬件和软件。城市生活硬件设施包括道路和公共交通建设、通信系统建设、用水(暖、气)普及率、医院和学校的建设数量等；城市生活软件则包括居民的经济实力、公共秩序的公平有效性、社会保障制度、医疗和教育环境的优劣及治安状况等。便利且舒适的生活环境利于吸引、挽留人才，因此波士顿政府一直致力于改善波士顿的生活环境。提倡绿色环保、美化生态环境、完善交通系统、保持清洁水源等都是政府要做的事情。波士顿人在美国联邦政府仍在节能减排的问题上躲躲闪闪之时，率先提出了"绿色创新波士顿"(Greenovate Boston)的口号——在医疗、教育、公共交通、建筑施工与维修等主要公共服务领域全面展开与国际组织、环保技术企业和支持节能减排的研究机构、金融机构间的合作，引入资金和最先进的环保技术、知识及理念。波士顿根据城市的特色，投放约150 亿美元，发展隧道交通，把地面空间保留出来扩大绿化面积、兴建公园。政府的这些措施为波士顿的居民提供了一个良好的生活环境，有助于吸引人才常驻波士顿。

2）学校：培养人才

优质的高等教育对区域创新创业人才的培养、引进和集聚发挥着重要作用，成为区域经济增长最强劲、最关键的动力。波士顿大都会区拥有超过 100 所大学，超过 25 万名大学生在此接受教育。波士顿素有"美国的雅典"的美誉，它是美国高校最密集的地区之一，高等教育水平在全美国甚至全世界都是首屈一指的。办学定位准确、管理体制创新、科研经费充足、仪器设备精良、后勤服务周到等都是波士顿吸引大批学生和学者来到这里求学、工作的原因。另外，政府对学校的管理秉承着"有限干预、绝对自治"的原则。政府会是学校研究项目的购买者和学生财务资助的提供者，但不会干预、影响学校的独立运作。这就保证了高校的学术思想自由，提高了在校研究者的工作热情，延续了学术界的科研成果，吸引了众多的人才。在波士顿众多大学中最为著名的是八所研究型大学。如表 11-4 所示，这八所研究型大学的定位各不相同，互相错位发展，这使得波士顿人才更趋多元化。八所研究型大学当中有一大部分人在毕业后会留在波士顿工作，成了波士顿重要的人才库资源。

表 11-4　波士顿八所研究型大学列表

创建时间	学校名称	定位
1636 年	哈佛大学	美国政府的思想库
1839 年	波士顿大学	位于城市的中心、以服务城市为其使命
1852 年	塔夫茨大学	以"培养各个领域——尤其是政界、医学界——的领军人物"著称
1861 年	麻省理工学院	世界理工大学之最
1863 年	波士顿学院	美国最古老、最优秀的天主教大学之一；以人文学科教育为主
1898 年	东北大学	以学生中心、实践导向和城市导向为特色
1948 年	布兰德斯大学	全美最年轻的主要研究院大学、犹太哈佛
1964 年	马萨诸塞大学波士顿分校	美国城市大学的样板

此外，波士顿还有系统的继续教育，为人们提供不断地返回学校进修的机会，为人才深造提供了重要的平台。八所研究型大学都有继续教育中心或者学院，设置的课程多样，有专业教育课程、证书课程、周末学位课程等，能满足不同人的需要。与那些接受全日制教育的学生相反，接受继续教育的学生绝大多数都是波士顿地区的居民。以哈佛大学继续教育学院为例，该院 93% 的学生都是波士顿地区当地的居民。这个比例刚好是哈佛大学其他学院来自波士顿地区之外的学生所占的比例。波士顿的继续教育措施、师资力量、科研实力吸引了大量的社会人士重返校园，保证和提升了当地的人才质量。

3）产业：人才实践

早期的波士顿是一个以港口贸易和制造业为主的城市，在 20 世纪 50 年代，随着美国经济的不景气，波士顿的制造业进入了衰退期。但与其他旧工业城市的纷纷衰落不同，波士顿根据自身特点，重点发展高新技术产业和现代服务业，成功地实现了产业的转型升级。

在波士顿产业转型升级过程中，大批的高端人才被吸引、凝聚在这里，它成了人才实践、施展抱负的平台。以波士顿的生物技术产业为例。在过去的20多年里，很多世界著名的生物技术公司在波士顿建立了研究基地、新公司，或是把总部搬迁到这里。这不仅为生物技术人才提供了大量的就业岗位，更重要的是让相关人才零距离接触市场前沿信息，对于高级管理人才的知识更新有着重要的作用。伴随着生物技术产业的发展，波士顿的医疗服务业在美国也是首屈一指的，是世界著名的医疗研究中心。这里有世界著名的医疗机构如马萨诸塞州总医院(Massachusetts General Hospital)、布里格姆妇女医院(Brigham and Women's Hospital)、Dana-Farber 癌症研究所(Cancer Institute)、贝斯以色列女执事医疗中心(Beth Israel Deaconess Medical Center)、怀特黑德生物医学研究所(Whitehead Institute for Biomedical Research)和波士顿儿童医院(Children's Hospital Boston)(Scott C Beantown)。波士顿的医疗服务业持续发展，其从业人员也一直在增加。除了生物技术产业和医疗服务业，波士顿的金融业、保险业、计算机产业、旅游观光业、文化创意产业等也是享负盛名的，吸引了相关人才来到这里一展抱负。波士顿的产业凝聚人才的同时，人才也在积极推动波士顿新产业的发展，其主要的表现形式之一是高校通过技术转让参与公司运作。2001年，八所研究型大学一共签订了280项新科技发明的转让许可协议，专门致力于将大学的科技成果应用于市场，这些协议中包括建立41家新公司。同时，在波士顿地区还有其他112家公司主要依靠大学科研成果的转让来运作。

总的来说，波士顿地区的产业发展和人才发展是互相作用的。产业以其知名度吸引人才来到波士顿发展，而人才也通过技术转让等形式参与公司的运作，甚至是自行创业。当新的产业成功、壮大之时，更多的人才也会被凝聚在波士顿。

4) 非政府组织：支持辅助

波士顿的非政府组织(Non-Governmental Organization，NGO)众多，属于非营利组织，致力于为政府、公众、社会各界提供服务，带有明显的公益性质。在波士顿的人才引进、培养过程中，非政府组织作为一股特殊的力量，起到了支持辅助的作用。如马萨诸塞州发展金融局(Massachusetts Development Finance Agency)，它以刺激业务、拉动经济增长、帮助社区蓬勃发展为目标。该组织建立了再发展基金、新技术基金及文化设施基金，这些基金的投资对象必须符合政府导向，经审定后再联合两家商业银行一起给予低息按揭贷款，并且规定贷款只能用于购置厂房、研发及生产设备等硬件。波士顿有专门开发低价房产，提供优惠房屋，租售廉价厂房的非政府组织，Dorchester Bay Economic Development Corporation 就是其中一个。在非政府组织的帮助下，波士顿地区的人才可以在就业、住房、创业、研发、交通等方面获得许多具体的便利，弥补了政府的职能和市场的失灵。因此，波士顿的非政府组织类型众多、发展完善对人才集聚是有重要意义的。

5) 风险投资：提供资金

波士顿是美国正式的风险投资业的诞生地，1946年创立了第一家现代的风险投资公司——American Research and Development Corporation(简称 ARD)。ARD 的创始人之一，有"美国第一个风险投资家"之称的哈佛商学院教授乔治斯·多瑞特认识到，第二次世界大战之后的波士顿对新的创意、新的技术进步有着强烈兴趣，众多的技术人员渴望创立自己的企业。技术人才要创新创业、科研人才要研发或转化科研成果、商业人才要壮大企业都离不开充足资金的支持，此时风险投资机构、天使投资人的介入就为他们提供了极大的帮助。美国马丁繁荣度研究所(Martin Prosperity Institute)发布的《全球创业城市的崛起》报告指出，在全球风险投资总额 20 强城市中，波士顿排名第三。它的风险投资额为 3144 百万美元，在全球风投总额中占了 7.5%。在人均风险投资额排名前 20 的全球城市中，波士顿人均风险投资额为 665 美元，排名第三。在人才集聚的过程中，资金是吸引人才的重要因素，而波士顿风险投资业的发达和完善就为集聚人才提供了重要动力。

6) 社会环境：重要保障

本章所说的社会环境，主要是指波士顿的"人本"环境和创新环境。

(1) "人本"环境。波士顿的"人本"环境主要体现为它的社会氛围是自由开放、相互包容的。越来越多的外国人才(美国国内的也一样)最后工作并生活在"非常友好"的社区。统计显示：对 24～34 岁的大学毕业生来说，一个城市的社会、文化甚至政治气氛的优先考虑度远远高过它的工作和学术氛围。很多学术、艺术、商业、科技人才选择到波士顿工作是因为被它开放和包容的社会文化吸引。城市无处不在的公共空间、社区举行的听证会、多层次的语言和生活辅导、政府的倾听和尊重民意等，促进了居民、家庭、城市与政府的高度融合。波士顿有一个参与式预算项目，让 12～25 岁的青年人通过对各种市政方案进行投票来决定 100 万美元城市预算的最终归属。100 万美元在波士顿约 1 亿美元的总资金预算中不过是很少的一部分，但项目本身的重点并不在于金钱，而是在于这个城市展现对青年人的尊重和关注。当城市从追逐产业的经济怪物回归到追逐人才的宜居环境后，波士顿所具有的"包容性"便成了它历久弥新的竞争优势。

(2) 创新环境。波士顿有良好的创新文化，鼓励人们去自由思考、敢于质疑、勇于挑战、积极创新，这种观念已经深入人心。波士顿的学校也致力于培养学生的创新意识，如波士顿的创新区中心(District Hall)提供了公共办公区域、教室、会议室，让来到这里的创新团体有足够的空间相聚在一起沟通讨论，交流创新想法。另外，波士顿还有一套完善的知识产权法律保护体系，保障创新者的知识研究成果。波士顿良好的创新环境，使之成为人才集中地，许多学生毕业之后选择在波士顿地区工作，人力资本的集中也吸引了公司来此投资，人才与公司的集聚，更进一步优化了波士顿的创新环境，成为发展的引擎。

11.3.2　波士顿经验总结

Facebook 的创办人扎克伯格(Mark Elliot Zuckerberg)在一次采访中曾经说过："如果我重头再来一次创业的话，这次我不会搬去加州，而会选择留在波士顿发展。"与加利福尼亚州相比，近年来波士顿在经济发展、文化氛围、城市活力、创业能量、社会资本等多个方面能和加利福尼亚州持平甚至有所超越，因此选择在这里发展的人才也越来越多。本章在列举波士顿人才集聚的措施以后，总结出它的成功之道在于"合作共赢、产业集聚、推动创新"。

1) 合作共赢

波士顿的人才集聚措施并不是单一的、单向的,它就像一个完整的网络,把人才和政府、学校、产业、非政府组织、风险投资等不同社会组织联系在一起。如图 11-1 所示,在整个网络中,最为重要的一条主线是人才-政府-学校-产业的紧密合作,这是波士顿能汇聚人才的主要原因。全世界没有任何一个城市像波士顿一样将如此多的优质科技与文化资源聚焦在一起。政府、高等教育机构、医院等产业从而形成一个网络整体,联系紧密,互相促进发展。一个地区对人才是否有吸引力,与该地区的人才发展空间有密切关系。而人才发展空间会受到政府决策、经费资助、实践平台、进修机会等影响。麻省理工学院是美国最早推行大学与政府、企业进行合作的研究大学,128 号公路高技术产业区就是最好的例子。麻省理工学院的师生获得政府、学校、企业的资源进行研究,当研究有了成果以后,师生可以把专利和创造发明卖给企业或自行创办公司。在 128 号公路高技术产业区所有的大学科技发明中,麻省理工学院就占了一半左右,由麻省理工学院师生直接参与创办的公司就占了约 70%。波士顿充分认识到人才的需要,通过官产学的合作,发挥每一社会组织的功能,给予人才良好的发展空间。人才有了良好的发展空间以后,会促进当地企业发展及经济增长,从而达到合作共赢。

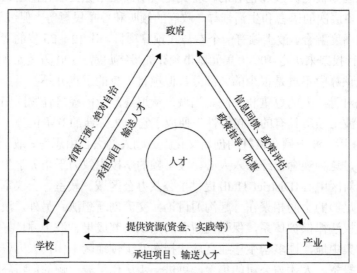

图 11-1　人才-政府-学校-产业合作链

2) 产业集聚

波士顿是美国最大的医疗研究中心和基金管理中心,美国第二大生物科学技术中心。这里集聚了许多从事高新技术研究和开发的机构和公司,如软件公司 EMC、生物技术厂商 Biogen、共同基金公司 FidelityInvestment、制药界巨头 Pfizer 在此设立了研究机构。世界一流的研究机构和公司集聚于波士顿,对于人才而言无疑是巨大的吸引力。从 2010 年起,波士顿的高新科技从业人员每年都在增加。2010~2014 年,在波士顿从事高新科技的雇员每年以 4.6%~6.0%的趋势增加。2014 年,计算机系统设计公司增加了 6145 个职位,其雇员比 2010 年多了两倍多。软件发行公司增加了 1527 个雇员,与过去四年相比规模扩大了 158%(图 11-2)。波士顿有大量的高新技术研究和开发机构及公司,就需要有大量的人才,因此产业的集聚吸引和促进了人才的集聚。同时,波士顿丰富的人力资本使得更多的研究机构和公司,以及风险投资公司进驻波士顿,人才集聚就对产业集聚产生反作用力。

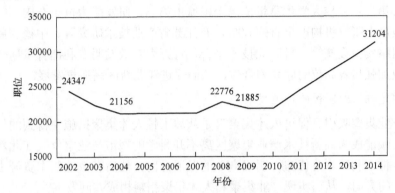

图 11-2　2002～2014 年波士顿的高科技雇员

资料来源:美国劳动统计局,就业和工资季度普查,2002～2014 年 BRA 研究部门分析

3) 推动创新

如何体现人的"才",一个重要的指标是人是否具备"新"。人才发展离不开创新环境,创新环境有益于人才集聚。波士顿积极推动创新环境的建设,如政府建设创新区,完善知识产权保护法律;高校支持师生要勇于创新,发明新技术;企业资助高校研究项目,支持员工持续进修;风险投资公司投资创新企业,把智力成果转化为产业成果。在这样一个良好的创新环境下,波士顿的创新成果斐然。1980～2014 年,波士顿居民的发明专利数量整体上呈现上升趋势,2010～2013 年的增长趋势尤为明显。在波士顿各界积极推动创新建设和创新成果斐然的情况下,波士顿有了很好的创新环境,人才也乐于在这里工作、研究和学习。

11.3.3　对江北新区发展的启示

人才对江北新区的发展具有重要意义,江北新区应借鉴其他地区的成功经验,着力于吸引并集聚高端人才。在江北新区人才集聚政策中,也有类似于波士顿的做法,如税收减免、经费资助、鼓励研发、优惠待遇等,但江北新区初创,引才聚才还有很长的道路要走。江北新区今后的人才集聚政策该如何制定实行,才能在人才培养、引进方面既符合国情,又不失国际水准,还对人才有极大吸引力,这是个急需解决的问题。在回顾和借鉴波士顿的成功经验后,本章得到一些江北新区人才集聚措施的有益启示。

1) 加强官产学研的联系与合作

在目前的人才集聚政策中,政府扮演着保姆式的角色。从政策制定、引导、执行、服务、监督、评估等,政府都得参与兼顾。这些做法不仅加大了政府的工作量,而且缺乏了其他社会组织的参与,效果也不理想。毕竟政府的资金和能力有限,与其方方面面都要顾及,还不如使用宏观调控手段,以政策和资金作为引导,推动与高校、企业、研究机构的合作，通过风险投资机构引入更多的社会资金，以此落实人才集聚政策。

南京拥有各类高校 53 所，其中江北新区有南京信息工程大学、南京大学金陵学院等高校 10 所。南京省部级以上研究机构 75 家，每万人拥有大学生的数量位于全国第一，每万人拥有研究生的数量位于全国第二，高校数量位于全国城市第三，两院院士人数位于全国城市第三，在校大学生总量位于全国城市第三，研发能力位于全国第三，科研成果包括省级以上研究机构占全省的 60%。有江苏省产业技术研究院、中德智能制造研究院、未来网络实验设施等一批产业技术平台，每万人有效发明专利拥有量居全国前列。江北新区应加强与各高校的联系和合作，从而促进江北新区高质量发展。

2) 科学定位江北新区的产业发展

"以产业集聚吸引、促进人才集聚"是从波士顿人才集聚措施中得到的一条成功经验，而波士顿能成为高新技术产业集聚区离不开科学的城市产业定位。江北新区对自身发展正确定位，利用本身优势，明确产业的发展方向，然后有效地集中资源去发展，就能落实引才的方向，从而实现产业集聚和人才集聚相辅相成共同发展。

为贯彻落实十九大报告中提出的贯彻新发展理念，建设现代化经济体系的要求，南京市委员会于 2017 年 11 月 13 日发布《关于加快推进全市主导产业优化升级的意见》，将现有 7 大类 14 个战略性新兴产业优化为"4+4+1"主导产业体系。计划到 2020 年，全市主导产业实现主营业务收入 4.5 万亿元以上。整合全市科技园区，设立 15 个高新园区，争创国家综合性科技中心城市。目前南京江北新区正按照全市"4+4+1"主导产业体系，聚焦聚力强力打造"两城一中心"（"芯片之城"、"基因之城"和新金融中心），培育壮大战略性新兴产业集群。江北新区可以效仿波士顿的做法，以核心产业集聚的方式吸引人才集聚，产业集聚推动人才集聚，人才集聚又促进产业发展，实现二者的共同促进、良性循环。

3) 营造包容和创新的社会环境

包容性强的文化有利于集聚不同类型、不同个性的人才，使人才在一个与自己习惯的环境相去甚远的新环境中也能健康成长，发挥自己的能力。创新性强的环境则有利于活跃人才的思维，激发人才的热情。江北新区未来的发展必定需要不同性别、种族、民族、文化的人才的帮助，要把不同类型的人才留在江北新区、留在南京，就需要一个包容且创新的社会环境。这不仅需要政府的努力，企业、高校、社区、个人都得发挥作用。例如，为人才提供人性化关怀，举办交流活动，完善设备设施，培养创新意识，尊重文化与文化之间的差异。

11.4　江北新区集聚海外高端人才的对策建议

通过对江北新区集聚海外高端人才影响因素的整理与分析，借鉴美国波士顿人才集聚的成功经验，提出了江北新区集聚海外高端人才的政策建议如下：

1) 制定更加灵活的引才政策

当前，全球高端人才竞争更加激烈。以人为本，必须大力推进体制机制改革和政策创新，制定更加开放灵活的引才政策，在全球范围内引进和聚集高层次人才。江北新区管理委员会可以在居留和出入境、落户、资助、薪酬、医疗、保险、住房、税收、配偶安置、子女就学等方面制定灵活的政策，妥善解决引进人才生活方面的困难和问题。

2) 确保海外高层次人才引进政策的落实

各部门应该按照相关政策严格落实本部门工作，并积极与其他部门沟通协调，合作互动，解决在现实运作中遇到的各种问题，避免互相推诿、扯皮的现象出现，让海外留学回国人员能够在特定的负责部门将问题得到解决，营造高效友好的服务氛围，形成具有地区特色的服务体系，保证海外高层次人才享受到政策实实在在的优惠。要保障政策的实施，并确保政策的一致性和连贯性，只有稳定连贯的政策才能打消高层次的海外人才归国时的疑虑。

3) 拓宽海外高层次人才寻职渠道

目前，主要是通过政府及大学推荐或联系引进海外高层次人才，寻职渠道相对单一，应充分发挥社会中介组织和跨国猎头机构的作用，对海外专业领域的高层次人才及时定位和引进。此外，还要建立统一的海外高层次人才信息库，为引进海外高层次人才提供支持。依托国家各类驻外机构，发现和推荐海外杰出人才，逐步建立人才信息储备库，降低人才引进风险。加强与我国驻外使(领)馆、海内外留学人员团体及留学人员的联系，及时了解优秀人才动态，充分发挥有关学会、协会和社会团体的作用，加强同海外高层次人才的联系，为他们来华工作服务牵线搭桥。

4) 创造良好的科研工作环境

追求事业的更好发展是很多海外人才回国的主要原因，而我国科研环境不佳、科研团队不强等问题制约着归国海外高层次人才的工作，因此要改善科研环境，为海外人才提供良好的工作环境。单位要注重营造宽松自由的工作氛围，尽量减少行政干预，给予科研人员充分的独立性和自由度，释放科研人员的研究热情和潜力。单位管理层多与引进的人才多多沟通，使海外高层次人才能更快地融入新的环境，在文化价值观上达到共鸣以期寻求共同发展。同时，科研管理人员也要改变过去陈旧的转念，树立服务理念，归国海外高层次人才不仅仅是被管理对象，也是服务对象。此外，要注意适时减轻归国高层次人员的科研压力，配备专门的助研岗位，这就要求扩大博士和硕士及科研辅助人员的数量，在扩大数量的同时也要注意挑选有较高科研水平的人员，为归国海外人才科研工作的开展提供支持。

5) 科研评价考核逐步由"双轨制"过渡为"并轨制"

随着近些年各类海外高层次人才引进计划的实施，新引进海外高层次人才的工作条件和生活待遇往往高于单位的"老人"。建议用人单位对"海外高层次人才"和"国内学者"在一定阶段内实行"双轨制"，建立不同的晋升、考核标准体系，将工资待遇、学术评定等分开。"双轨制"在实施一段时间后，逐步过渡为"并轨制"。本土学者如愿意申请进入"特区"并符合条件，也可与海外高层次人才拥有相同待遇，考核指标、要求等也完全相同。

6) 完善相关支持政策，加强海外高端人才服务工作

目前，江北新区海外高层次人才创新创业的相关支持政策尚处于探索阶段，建议江北新区向其他地方政府学习借鉴，在开展实践探索的基础上对高层次人才的公共服务体系进行完善，对人才中介机构加强管理，对人才服务进行规范，完善从住房、税收、货币汇兑、子女教育、社会保障、户籍档案管理等全方位的覆盖，着力提高高层次人才的服务质量和服务水平。同时要进一步健全完善高端人才的档案管理制度、个性化服务机制，营造良好服务体系，为他们的创新创业、日常生活创造更多便利条件，充分发挥海外高端人才的作用。加强对高层次海外人才工作生活的关心，建立定期联系制度，了解他们的真实想法，协助解决工作生活平衡职业发展等问题，使他们身心和谐，快乐工作。

第12章 产业园人力资源服务视角下江北新区高层次人才调查研究

12.1 产业园人力资源服务概述

江北新区创新创业生态日益完善，集聚海内外高端人才的"强磁场"效应日益显现。按照江北新区产业规划要求，各类高新技术产业园是承载高层次人才落地的具体平台。高层次人才所进行的创新创业活动，是一种环境敏感性活动，其创新创业的过程是个体与所处具体社会和经济环境发生交互作用的过程。

我国各级各类产业园建设初期，大都是"低房租+优惠税收政策"模式为入住企业和人才提供服务，近年来，逐步发展并实现了高层次、全方位、智能化、网络化的服务模式。为此，产业园为高层次人才发展的服务理念到位、服务品质到位，有助于推动高层次人才持续集聚。而产业园的人力资源服务，是统领产业园区服务功能的核心。

一般来说，产业园区为入驻企业提供的人力资源服务包括以下功能。

(1) 人才搜寻：需要在全球范围、行业层面搜寻到适合高层次人才，并与之建立联系。从地区经济发展定位与产业规划的角度，建立合适的人才引进渠道，充分利用合适的高层次人才政策，并根据现实问题不断调整高层次人才政策，与时俱进进行管理方法上的变革。

(2) 人才持续引进：助力入园的创新创业企业陆续引进其他各类人才，如市场营销、研发、运营、内部组织管理等人才。统计创新创业企业的主导关键岗位，监测人才流动情况，对接人才集聚资源，多渠道引进人才。及时公开园区资金支持、服务态度、资源共享等政策举措，充分促进信息交流、人才交流。

(3) 人才发展：助力入园的创新创业企业做好内部人才管理与发展，以保障创新绩效的实现。促进高层次创新创业组织企业间交流学习、加强政企沟通，相关管理部门应更加深入了解企业需求，并提供针对性服务，做到个性化服务。

(4) 人才政策应用：协助高层次人才进一步熟悉并应用好政府的相关人才政策、企业发展政策。加强政府、企业、行业协会类沟通平台建立，实现资源互通共享。加强创新创业的政策法规宣传，使各级各类人才充分了解江北新区发展重点和支持方向。

(5) 人才服务对接：与更广阔的人力资源服务业对接，做到信息共享、功能共享。《"十三五"促进就业规划》中提到，提高人力资源市场的供求匹配能力，提升供求匹配效率。因此，需要健全产业园区一站式服务中心。

2013年江北新区成立了省级人力资源服务产业园，以期提升人力资源供给能力，促进江北新区产业转型和整体发展。当前发展主要存在两个方面的问题：第一，江北新区人力资源服务产业园自身发展还有待提升，汇集的人力资源服务业公司较少，可提供的人力资源服务功能较单一；第二，江北新区各产业园与人力资源服务业产业园对接较少，主要由政府人才管理部门承担入驻企业人才服务功能，这样的弊端是服务面较窄、缺乏对人力资源市场流动机制及规律的了解和把握。

　　高层次人才流动过程中会产生一系列新现象、新问题，这也要求产业园区人力资源服务的内容和形式跟上发展步伐。这方面，实践往往先于理论。如中国(上海)自由贸易试验区、无锡经济开发区、苏州工业园园区、南京经济开发区等积极探索做好人力资源服务的新经验。江北新区作为国家级新区，有责任、有义务、有能力直面问题，更新服务理念，提高服务质量，为江北新区集聚更多更好的高层次人才，支撑高质量发展。

12.2　江北新区产业园入驻企业人才发展与服务需求分析

12.2.1　样本信息

　　2018 年 10～12 月，本项目进行了"江北新区产业园入驻企业人力资源服务需求状况调研"(以下简称调研)实地调研了江北新区研创园、六合中山科技园等产业园，共征集 29 家企业，包括南京浦镇鸿利轨道车辆装备有限公司、南京云信达科技有限公司、南京东万生物技术有限公司、南京兆迪医疗管理有限公司等。具体样本信息如表 12-1 所示。

表 12-1　样本企业描述

属性	分类	企业/家	比例/%
公司成立时长	1 年以下	2	6.90
	1～3 年	6	20.69
	3～5 年	7	24.14
	5～8 年	0	0.00
	8～15 年	5	17.24
	15 年及以上	9	31.03
公司所属的产业	新能源	1	3.45
	新材料	4	13.79
	生物技术和新医药	2	6.90
	节能环保	1	3.45
	新一代信息技术和软件	6	20.69
	物联网和云计算	3	10.34
	高端装备制造	4	13.79
	新能源汽车	0	0.00
	智能电网	1	3.45
	海洋工程装备	0	0.00
	其他	7	24.14
公司规模(相对于同行业同类型企业而言)	大型	4	13.79
	中型	15	51.72
	小型	9	31.04
	微型	1	3.45

续表

属性	分类	企业/家	比例/%
所在产业园区的级别	国家级	12	41.38
	省级	11	37.93
	地区级	6	20.69
入驻产业园区的时长	1 年及以下	8	27.59
	1～3 年	7	24.14
	3～5 年	4	13.79
	5 年及以上	10	34.48
	本题有效填写人次	29	100.00

注："其他"产业的企业涉及人力资源、电子产业、电商、贸易、外贸、生产制造、在线教育等

　　江北新区分布着大量的传统行业企业与新兴领域企业,原有的大型企业(如化工制造类)企业需要进行产业转型和改造,引入的新兴产业领域企业需要配置到相应的,以匹配新区整体产业发展规划布局。此次调研中,成立 5 年以下的新兴企业和 15 年以上的企业、入驻产业园 1 年以下和 5 年以上的企业均占一定比例。调研样本企业中,江苏省十大战略性新兴产业领域基本覆盖。企业规模上,中大型企业占比较多,小微企业占比较少。

12.2.2　企业人才发展基本现状

　　产业园区对入驻企业的人力资源服务,首先需要了解入驻企业人才数量和种类的缺口及流失情况。如表 12-2 所示,在职位层次上,驻企业最缺乏中层管理者,企业发展到一定阶段,都会遇到中层人才危机;在职能上,入驻企业最为缺乏研发人员和市场营销类人员。此外,在人员流动上,市场营销类人才的流失最大,其次是生产技术型人才。因此,入驻企业需要同时考虑引进和留住人才。

表 12-2　产业园入驻企业的人才发展基本状况

问题	选项	回答/个	比例/%
从层次上划分,贵公司目前最为缺乏的是哪些人才	一般员工	7	24.14
	基层管理者	2	6.90
	中层管理者	17	58.62
	高层管理者	3	10.34
从职能上划分,贵公司目前最为缺乏的是哪些人才	生产技术类人员	11	37.93
	研发类人员	17	58.62
	市场营销类人员	17	58.62
	行政管理类人员	4	13.79
	其他	1	3.45
从人员流动的角度,哪些人才容易流失	生产技术型人才	16	55.17
	研发型人才	11	37.93
	市场营销类人才	17	58.62
	行政管理类人才	0	0.00
	其他	1	3.45
	本题有效填写人次	29	100.00

　　调研采用开放式问题询问入驻企业在人力资源管理上遇到的主要困难,归纳结果见表 12-3。其中,问题最为集中是人员缺乏和人才流失,涉及一线员工、技术员工、市场营销人员、高级人才等。其次是管理创新,企业应在组织管理能力、领导者管理思维、人才培养意识等方面实现提升。另外,还反映出市场营销力度不够、国家政策支持不够、薪酬较低等问题。这些问题归结为人力资源数量不足和质量不高。

表 12-3　入驻企业的人力资源管理困难表现

问题归类	回答/个	比例/%	相关描述
人员缺乏	14	51.85	缺一线工人、技术人才;人员流动性大;招人难;人才流失;人才缺乏;所处行业太窄,很难找到专业技术型人才;高级人才流失;基层员工的稳定;人员流动率高;招聘问题;缺少经验丰富的技术人员及市场推广人员;缺少人才等
创新管理	7	25.93	创新不足;组织能力的重构;高层领导思维;管理问题;干部的人力资源意识;需要人才制度化的培训;人才培养问题等
市场营销	3	11.11	市场问题;市场营销问题
政策支持不够	1	3.70	相关政策
薪酬	2	7.41	员工薪酬低;薪资待遇
总计	27	100.00	—

12.2.3　企业发展的人力资源服务需求

　　目前,人力资源服务的产品一般包括员工招聘、员工派遣、人事代理、员工福利等基础性产品,同时,高级人才猎头、人才测评、人力资源管理咨询等高端服务需求也逐步显现。为此,还调研了入驻企业对这些高端服务的需求情况。如表 12-4 所示,员工派遣服务需求程度是最高的,这类服务主要解决一般员工的招聘问题。其次是委托招聘,包括校园招聘、网络招聘、招聘流程整体外包等形式,一般针对技术人员、市场销售人员、研发人员的招聘。再次是高级人才猎头服务需求,主要针对中高层管理者的招聘。

表 12-4　入驻企业对人力资源服务类型的需求

选项	回答/个	比例/%
高级人才猎头服务	10	34.48
委托招聘服务(包括校园招聘、网络招聘、招聘流程整体外包等)	13	44.83
员工派遣服务	14	48.28
人事代理服务	5	17.24
人才测评服务	3	10.34
员工福利服务	5	17.24
其他(高校推荐、岗位外包服务)	2	6.90
本题有效填写人次	29	100.00

　　调研也针对比较高端的人力资源服务培训和咨询类产品的需求程度。如表 12-5 所示,需求最大的是市场规划与营销、专业技术类培训,其次是人力资源管理制度与运作方面的需求。这体现了入驻企业在组织内部管理中,对人才持续培养的重点。企业发展和员工发展是共存的,只有加强员工培训,才能实现双方的持续发展。

表 12-5　入驻企业对培训和咨询类服务的需求

选项	回答/个	比例/%
市场规划与营销	11	37.93
人力资源管理制度与运作	10	34.48
法律与法规	6	20.69
投融资管理	9	31.03
管理者的领导力建设	8	27.59
专业技术类培训	11	37.93
创业辅导	1	3.45
本题有效填写人次	29	100.00

12.2.4　产业园人才服务质量评价

对应入驻企业各项人才发展现状和人才服务需求,需要了解产业园管理机构提供服务水平和效能,包括服务类型和服务质量(表 12-6)。评价方式采用李克特 5 分制,从 1 分(非常不满意)到 5 分(非常满意)。从均分来看,整体评价为中等偏上的程度。在人才引进方面,委托招聘服务和人事代理服务的分值最高;在人才培训方面,法律与法规、专业技术培训的分值最高;在帮助入驻企业了解并运用政府相关政策方面,产业园帮助促进组织企业间、行业协会的交流、整合资源、促进管理方法交流的评价相对最高,而人才人生环境的建设评价最低。

表 12-6　入驻企业对产业园人才服务质量的评价

问题	选项	均分(1~5 分)
产业园目前在这些方面提供的服务质量如何	高级人才猎头服务	3.31
	委托招聘服务(包括校园招聘、网络招聘、招聘流程整体外包等)	3.48
	员工派遣服务	3.38
	人事代理服务	3.48
	人才测评服务	3.28
	员工福利服务	3.38
产业园目前在这些方面提供的培训和咨询服务质量如何	市场规划与营销	3.38
	人力资源管理制度与运作	3.45
	法律与法规	3.48
	投融资管理	3.45
	管理者的领导力建设	3.38
	专业技术培训	3.48
	创业辅导	3.45
产业园目前在以下方面提供的服务质量如何	帮助我们了解了国家和地方相关人才政策法规,并指导运用	3.45
	经常了解我们在人才发展过程中碰到的难题,并及时予以帮助解决	3.48
	为我们提供了良好的办公环境	3.52
	为我们提供了良好的人才生活环境	3.24
	组织企业间、行业协会的交流,帮助整合资源,促进管理方法的交流	3.52
填写的其他意见	希望政策及时提供,针对性强一些,细化到位,政策交流多一些,多组织招聘会、人才推荐等	

产业园区对入驻企业的服务质量源自产业园管理者的能力和意识。为此，进一步从入驻企业的角度，征求了对优秀产业园管理者需要具备特质和能力的看法，共收集 28 个回答，具体见表 12-7。其中，入驻企业希望产业园管理者提升专业素质最多，包括提升领导能力、沟通协调能力、资源整合能力等，其次是加强服务意识。

表 12-7　入驻企业对产业园管理者特质和能力需求描述统计

特质和能力	回答/个	比例/%	相关描述
专业素质	12	42.86	专业素质和服务态度；杀伐果断，奖惩结合；领导的能力；沟通协调能力，资源整合能力；正直；贯彻力；执行力；模范带头作用，行业专家；对企业业务的深度理解；对企业管理的理解和支持；服务于各企业；以客户真实需求为主等
服务意识	9	32.14	服务企业意识；服务意识强，分工合理，组织不僵化，不官僚；园区资源能够实现自组织；服务企业的意识；从企业发展着想；服务于各企业；以客户真实需求为主等
政策传递	4	14.29	政策支持、及时宣贯、与企业保持黏性、政策信息上传下达及时，准确传递等
帮助企业实现人才引进	3	10.71	能够引进更好的技术人员、给企业提供支持帮助；人力资源；技术人员；为入驻企业量身打造一体化的人力资源服务等
总计	28	100.00	—

12.3　江北新区产业园入驻企业人才汇集特征分析

1) 中层管理者和一般员工数量显著不足

从职能上看，以中层管理者最为缺乏，其次是一般员工。可以看出，企业人才梯队建设不足，导致企业发展的持续性受限。从企业发展成长的需求来看，对于已经比较成熟的企业来说，中层管理者需要一段时间的锻炼和经验积累逐步成长起来，如果企业在人才培养上缺乏前期规划，或者在企业文化上缺乏培养人的意识，比较容易导致中层管理者晋升之后，中层管理人员的断档。在此次样本中，成立 8 年以下的企业共占 51.73%，成立 8～15 年的企业占 17.24%，成立 15 年及以上的企业占 31.03%。新成立的创业型企业，经历创业艰难期后，企业进入相对快速发展阶段，创业者面临管理事务大幅度增加，组织的管理职能需要清晰化、分工明确，企业层级划分需求明晰，此时中层管理者承上启下的作用会非常明显。因此，创业型企业的管理者团队需要在自身成长中注重阶梯形的人才培养。

2) 营销研发技术人才皆缺乏且流动率大

江北新区处在产业转型时期，企业也需要在产品研发、生产与市场销售等方面实现策略转型、理念转型。因此，如果企业内部人才培训力度偏弱，人才缺乏往往会显现。此次调研中，新一代信息技术和软件企业占比最大，其次是高端装备制造业、新材料等领域企业，加强研发是这些新兴产业企业要面临的重点。调研显示，企业的内部培养和外部引进都显不足。另外，三类职能中，市场营销和技术人员流动最大，研发类人才相对平稳。

3) 招聘外包和管理者猎头服务需求强烈

企业对人力资源服务产品的需求首先是人才招聘服务。针对一般的市场营销、技术和研发人员，可通过员工派遣服务、委托招聘服务(包括校园招聘、网络招聘、招聘流程整体外包等)等服务方式，针对中高层的管理人员需要采用猎头方式来提供服务。从此次调研结果来看，这两类人才引进的服务需求都很强烈。目前江北新区人力资源服务产业园提供的服务难以满足企业对人力资源的需求，须搭建更有效的平台。

4) 组织内外管理效能整体提升需求显著

从管理功能上看，此次调研可以看出，企业对管理创新能力提升需求比较显著。从对外市场营销策略和融资方法与对内人力资源管理效能提升上来看，企业对培训和咨询服务的需求比较强烈。江北新区已规划发展蓝图，入驻企业将拥有巨大的发展空间，但也需要应对更为激烈的竞争。因此，需要企业管理者在管理思路、管理能力上进行提升，使企业自身的战略规划和地区规划有效衔接，在符合地区整体发展前提下实现企业自身发展。这要求江北新区的企业在经营理念、管理能力、营商文化等方面更为开放、更有创新意识。

5) 产业园人才服务意识和能力有待提升

从入驻企业对产业园提供的人才服务质量评价来看，分值均在 3 分之上(1～5 分)，整体情况尚好。从具体的服务项目评价来看，产业园提供相对较好的服务是委托招聘、人事代理，这两类服务主要针对一般层次的员工。而针对中高层管理者人才需求的猎头服务评价分数相对较低。在培训和咨询服务质量方面，法律与法规、专业技术培训的评价分值相对较好，而入驻企业最需要的市场规划与营销类培训及咨询服务相对不足，管理者的领导力建设服务有待进一步提升。

12.4 优化江北新区产业园人才发展服务的对策建议

1) 为园区入驻企业建立人才发展整合性资源服务平台

企业人才发展服务是一个系统性工程，从企业入驻到员工招聘、从基层员工人才中介服务到中高层管理者的猎头服务，从市场营销培训到组织创新制度理念和方法的培训与咨询，不同的企业自身的发展状况存在差异，需求也呈现多层次性与多样化。因此，产业园需要为入驻企业提供一个平台化服务，引进不同类型的人力资源服务来完善这个生态平台。由于各人力资源服务机构所提供服务的局限性，需要产业园区按照包括招聘、派遣、外包、培训、代理、猎头、咨询等细分领域的产业链条要求，进行服务产品的有机整合、质量筛选，打造一个完整人力资源服务体系。

2) 充分利用数字化技术实现人才大数据管理和应用功能

大数据已经成为社会发展的基础性战略资源，数据强国的理念逐步渗入各个产业发展领域。随着互联网、大数据、人工智能和实体经济深度融合，人力资源服务业也不断发掘新模式、新产品。产业园区在提供人才服务时要契合这个发展趋势。因此，园区需要为入驻企业搭建一个以共享信息为核心的共享大数据平台，在地区层面与其他园区和人力资源服务业平台建立数据融通与共享，打造基于数据挖掘和分析的新型人力资源服务系统。

3）大力提升区域性的人力资源服务业行业发展

顺应江北新区各个产业园的发展需求，江北新区人力资源服务业也需要加快建设。目前，建有南京江北新区人力资源服务产业园，坐落于南京顶山都市产业园，是江苏省首批、全市唯一获准筹建的省级人力资源服务产业园区。其发展还处于初级阶段，还需要在引入多业态品牌、专业人才培养、信息平台建设等方面提升功能，打造人力资源服务与产业人才需求联动的服务链，助力江北新区经济社会发展。

4）加强产业园管理部门自身人才队伍建设

产业园的管理部门需要加强自身的人才队伍建设，着重体现在以下几个方面：

一是管理体制的整体改革。逐步完善法规，精简设置机构，提高工作效能，坚持"小政府、大社会""小机构、大服务"的管理路子。进一步深化干部人事改革，包括人事分类管理、完善岗位制，优化机构和职能设置的科学性，建立新的指标体系评估不同岗位的业绩等。

二是引入人力资源管理理念，有效激励各类人员。建议产业园区管理者学习现代人力资源管理理念和管理方法，从各个环节去综合提高对管理人员的激励作用，充分挖掘管理人员的工作主动性与经济性，促进管理创新，匹配服务产业园入驻企业的各类创新创业行为。

三是加强培训。建议产业园区为管理人才队伍打造合适的培训与学习规划，全面提升为入驻企业提供人才服务的能力。

第四篇　企　业　篇

第13章 江北新区科技型中小企业融资政策研究

13.1 江北新区科技型中小企业融资能力量化评估

13.1.1 融资能力量化评估指标体系构建

根据科技型中小企业的特点，本章将科技型中小企业融资能力评估分为内、外两个大维度，其中内部环境维度有企业基本情况、财务能力、技术能力、保障能力和人力资源能力，外部环境维度有金融环境、市场环境和政策环境。

1) 企业基本情况

企业基本情况下的维度包括高层管理人员、董事会、成立时间、治理结构和企业规模。公司的治理结构和高管的人口统计特征对于企业融资能力有着巨大的影响。同时，企业规模与负债能力有相关关系。Hambrick 和 Mason 提出的高层梯队理论认为高层管理人员的认知及行为等会影响组织绩效。该理论认为由于内外环境的复杂性，企业家不可能对其所有方面进行全面的认识，而企业家特质影响他们的战略选择，并进而影响企业行为和绩效。因此，企业家的认知能力、感知能力和价值观等心理结构决定了战略决策过程和对应的组织结果。不过，企业家的心理结构难以度量，而企业家可客观度量的人口统计特征与企业家认知能力和价值观密切相关。因此，通过观察企业家人口统计特征变量就可以客观地研究企业家对中小企业融资约束的影响。在分析高层梯队理论的基础上，企业家人口统计特征如受教育程度、职称、年龄、任期和性别很可能对中小企业的融资约束产生重要而显著的影响。此外，知识能力是在自我导向的学习过程中产生的新管理技能，对实现企业竞争优势和获取经营资金至关重要。企业家通过社会关系以及与外部利益相关者的联系，促进资源、信息和知识的交流，从而帮助企业降低交易成本，减少融资约束。

2) 财务能力

周百灵把企业财务指标体系分为销售指标、投资回报指标、资源指标、市场价值指标和现金流量指标。刘尧飞将企业财务能力分为资产质量、资本结构、盈利能力和现金状况，并用层次分析法进行了分析。孙林杰将财务能力分为平均销售利润率、净资产收益率、资产负债率、流动比率和应收账款周转率五个指标。周宗安等将企业的财务指标细分为 14 个子指标，分别为流动比率、速动比率、债务保障率、营业利润率、资产报酬率、净资产收益率、净利润增长率、净资产收益率增长率、存货周转率、流动资产周转率、总资产周转率、总资产增长率、资本保值增值率和可持续增长率。

以上分析发现，企业的盈利能力、杠杆和管理能力是非常重要的财务表现，也是前人的研究重点。这些指标与杜邦分析中选择的分解指标不谋而合。从公司金融的角度，企业的现金流量也是衡量企业财务状况的重要指标，根据以上论述，本章选取了企业资产质量、资产负债率、盈利能力、现金流量作为企业财务能力下的维度。

3) 技术能力

企业技术能力是指企业为支持技术创新现实,附着在内部人员、设备、信息和组织中的所有内生化知识存量的总和,其本质是企业所拥有的知识。对于一部分初创期的科技型企业来说,技术是其主要的无形资产,技术创新导致环境改变才能更好地留住人才,技术能力也是决定企业人力发展能力的重要因素。华荷锋和祁保华构建了科技型中小企业支持资产融资能力提升机制,研究了科技型中小企业知识产权对于竞争的影响。知识产权的真正价值是企业利用它作为企业战略、资产增值、研究开发和企业整体发展战略的一部分。对专利的管理和利用可以帮助公司从建立专有市场优势、提升财务业绩、增强公司总体竞争力三大方面显著增强公司实力,提高公司价值。张涛和杨晨认为知识产权价值包括知识产权盈利价值与知识产权战略价值两方面内容。徐万里在对小米科技公司进行案例分析,研究是什么推动高科技企业高速成长时,提出创新能力和吸收能力是高科技企业快速成长的秘诀之一,其中创新能力包括企业的科研能力及再孵技术能力。张笑楠和仲秋雁在研究软件外包企业技术能力提升机理时,发现企业的研发效率能很好地体现企业的技术能力。

基于此,本章将知识产权(量)、科研条件、再孵技术能力、研发效率归于技术能力的维度。

4) 保障能力

成长性分析的目的在于通过观察科技型中小企业在一定时期内的经营能力来预测其未来一定时段内的发展状况,同时成长性比率也是衡量企业发展速度的重要指标。科技型中小企业的成长性良好,虽然尚处在创业阶段,但由于自身的某些优势(如行业领先、技术垄断和管理高效等)而可能在将来迸发出潜力,能够为投资人带来持久收入,此时该企业就容易吸引投资。而成长性较差的科技型中小企业,则意味着不具有可持续发展能力,无法为高投资提供高回报,因此其融资能力也必然大打折扣。因此,若企业成长性较高,则是债权人收回投资的保障,所以也将其放入保障能力中进行分析。保障能力的其他维度还有知识产权价值、无形资产价值、土地使用权价值和抵押担保质押,这些指标都是较经典,能比较准确反映企业保障能力的指标,在此不再赘述。

5) 人力资源能力

人力资源能力指的是企业包括薪酬、晋升、培训、考核等一系列的关于人才培养发展方面的制度。从实际情况看,科技型中小企业人力资源制度中缺乏有效的薪酬激励机制、员工培训机制,且有的单位招聘途径较少,人力资源发展能力都是科技型中小企业融资能力中重要的一环。肖章瑜基于实证分析发现不同的企业文化对于员工工作绩效有明显影响。涂英在对于我国中小企业人才流失的影响因素分析中提出了五个因素,包括企业管理者因素、薪酬相关因素、职业和培训发展相关因素、企业文化因素和个人成就感因素。商开慧在研究商业银行人力资源流失时,认为银行没有合理的招聘、培训和激励机制,所以经营过程中每年都存在人才流失。基于以上文献及本书研究目的,我们将人力资源发展能力又细分为薪酬与福利、晋升、培训、考核和企业文化五个指标。

6) 外部环境维度

金融环境是金融活动发生和发展的支持系统和资源,可以从不同的视角来认识金融环境。一方面,站在金融业立场上,金融环境是指支持金融业发展的条件和资源。另一方面,从工商企业的角度来讲，金融环境是指金融业的发展状况和服务水平及对社会经济发展的支持。本章主要是从工商企业的角度来分析金融环境。任何事物的存在和发展都离不开所处的环境，科技型中小企业融资难众所周知，其含义是指企业融资存在着外部障碍，这里的外部障碍就是指金融环境。企业的融资能力依赖于所处的金融环境，融资能力的状况也会对金融环境的改善起到促进作用。这说明，金融环境和企业的融资能力之间存在着一定的互动关系，二者相互作用和相互影响。王岚和王树恩指出，科技型中小企业融资难的外部障碍存在着融资社会支撑体系不完善，融资市场化水平低，银行信贷管理体制等的制约。张捷、林毅夫和李永军研究了金融中介对中小企业融资的影响，重点探讨金融机构尤其是中小型金融机构在促进中小企业发展、给予中小企业资金支持方面所具备的优势。

大量的文献研究证明，良好的金融环境对中小型企业的绩效有显著影响和促进作用。中小型科技企业作为国家创新的重要载体，不断创新是其发展的原动力。创新意味着高风险、高收益。尤其是科技型中小企业在研发和产品化阶段，不确定性风险很高，而恰恰在此阶段需要大量的财力、人力和物力的投入。如果此时不能够获得足够的资金，就难以进入产业化和商业化阶段，企业绩效就无从谈起。根据信息经济学的观点，经济社会中的信息是不完全和不对称的，信息传递机制也是不通畅的，因而获取信息成本构成了市场交易成本的重要部分。科技型中小企业融资的信息屏蔽效应使其融资的交易成本较高，融资难度加大。良好的金融环境使资金提供者与中小型科技企业有更好的沟通和交流，减少交易成本，促进交易的达成。万芊和刘力通过分析发现中小型企业的发展和经营模式与金融发展水平息息相关，相同特征类型的中小型企业面对不同的金融环境，其经营机制也会发生变化，最终影响企业的成长。

依据以上文献和本书研究目的，本章选取了外部环境维度下的细分指标。

7) 最终指标体系

本章对所选指标进行信度和效度检验后，根据指标聚类结果以及现实中获取数据的难易度情况。本章对于前述维度做出的主要改动有：①由于外部环境因素在评估科技型中小企业个体融资能力时对每个企业是相同的，可以暂且搁置考虑，且三个外部环境因素维度在聚类时刚好聚为一体，所以全部删除。②企业成长性指标聚入财务能力中，因为成长性指标也是一些企业财务指标计算而来，所以根据聚类结果从保障能力放入财务能力中。③去除企业基本情况的大维度，其中董事会和高管特征由于评价分数较低直接去掉，根据聚类结果将企业规模放入保障能力中，企业治理结构放入人力资源制度中。④去除一些不易量化，无法获得，或得分降低的指标。

13.1.2　科技型中小企业融资能力评估结果

根据"科技型中小企业融资能力调查问卷"的调查数据，经整理后，计算出南京科技型中小企业融资能力得分，考虑到数据的可得性，本次调研对象为获得了南京市科学技术委员会优惠政策的科技型中小企业，如江苏点信网科技有限公司、江苏汇鑫融智软件科技有限公司、江苏矽望电子科技有限公司。调研问卷通过网络形式发放，并确保了调查对象能正确理解问卷内容。本次发放问卷 180 份，回收 166 份，有效问卷 153 份。

南京市范围的数据从一定程度上也能反映江北新区科技型中小企业融资能力状况和问题。具体结果如表 13-1 所示。

表 13-1 样本科技型中小企业指标均值及得分

	指标名称	权重	单项指标均值	单项指标中位数	打分标准	均值得分
财务类	资产负债率	0.0768	0.4740	0.4495	0.4*	84.3882
	总资产周转率	0.0330	1.1835	0.8828	2.5	47.3400
	净资产收益率	0.1024	0.1248	0.0749	0.5	24.9600
	营业净利率	0.1024	0.0284	0.0478	0.2	14.2000
	经营性现金流净值/万元	0.1098	670.0679	23.0000	1000.0	67.0068
	主营业务收入增长率	0.0592	0.6750	0.3602	1.0	67.5000
技术类	知识产权数量	0.0297	15.4743	11.0000	30.0	51.5810
	有效知识产权数量	0.0543	13.1623	9.0000	25.0	52.6492
	自主研发知识产权数量	0.0982	12.4423	10.0000	30.0	41.4743
	新产品产值率	0.0105	0.4602	0.4100	0.8	57.5250
	生产设备利用率	0.0075	0.7587	0.9500	1.0	75.8700
	研发周期/月	0.0159	12.5167	12.0000	4.0*	31.9573
	研发投入占总营业收入比率	0.0287	0.0848	0.0649	0.3	28.2667
	科研人员人数	0.0287	20.8633	15.0000	50.0	41.7266
保障类	知识产权公允价值	0.0054	1334.7474	500.0000	2000.0	66.7374
	知识产权超额估值	0.0053	800.3762	300.0000	1500.0	53.3584
	知识产权市场认可程度	0.0091	0.7267	1.0000	1.0	72.6700
	知识产权类别	0.0065	0.9861	1.0000	1.0	98.6100
	总资产/万元	0.0302	11717.3517	2231.0000	20000.0	58.5868
	注册资金	0.0098	1971.1455	1000.0000	5000.0	39.4229
	实际到位资金/万元	0.0301	1502.2061	860.0000	3000.0	50.0735
	建筑面积/平方米	0.0078	6123.5721	2000.0000	10000.0	61.2357
	员工人数	0.0051	65.7134	44.0000	100.0	65.7134
	质押品价值/万元	0.0086	309.8396	500.0000	1000.0	30.9840
	担保方能力	0.0164	0.7093	0.8000	1.0	70.9300
	关联企业能力	0.0116	0.5834	0.5000	1.0	58.3400
人力资源类	员工平均收入高于行业	0.0047	0.9531	1.0000	1.0	95.3100
	高管平均收入高于行业	0.0046	0.7204	1.0000	1.0	72.0400
	研发人员平均收入高于行业	0.0084	0.7852	1.0000	1.0	78.5200
	内部晋升人数占总人数比例	0.0148	0.0766	0.0576	0.3	25.5333
	外部招聘管理层人数占总人数比例	0.0051	0.0615	0.0250	0.2	30.7500
	研发人员培训次数占总次数比例	0.0132	0.7376	0.8000	1.0	73.7600
	研发人员培训人数占总人数比例	0.0068	0.2970	0.2000	0.5	59.4000
	员工离职率	0.0019	0.0791	0.0500	0.02*	25.2845
	科研人员服务于企业的平均时间/月	0.0054	21.4642	18.0000	36.0	59.6228
	考核指标标准量化程度	0.0030	0.7719	0.8000	1.0	77.1900
	企业文化类型	0.0099	0.8926	1.0000	1.0	89.2600
	股权集中度	0.0031	0.9705	1.0000	1.0	97.0500
	股权制衡度	0.0032	0.7254	0.8000	0.5*	68.9275
	董事长和总经理是否两职合一	0.0012	0.7957	1.0000	0.5*	62.8378
	高管持股比例	0.0031	0.6525	0.7500	0.9	72.5000

*逆指标

财务类、技术类、保障类及人力资源类四个维度对科技型中小企业融资能力的权重如图 13-1 所示。根据表 13-1 中财务、技术、保障及人力资源四个维度下所列指标的均值分数和权重，计算得出南京市科技型中小企业融资能力的均值为 50.0816，再由权重和各项指标的均值得分计算出四个维度分别在科技型中小企业融资能力均值得分中的贡献比例，如图 13-1 所示。

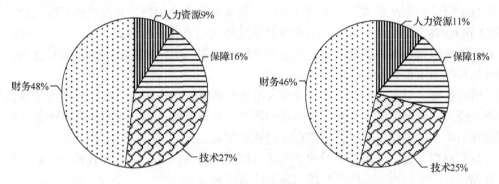

图 13-1　指标权重和得分图

对比图 13-1 中权重比例和得分比例，企业财务和技术在指标权重中占据较高比例，在融资能力总分中却没有贡献较高的得分，说明南京市科技型中小企业的财务能力和技术能力总体上偏弱。

13.1.3　南京市科技型中小企业融资能力评价

1) 财务能力

在数据样本中，科技型中小企业的净资产收益率和营业净利率分别为 24.96 分和 14.2 分，得分较低，说明南京市科技型中小企业由于还在发展期，没有成熟的高营利性产品，盈利能力上还处于较低水平。

总资产周转率为 47.34 分，也处于较低水平，这不利于其遭遇突发事件时进行资金周转，也是众多科技型中小企业夭折的原因。

资产负债率为 84.38 分，处于较好水平，但也存在个别较极端的现象，容易诱发破产风险。

科技型中小企业在盈利方面和资金周转方面还有较大改善空间，其他财务指标也需要在经营活动中去改进。

目前科技型中小企业处于初创期，盈利能力较差，急需政府定向引导资金的扶助支持。

2) 技术能力

对于企业的技术发展能力，在知识产权数量方面，南京科技型中小企业的平均值为 15.47 个，行业中领头企业一般为 30 个，南京科技型中小企业在该项目中的表现参差不齐，大部分表现优秀，少部分企业没有任何有效知识产权。

南京市科技型中小企业知识产权数量均值得分 51.58 分，超过了南京市科技型中小企业融资能力的均值得分 50.08 分，但该项目在问卷调查中的权重为 0.0297，说明南京的科技型中小企业依据知识产权数量获得融资支持能力还是较弱，可能原因还在于知识产权无法及时有效转化成科技成果产品，无法在短期内给科技型中小企业带来现金流量。因此需要针对科技型中小企业的知识产权颁布合理的评估政策。

自主研发知识产权数量与有效知识产权数量几乎完全相同，且权重都很高，分别为 0.054 和 0.098，这说明只有少部分企业是通过外购的方式获得知识产权，自主研发能力较强。因此政策在对科技型中小企业进行补贴时可以加大关注企业的自主研发能力，准确评估科技型中小企业的技术能力。

研发强度采用了研发投入占营业收入的比例测量，平均值为 0.02，说明样本科技型中小企业由于企业业绩及企业发展购置资产等一些外部性因素，很难将所有的营业收入再度投入研发中，这不利于科技型企业的长期发展。

研发周期方面，受调查企业的平均研发周期约为 12.51 个月，比较符合一般科技型企业的特征，受调查企业的研发周期属于较高水平。

受调查企业的新产品产值率仅有 0.46，大多数科技型中小企业将其科研技术成果转化为新产品获取利润的能力还有待提高。

3）保障能力

在保障能力中得分较低的是抵押品和质押品价值，分别为 30.98 分和 39.06 分，这说明科技型中小企业缺乏巨额的抵押品和质押品，这与其轻重资产的特性相吻合，也是其难以获得高额融资的重要原因。

关联企业能力在保障类指标中得分也较低，仅有 58.34 分。说明样本企业难以获得较好的关联企业为其担保，这更是其应该依赖于融资平台和政府建立稳健合作的原因。

大多数样本企业的知识产权类别是发明专利型，科技型中小企业做得较好。

4）人力资源制度

在研发人员收入是否高于行业平均方面，接受调研的科技型中小企业中，平均只有78%的受调查企业认为其研发人员收入高于行业平均，这说明南京市科技型中小企业在对于给予重要人员报酬时还有所保留。

在内部晋升人数方面，受调查企业的平均内部晋升人数为 3.7 人，而科技型中小型企业内部晋升人数较多的一般为 10 人，这说明南京市科技型中小企业在内部晋升方面也有所不足，使得一些有能力的人员无法及时配置到符合其能力的岗位，最终导致人员流失。

在研发人员培训次数占总培训次数方面，总体数据均值为 73.76%，这说明科技型中小企业比较重视科技人才培训，这对企业人才发展能力会有正向促进作用。

在企业文化方面，根据居陆琴对企业治理结构与公司绩效关系的研究，对企业的创新型、支持型、效率型、官僚型文化分别打分为 1 分、0.8 分、0.5 分、0.2 分。最终调查得到的南京市科技型中小企业的平均分为 0.8936 分，说明南京市科技型中小企业在企业文化建设方面偏向于创新和支持型，这有利于人才在良好氛围下发展。

从员工离职率上看，员工平均离职率为 7.9%，将近 8%，属于较高水平。这说明由于薪酬奖励机制等多方面因素，科技型中小企业较难留住人才。

综上所述，在人力资源能力方面，南京科技型中小企业在培训和企业文化部分做得较好，而在对重要科技型人才的物质奖励及晋升方面还有待提升。

本章构建了科技型中小企业的融资能力评估体系，量化了科技型中小企业的融资能力，由于科技型中小企业在融资上有基于自身发展情况的个性化需求，因此还需要对其提供的资源禀赋信息进行风险评估，给出差异化的风险定价。

13.2　基于生命周期的科技型中小企业融资动态支持模式

科技型中小企业随着生命周期的递进，融资风险由高到低再到高，呈现开口向上的抛物线。资金需求由低到高再到低，呈现开口向下的抛物线(图 13-2)。

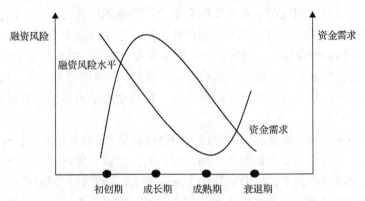

图 13-2　科技型中小企业资金需求和融资风险的生命周期规律图

结合企业自身生命周期，科技型中小企业不同生命周期阶段需要匹配适合当前阶段的金融支持方式。动态的金融支持分为事前的风险识别及准入、事后的风险评估及调整和动态的风险管理及价值匹配三个部分。

13.2.1　金融支持前的风险识别及准入

金融支持前的风险识别及准入是指由政府和市场各方根据区域产业发展蓝图，筛选能够支持区域产业转型升级的科技型中小企业，重点扶持初创期和成长期的战略新兴产业链。成熟产业链上的科技型中小企业若有助于整个产业链的技术迭代则是重点打造的对象。成熟期的产业链金融支持以并购为主，有较好的市场化退出渠道，需要评估该产业链技术迭代的可能性和转型发展的必要性，再决定是否支持以及支持的力度。随着科技型中小企业的生命周期从成长期到成熟期再到衰退期，政策性金融支持应逐步退出，进入商业性金融支持为主的第二阶段。

13.2.2　金融支持后的风险评估及调整

金融支持后的风险评估及调整是指聘请专业评审或者专业的中介机构对科技型中小

企业金融支持效果进行抽盲评估，根据评估结果再不断优化调整。评估打分体系包括但不限于技术、成长、管理和风险多个指标。技术指标评估技术的先进性和替代性。成长指标是根据营业收入增长率、净利润增长率、行业占有率增速来判断企业行业前景和市场占有率提升情况。管理指标评估企业管理层的战略能力和把控能力，跟踪监测判断企业经营情况，是全流程均可使用的评估指标。风险指标是对科技型中小企业的合规风险、财务风险、流动性风险做出评价。对贷后投后企业盲抽盲审，将盲抽盲审结果与同行业横向对比，与企业过往指标纵向对比，向金融支持各方进行公示。若已超出风险阈值，则需要对金融支持的进程、力度、方法进行调整。

13.2.3　动态的风险管理及价值匹配

动态的风险管理包括风险准入、风险定价、风险监测、风险预警。针对不同产业模型，建立相应的风险管理流程和策略，防止出现踩踏性、系统性、群发性风险。以风险可控为基础，加强对金融支持企业的跟踪和监督，实施低门槛准入、高门槛监管。投后贷后管理要做好资金用途检查，资金流向监控，规避法律风险和合规隐患。通过丰富有效的贷后管理和投后增值服务，帮助企业更好应对各种问题，提高其创业成功的可能性。

动态的价值匹配是通过不同的金融业态协同促进，从风险管理水平、信息对称能力、产业集群规模、科技成果转化等多个维度出发，创新动态估值体系，实现风险和期望收益的匹配。

科技型中小企业是不确定性与风险较大的企业群体，金融支持应当正视风险的存在。出现风险后，不一概而论采用强制压、抽、收、断，需要具体问题具体分析，研究具体回收时机和退出路径，预判损失概率和损失承受能力。必要时，可以采用重组、救济等手段盘活资产。通过动态金融支持体系的打造，不一味以不出风险为最高目标。在避免系统性风险的基础上，提升缓释风险、转化风险、化解风险、处置风险的应对能力。

1) 初创期金融支持模式

初创期的资金来源主要有自有资金、亲朋资助、政府补贴、引导基金、天使投资、创投基金、点对点融资、民间借贷。初创期金融支持需要依靠政府主导的政策性金融，辅以市场化的供应链金融、天使投资、创投基金、点对点融资、民间借贷。

将初创期再细分，初创期的前半段是种子期。创业者已完成技术应用的市场调研，有了创业动机，初步招募了创始团队，规划了商业模式，做出创业决定后开始筹集资金，建立新企业，正确的市场评估会起到关键作用。在新建企业的过程中容易因市场不确定性等主客观原因影响资金筹集。种子期风险高、融资需求小、没有信用积累，较难获得商业性金融支持，所以资金大部分来自创业者的自有资金和亲戚朋友的资助以及政府补贴和创投基金。

初创期的后半段，科技型中小企业将生产经营与科技创新结合，保持发展与创新协同进步，会在初创期有了标准化产品。后半段资金缺口显著扩大，创业者较容易遭遇资金瓶颈。初创期企业缺少有效的资本金补充，较大可能对民间借贷产生依赖。由于民间借贷的运作有合规性隐患，企业需要承担更大的流动性风险及操作风险。

政策性金融支持从初创期就可以进入，可以采取"政策优惠+股+债"的组合模式。政策优惠上，可以提供孵化园几年内免租或者租金减半的优惠条件以及科技人才创业的启动资金。政府补贴以一年为周期，单项补贴发放时间累计不超过三年。股权上，政策性引导基金的性质类似股权投资中的天使投资，投后从政府控股的金投公司中选派董事参与企业经营管理并做好监督内控工作。债权上可以选择低息或者无息的政策性贷款，担保方式以信用为主，期限以中短期流动资金贷款为主，可以展期，累计不超过 5 年。

供应链金融挖掘出的优质科技型中小企业，考察科技型中小企业与产业链核心企业创新能力和技术周期的互补性。假如科技型中小企业对核心企业的创新动能有促进作用，可以通过核心企业股权投资持股的形式建立产业链同盟实现双赢，一是可以提高产业链资源转化效率，二是核心企业以供应链支持和管理支撑帮助初创企业快速成长，三是可以有效解决科技型中小企业的资金问题。

天使投资或者创投基金是科技型中小企业创业期最佳的股权融资渠道选择。天使投资人一般拥有较深厚的行业资源和商业背景，可以给科技型中小企业导入商业资源。

2) 成长期金融支持模式

成长期政策性金融逐渐退出，风险投资和商业银行信贷支持跟进，供应链金融亦可在成长期发挥重要作用。成长期企业产品和商业模式逐步得到市场验证，融资风险相较初创期已大幅下降。产品和市场的逻辑一旦有了验证，商业银行科技贷款、风险投资、私募股权即可以择机介入。战略性新兴产业链上的科技型中小企业，可与产业链核心企业合作研发项目，并且通过订单融资、应收账款保理融资、应付账款反向保理融资等方式获取资金并形成良好的信誉积累，增加增信手段，提高信息透明度。

在供应链金融模式下，商业银行可以通过供应链的信用积累给核心企业增加授信，核心企业通过商业票据等方式给科技型中小企业以支持。

3) 成熟期金融支持模式

成熟期政策性金融支持从直接的资金支持转向间接支持，政策上可以采取加速折旧摊销和科技经费税前抵扣等措施。成熟期企业具备了参与完全竞争市场的能力和条件，可以根据自身需要来选择适合的融资方式。由于信用积累已完成，可以适当提高间接融资的占比。可以选择的商业银行信贷支持包括订单融资、银行承兑汇票、商票保证、商票保贴、票据池融资、信用证、打包贷款、押汇、保理等。

成熟期科技型中小企业核心竞争力在整个生命周期中是最强的。竞争力强体现在潜在利润增长点更有爆发力，横向和纵向一体化能力增强，风险抗御能力和持续创新能力不断提升。成熟期的科技型中小企业致力于全方位创新，包括产品更新、技术创新、流程再造、提质增效等方面，使企业走向更广阔的平台。步入成熟期后的企业融资风险较低，商业银行的信贷支持是企业优先选择的融资模式。同时，科技型中小企业在营业收入规模和利润水平达到上市要求时，可以通过独立 IPO 上市、并购上市。

不同生命周期的科技型中小企业金融支持模式对比如表 13-2 所示。

表 13-2 科技型中小企业不同生命周期金融支持方式对比

生命周期阶段	风险水平	相应的金融支持
初创期	高	自有资金、亲朋资助、政府补贴、引导基金、天使投资、创投基金、点对点融资、民间借贷
成长期	中高	风险投资、商业银行信贷支持、私募股权投资,挂牌新三板市场
成熟期	低	资本市场直接融资、商业银行信贷支持尝试创业板或者中小板 IPO

在对科技型中小企业融资能力和风险量化基础上,本章对不同生命周期阶段科技型中小企业的融资定制进行了动态匹配,构建了全生命周期的金融价值链。

13.3 江北新区科技型中小企业融资政策分析

13.3.1 政策梳理

江北新区出台的有关科技型中小企业资金补助方面的政策主要有以下九条:

第一条:江北新区产业科技金融融合创新先导工程("灵雀计划")实施办法(试行);

第二条:南京江北新区促进创新创业十条政策措施;

第三条:"创业江北"人才计划十策;

第四条:南京江北新区高新技术企业培育支持办法(试行);

第五条:南京江北新区加快建设扬子江新金融集聚区的若干意见(试行);

第六条:南京江北新区科技创新券管理暂行办法;

第七条:南京江北新区科技服务机构引进培育支持办法(试行);

第八条:南京江北新区科技企业孵化器及众创空间奖励办法(试行);

第九条:南京江北新区知识产权专项资金管理办法。

这些政策中,除了第五条的受益企业是金融类企业,第九条的受益企业是所有江北新区企业外,大部分受益企业都是科技型中小企业,第七条和第八条分别对科技服务机构和孵化器进行补贴,间接支持了科技型企业的发展,为科技型中小企业发展提供了良好的环境。

大部分政策根据企业的人才、技术、金融能力进行补贴,补贴的角度有租房、买房、税收,直接融资和间接融资这几个不同的角度,不同政策补贴的侧重方面有所不同。

受补贴企业大多属于化工新材料、节能环保、生物制药、智能制造、文化创意、集成电路设计、辐射新能源和 3D 打印等新兴产业。受补贴的企业一般是经国家认定的高新技术企业,或符合产业导向的孵化空间和金融聚集区。大多对科技型中小企业的补贴,对单个企业一次性一般不超过 50 万元,而对众创空间和金融聚集区的补贴相对较高。

从上述政策中总结发现,大多数资金补助政策是针对企业的人才引进以及技术发明进行的资金奖励,不是针对企业的融资需求发布的。这些政策仅能解决科技型中小企业资金需求方面的燃眉之急,却不是解决其资金短缺的长久之策,也无法从根本上解决其自主研发知识产权的资金转化率低的问题。针对科技型中小企业融资方面补贴政策数量较少,补贴方式较为单一,很难满足当前江北新区科技型中小企业的融资发展的需求。

13.3.2　政策分析

1) 引导中小企业融资服务机构建立

美国在 1953 年设立小企业管理局(small business administration, SBA)，作为一个永久性的联邦政府机构，为中小企业发放直接贷款，自成立以来，累计直接或间接援助了近 2000 万家小企业。SBA 与全国 8000 多家贷款机构合作参与 SBA 贷款计划，为符合条件但直接向银行贷款不成的中小企业提供融资担保。SBA 还通过其运作的小企业投资公司计划，为初创阶段的高科技中小企业提供通过贷款担保，风险投资和中小企业结合的创新模式，带动了大量的商业性金融支持，极大地推动了美国高科技产业的发展。此外，政府通过设立进出口银行，为中小企业产品出口提供信用担保及风险担保，促进美国产品出口。

江北新区拥有良好的科技型中小企业的孵化器，这些孵化器目前只有简单地提供小额融资和办公场所的功能，今后的发展方向是统筹中小企业的金融支持、信用担保、发展规划、产业政策等。

一是加强政金企沟通交流。孵化器应该主动协调中小企业与商业银行、信托公司、证券公司、创业基金之间的关系，为中小企业搭建融资服务平台，并利用其平台解决中小企业市场准入壁垒、融资条件等问题。

二是成立以中小企业为特定服务的政策性银行，发展专业资产管理机构，引导民间资金依法设立创业投资企业、股权投资企业及相关投资管理机构。

三是设立中小企业发展基金。中小企业发展基金作为中小企业互助性基金，其基本功能是为中小企业提供小额短期融资或为金融机构的小额融资提供担保。基金的来源可以有以下几个方面：政府的财政资金拨款或政府给付的启动资金；中小企业每年按其营业额的一定比例缴纳；为中小企业贷款或为其贷款提供担保时的营业收入；社会捐赠或其他资金来源。

四是完善中小企业融资信用担保体系。实践中，由政府为中小企业的信用担保制度是发达国家中小企业使用率最高且效果最佳的一种金融支持制度。建立以省政府直接操作的中小企业信用担保体系，并形成省、地市、县三级信用担保体系网络，为中小企业贷款提供信贷担保。通过建立中小企业征信体系，包括中小企业信用数据库、中小企业信用评级体系、中小企业失信惩戒机制，从根本上解决中小企业融资中的信用制度供给不足。

2) 加大财政税收支持企业创新投资的力度

无论是美国、日本还是意大利，政府财政上的支持成了部分在融资上处于弱势的中小企业的资金来源。江北新区是一个发展中的国家级新区，地势偏远等造成了一部分企业的融资成本和融资难度均很高，在争夺资金上处于弱势，因此需要政府财政扶持。如意大利所设立的“技术创新特别滚动基金”，帮助中小企业实施重大生产技术改进或生产流程改进。其中对中小企业的无偿资助占 50%，其余的则通过贷款形式取得。此外，政府还为中小企业获取贷款提供担保的组织给予补贴、对落后地区和工业萧条地区的中小企业给予直接补贴、减税等特别优惠政策。

3) 完善中小企业融资政策法规

抓紧制定《江北新区产业科技金融融合创新先导工程("灵雀计划")实施办法(试行)》等配套地方法规,促进完善中小企业发展的差别化政策法规体系。对《商业银行法》贷款原则中过多强调担保进行法律技术上的突破,拓宽抵、质押物的种类和范围。

当前,江北新区在省、市知识产权局的支持下,打造了"我的麦田"知识产权互联网公共服务平台;该平台帮助科技型中小企业实现知识产权与金融资本的有效对接,解决企业的流动资金需求。截至目前,"我的麦田"平台服务对象超过 600 家科技型企业,完成的融资额超 8 亿元。

在此基础上,要明确科技型中小企业在江北新区经济发展中的地位,将"抓大放小"的企业发展政策调整为"抓大扶小",给予中小企业在资金、政策方面更多的扶持。

13.4　完善江北新区科技型中小企业融资政策的对策建议

1) 树立动态金融支持模式的理念

金融发展是动态的,科技发展也是动态的,对科技型中小企业的金融支持模式也必然是动态的,以商业性金融和政策性金融为组合拳服务好实体经济的初衷不应动摇。以政府引导基金的常态化项目对接机制为例,要发挥政府部门的组织优势推动实施"投政联动",发挥金融机构的行业优势推动实施"投贷联动",发挥中介机构的专业优势推动实施"投服联动",发挥各类基金的资源优势"投投联动"等融资支持作用。

2) 推进基于综合金融服务平台的金融价值链生态系统建设

综合金融服务平台使得金融传输介质能够消除时间和地域的限制,以较低的成本、较广的来源、较大的容量、较全的数据为科技型小微企业提供融资定制服务。在综合金融服务平台上构建"开放、共享、合作、互信"的金融价值链生态系统,纳入包括商业银行、风险投资机构、担保公司及保险公司在内的多层次金融机构,大力发展形成以政策性金融为引导、银行科技贷款为主力、风险投资为助推、担保机构和保险公司为缓冲、资本市场各司其职合理分工的金融价值链生态系统。

3) 在企业初创期全力发挥政策性金融启动器作用

初创期前期科技小微企业风险高、融资需求小、没有信用积累,初创期后期科技型小微企业将生产经营与科技创新结合,保持发展与创新协同进步,资金缺口显著扩大,创业者较容易遭遇资金瓶颈。该阶段应以政策性金融支持为主,发挥引导和激励的启动器作用,同时出台知识产权保障和鼓励政策,完善政府引导投资基金,加大税收减免及财政补贴力度,并鼓励天使投资、小额信贷积极对接企业。

4) 在企业成长期全力发挥商业性金融推动器作用

成长期企业产品和商业模式逐步得到市场验证,融资风险相较初创期已大幅下降。应全面发挥商业银行科技贷款的推动器作用、股权投资机构风险投资的加速器作用、担保增信的缓冲垫作用。鼓励科技型担保和科技型保险,支持风险投资、私募股权投资的发展和科技银行产品服务创新，同时鼓励企业试水资本市场。战略新兴产业链上的科技型小微企业，可与产业链核心企业合作研发项目，并且通过订单融资、应收账款保理融资、应付账款反向保理融资等方式获取资金并形成良好的信誉积累，增加增信手段，提高信息透明度。

5) 在企业成熟期全面鼓励个性化定制融资

成熟期的科技型小微企业致力于全方位创新，包括产品更新、技术创新、流程再造、提质增效等方面。步入成熟期后的企业融资风险较低，政策性支持从直接的资金支持转向间接支持，制定鼓励科技型企业自主研发创新及相关税收优惠政策。丰富股权融资及债务融资工具的组合，企业根据自身资金需求个性化定制适合的融资方式，充分发挥资本市场、金融市场和投资银行的作用。同时，政府对具备条件的企业进行资本运作方面的培训和辅导，鼓励其到国内创业板、中小企业板上市或国际资本市场上市。

6) 坚持全面加强保障性政策配给

在知识产权的价值认定方面，应着力推进知识产权法律制度完善，继续培育和发展知识产权流通市场，提高知识产权变现能力，为商业银行缓释信贷风险提供良好的市场氛围。全力推进科技型小微金融的专属保险产品和专业担保机构建设。从专项税收优惠、保费补贴、适度信息共享等方面对科技型小微企业信用担保企业和履约保证保险给予支持，进一步扩大可担保的领域、降低担保成本。全面推进一站式信用信息服务管理平台完善。集成工商行政管理局、税务局、环境保护局、银行、保险等机构的数据，建立一站式信用信息服务管理平台，增加专利申报、科技成果转化等信息，为金融支持提供方便快捷的实时查询、立项申报和平台撮合。

7) 建立科技型中小企业融资能力和风险水平评价体系

政府应建立并不断完善科技型中小企业融资能力及风险评估模型，从而根据企业自身需求以及其风险水平给予合适的贷款额度和期限。受调查时间和样本数量的限制，模型存在一定缺陷，在建立完善信用信息服务平台后，应根据江北新区大量科技型中小企业数据，建立准确反映其融资能力和风险水平的模型，利用模型让贷款申请变成“流水线”工程。提高科技型中小企业贷款成功率，加快贷款批复速度，达成资金供求方的双赢，实现资金供需匹配。

第14章 国际管理标准认证对企业绩效的影响研究——以江北新区为例

14.1 相关研究综述

国际标准化组织(ISO)颁布了一系列在全世界范围内通用的具有深刻影响的管理标准，目前已有 190 多个国家和地区等同或等效采用。参考具有全球管理经验公司和国际公认好的做法，ISO 系列标准以客户关注点、领导力、持续改进、人力资源、协调、决策、监测和评价等原则为基础，系统地描述了"应该怎么做"的问题。对全世界企业而言，国际管理标准认证可以提升客户满意度、有利于公司进入新市场、重塑内部程序、流程再造最终使之更为有效，还可以减少交易成本并成为技术创新和学习催化剂，有助于提升价值链中利益环节的更高价值。

中国是名副其实的国际管理标准认证大国，截至 2016 年底，中国有 35 万多家企业认证了 ISO 9001 质量管理标准和 13 万多家企业认证了 ISO 14001 环境管理标准，与 1999 年相比，分别增长了 20 多倍和 600 多倍。国际管理标准认证在中国国民经济和社会管理各领域得到了广泛应用。那么，国际管理标准认证究竟是否提升了中国企业劳动生产率？其影响渠道是什么？对这两个问题的回答，有助于我们探究通过提高中国企业的管理水平促进企业劳动生产率提升的路径，同时为政府相关部门制定更有效的政策措施，提供来自微观层面的经验证据。

1)国外研究综述

与主题紧密相关的国外文献可以归纳为三个方面：

第一，国际管理标准认证会提高企业绩效、利润或竞争力。Lafuente 等发现国际管理标准认证对西班牙制造业公司的绩效产生了积极影响，Casadesús 和 Gimenez 发现在 288 家获得国际管理标准认证的西班牙公司中，近 65%获得了非常高的内部和外部收益。对于国际管理标准认证为什么会促进企业绩效，已有研究结果表明：与非认证公司相比，国际管理标准认证公司的财务约束水平显著降低，销售成本也更低，劳动生产率更高，除此之外，国际管理标准认证还可以提高企业的质量意识并优化所有内部程序，通过提高运营效率而增加销售收入，并最终改善公司的整体财务业绩，减少交易成本、提高市场占有率或开拓新市场提高销售收入都会对企业绩效产生正影响，因此，在国际管理标准认证后会显著提高公司生产率、收入和利润。Goedhuys、Mohnen、Calza 等分别以非洲国家和越南中小企业为研究对象证实了此结论。

第二，大多数评估国际管理标准认证影响的研究结论都认为认证对企业生产率有显著影响，但也有研究并不认可这样的结论。在对土耳其 255 家中小企业研究时，Sıtkıİlkay

和 Aslan 发现经过认证的和没有经过认证的公司在绩效方面没有显著的统计学差异，认证对企业绩效没有直接影响；Albulescu 等也发现 ISO 9001 质量认证对欧盟 27 个国家的劳动生产率没有影响。对于这种现象，虽然绩效较高的企业可能更倾向于申请认证，但与此同时绩效提高的空间相对有限；或者如果认证国际管理标准没有显著提高公司绩效，可能的原因为这些公司在没有认证的时候就已经意识到提升生产率的重要性并且已经做出努力。

第三，国际管理标准认证对公司绩效或生产率等的影响与经济发展水平、通过认证的时间或是否同时认证不同国际管理标准等因素有关。Corbett 等发现国际管理标准认证对发展中国家的出口有积极影响，但对发达国家没有影响。有的公司在认证后的头两年就从管理标准系统中获得了积极效果，也有公司绩效在首次认证后会显著提高但三年后却明显异常，还有公司只有当同时实施环境管理和质量标准时才会提高劳动生产率。

2) 国内研究综述

首先，国际管理标准认证会通过促进技术创新，提升企业劳动生产率。Manders 等认为标准可能对企业的创新表现做出积极贡献，不断增加的创新投入会促进创新产出，从而提高劳动生产率。这可能是在准备获得证书的情况下，公司会升级现有的资本存量，并投资新的机器设备，如减少污染等，进行流程创新。此外，即使已经获得证书，但是由于国际管理标准认证会进行反复的审计，企业需要持续地创新、改进，进而最终对企业劳动生产率产生积极影响。

其次，国际管理标准认证会促进企业加强信息化，进而提升企业劳动生产率。信息技术是一个非常特别的影响劳动生产率的决定因素，它可以通过资本流来影响劳动生产率。Bloom 等认为计算机的使用是提高企业生产率和效率的潜在因素，Ceccobelli 等也提供了关于信息技术对劳动生产率增长影响的证据。

再次，作为一种特殊的生产力决定因素，人力资本扮演着非常重要的作用。企业要认证或维持国际管理标准需要对员工进行培训或者招收具有更多技能和能力的员工，遵守国际管理标准的公司更有可能为其员工提供更好的工作技能培训和条件，对员工产生更加积极的影响。因此，引入国际管理标准可以更好地提高整体人力资本水平，产生更好的员工效应，最终反映到提高劳动生产率上。

最后，遵守国际管理标准是在管理实践中获取知识的一种方法。国际管理标准认证提供了一系列关于产品质量、环境绩效、工作条件等可以遵循的模板，因此，为了进行国际管理标准认证，企业需要进行流程再造、重塑内部程序使之最终更为有效，比如说在申请认证的过程中，企业会优化程序、加强优化从而增加产量、提高产品质量、减少浪费、提高资源使用效率等提高管理水平，最终提高企业劳动生产率。

对比国内外已有文献，本章的边际贡献主要体现在以下几个方面：第一，已有实证研究主要集中在经济合作发展组织(OECD)国家的大型企业忽视了对发展中国家企业的分析，尤其缺乏对中国企业的研究，本章重点研究国际管理标准认证对中国企业劳动生产率的影响；第二，采用处理效应模型、倾向值匹配法等方法来缓解模型可能存在的内生性；第三，从理论上分析国际管理标准认证对中国制造业企业劳动生产率的影响机制后，采用中介效应模型实证检验信息化和技术创新作为中介因子起到的传导作用。

14.2 研究设计

14.2.1 模型构建

根据上面分析及研究设计，并借鉴已有研究成果，本章使用式(14-1)为回归方程考察国际管理标准认证对企业劳动生产率的影响：

$$\text{lprod}_{ij} = \alpha_0 + \alpha_1 \text{iso}_{ij} + + \beta_i \sum X_{ij} + \eta_{\text{city}} + \lambda_{\text{industry}} + \mu_i \qquad (14-1)$$

式中，lprod_{ij} 为 j 城市 i 企业的劳动生产率，为缓解模型中可能的异方差，对该变量取自然对数；iso 为企业是否通过了国际管理标准认证变量；X 为影响企业劳动生产率的一系列控制变量，包括企业年龄、规模、是否出口、是否拥有国外技术授权、人力资本和股份占比等。回归模型中还包含了城市和行业虚拟变量(2 位代码分类)，分别使用 η 和 λ 表示，μ 表示随机误差项。

14.2.2 数据来源

本章使用的数据来自 2018 年对江苏省南京市江北新区部分企业的调查数据，本次调查共发放 150 份问卷，共回收 142 份问卷，但经过整理共得到有效问卷 124 份。受调查的企业详细报告了企业国际管理标准认证、信息化投资与使用、供应链关系、企业研究与开发和企业财务绩效等情况。需要指出的是，我们的调查问卷仅对企业中经常使用计算机工作的员工占比、企业销售收入和员工人数等问题追溯了 2016 年的信息，其他问题则是 2017 年调查时的信息。本章对样本数据进行了相应的清理，在保留详细汇报了企业销售收入、信息化状况及企业员工数量等数据的问卷后，样本最终有 124 家企业的数据。

14.2.3 变量选取与描述性统计

首先，关于因变量(lprod)，通常而言，企业的劳动生产率是用来衡量企业员工在生产过程中效用水平的高低，它是企业生产技术水平、经营管理水平、员工技术熟练程度和生产积极性的综合体现。本章采用人均产品销售收入的对数进行度量经济绩效。

其次，企业国际标准认证变量(iso)，这是本章的核心变量。在调查问卷中，有关于企业是否获得国际管理标准认证的问题(如 ISO 9000 或 ISO 14000 等)，本章将回答已经获得国际管理标准认证的赋值为 1，否则赋值为 0。

此外，本章在回归模型中还包含一些影响绩效的其他控制变量。

企业年龄(age)。本章采用 2017 减去企业成立年份进行度量。企业的生命周期对企业生产率的影响有两个方面：一是处于成长阶段的企业可能会伴随企业的成长而提升企业劳动生产率；二是处于成熟阶段的企业由于生产经营的各方面已经较为完备，其对员工提供了更为全面的培训，从而有助于提高企业劳动生产率。为缓解可能存在的异方差，本章对该变量取自然对数。

企业规模（size）。一般而言，随着企业规模的扩大，企业产出的规模效应就会凸显，因为随着企业规模的扩大，企业内部专业化分工更加细化，而且规模小的企业在其生长期往往更容易得到快速发展，随着企业经验的积累，工人对生产过程越来越熟悉，企业的劳动生产率将逐渐提高。本章使用企业 2011 年底企业员工数的自然对数来进行度量。

企业是否出口（export）。根据新贸易理论，企业在是否选择进入国际市场时，主要是根据其自身的生产经营状况进行决策。如果企业的劳动生产率较高，那么其就倾向于进入国际市场，参与国际竞争。而且参与国际市场也可能会通过"干中学"推动企业技术进步，从而提高企业劳动生产率。在本章中，如果企业在问卷中回答有出口则赋值为 1，否则赋值为 0。

企业是否拥有国外技术授权（lic）。一般而言，国外企业在生产技术上具有优势，因此国内企业如果在生产经营中采用了国外较为先进的技术，就会提高企业的劳动效率。在本章使用的调查问卷中有关于企业是否使用了国外的技术授权问题，如果企业在问卷中回答是的赋值为 1，否则赋值为 0。

企业人力资本（educ）。根据人力资本理论，高素质的员工对企业的生产经营而言至关重要，企业雇用的员工具备较好素质，会在企业生产过程中减少中间投入品的损耗，而且还有助于产品质量的提升。结合本章使用的调查数据，本章采用企业员工平均受教育年限进行度量。

企业私人股份占比（private）、外资股份占比（foreign）、国有资本股份占比（soe）。相比外资、私营和集体企业，国有企业的效率相对较低，即企业拥有私人股份占比和外资股份占比越高其劳动生产率可能越高。

最后，本章还在模型中引入了企业所在城市的虚拟变量（city，由此产生 24 个虚拟变量，以北京为参照组）和企业所属行业（ind，以企业所在二分位行业代码将其进行分组，以食品加工业为参照组）的虚拟变量，用以控制企业所处区位的城市经济发展水平、行业的异质性对企业经济绩效的影响。对本章各变量的定义和描述性统计见表 14-1。

表 14-1　变量的描述性统计

变量	观察值	均值	标准差	最小值	最大值
企业劳动生产率	124	11.88	1.005	8.642	17.08
企业国际管理标准认证	124	0.724	0.447	0	1
企业年龄	124	2.332	0.574	0	4.820
企业规模	124	4.516	1.231	2.303	10.31
企业是否出口	124	0.338	0.473	0	1
国外技术授权	120	0.248	0.432	0	1
企业人力资本	124	10.20	1.884	1	18
企业私人股份占比	98	90.99	25.48	0	100
外资股份占比	99	4.966	19.25	0	100
国有资本股份占比	99	3.393	16.55	0	95

14.3　国际管理标准认证对制造业企业经济绩效的影响

14.3.1　回归结果及分析

在使用普通最小二乘法(OLS)对截面数据进行实证检验时,通常需要考虑到模型中有可能存在异方差和多重共线问题。为了缓解异方差,本章对经济绩效、企业规模等取自然对数。考虑到可能存在多重共线问题,本章检验了主要变量之间的相关系数(表 14-2)。

表 14-2　主要变量之间的相关系数矩阵

变量	企业国际管理标准认证	企业年龄	企业规模	企业是否出口	国外技术授权	企业人力资本	企业私人股份占比	外资股份占比	国有资本股份占比
企业国际管理标准认证	1								
企业年龄	0.086***	1							
企业规模	0.321***	0.181***	1						
企业是否出口	0.083***	0.0230	0.242***	1					
国外技术授权	0.200***	0.0130	0.221***	0.186***	1				
企业人力资本	0.164***	0.0270	0.062**	0.0270	0.128***	1			
企业私人股份占比	−0.140***	0.0250	−0.073***	−0.064**	−0.100***	−0.00800	1		
外资股份占比	0.074***	−0.064***	0.0370	0.171***	0.190***	0.0380	−0.719***	1	
国有资本股份占比	0.108***	0.0220	0.055**	−0.111***	−0.088***	−0.0380	−0.615***	−0.052**	1

和*分别表示在 5%和 1%的统计水平上显著

从表 14-2 系数结果可以看出,自变量之间的系数都在 0.8 以下,因而回归模型(1)中的多重共线不会影响本章的实证结果。

本章的回归结果报告在表 14-3 中,方程(1)～方程(4)汇报了国际管理标准认证对中国制造业企业经济绩效的影响。从回归结果来看,对企业劳动生产率而言,无论是否控制其他变量,国际管理标准认证与中国制造业企业劳动生产率存在稳定的显著正相关关系,国际管理标准认证有利于提高中国制造业企业劳动生产率,与 Lafuente 等及 Goedhuys 和 Mohnen 分别研究西班牙公司和非洲公司的研究结果一致。

企业是否出口。符合制定国际管理标准的初衷,企业是否出口在 5%的水平上显著正向影响企业经济绩效。持有国际标准证书将有助于降低交易成本,认证的外部收益可以在销售增长中看到,体现在贸易或出口活动的扩大、提高市场占有率或开拓新市场提高销售收入最终都会对企业绩效产生正影响。这启示政策制定者要引导鼓励企业多出口、多进入国际市场,从而提高企业经济绩效。

表 14-3　基准回归结果

变量	(1) OLS	(2) OLS	(3) OLS	(4) OLS
企业国际管理标准认证	0.263***	0.147**	0.208***	0.114*
	(4.88)	(2.50)	(3.51)	(1.77)
企业年龄			0.088*	0.052
			(1.80)	(1.10)
企业规模			− 0.044	− 0.034
			(− 1.61)	(− 1.22)
企业是否出口			0.105*	0.135**
			(1.78)	(2.32)
国外技术授权			0.132*	0.172**
			(1.93)	(2.35)
企业人力资本			0.057***	0.024
			(3.78)	(1.31)
企业私人股份占比			− 0.001	− 0.005
			(− 0.16)	(− 0.68)
外资股份占比			0.000	− 0.003
			(0.05)	(− 0.44)
国有资本股份占比			− 0.000	− 0.004
			(− 0.02)	(− 0.46)
常数项	11.694***	11.927***	11.207***	12.193***
	(271.27)	(40.81)	(12.70)	(14.41)
样本量	1465	1465	1421	1421
修正后的 R^2	0.013	0.090	0.031	0.099
F 值	23.808	5.098	5.663	4.640

注：括号中是稳健性修正的 t 值

*、**和***分别表示在 10%、5%和 1%的统计水平上显著

企业是否有国外技术授权。企业是否有国外技术授权在 5%的水平上显著正向影响企业经济绩效。相对于没有获得国外技术授权的企业，拥有了国外技术授权就意味着企业的生产设备或产品的质量都领先于国内同类企业，进而可以提升企业销售收入和经济绩效。这启示如果为了扩大市场份额或开拓国外市场，企业应主动申请拥有国外技术授权。

14.3.2　模型的稳健性检验

为了检验实证结果是否随参数设定的改变而变化，我们进行了如下稳健性检验，结果如表 14-4 所示。

表 14-4　稳健性回归结果

变量	(5) OLS 考虑异常值	(6) OLS 小微企业	(7) OLS 大中型企业
企业国际管理标准认证	0.126**	0.042	0.253**
	(2.14)	(0.54)	(2.13)
企业年龄	0.046	−0.002	0.099
	(1.03)	(−0.03)	(1.40)
企业规模	−0.028	−0.012	−0.071
	(−1.12)	(−0.25)	(−1.44)
企业是否出口	0.132**	0.006	0.224**
	(2.43)	(0.08)	(2.49)
国外技术授权	0.126*	0.251**	0.111
	(1.92)	(2.04)	(1.12)
企业人力资本	0.024	−0.001	0.051
	(1.43)	(−0.04)	(1.60)
企业私人股份占比	−0.006	−0.006	−0.003
	(−0.81)	(−0.61)	(−0.57)
外资股份占比	−0.005	−0.006	−0.000
	(−0.66)	(−0.57)	(−0.09)
国有资本股份占比	−0.005	−0.009	0.000
	(−0.61)	(−0.85)	(0.05)
常数项	12.066***	12.375***	12.505***
	(15.34)	(11.29)	(11.95)
样本量	124	78	46
修正后的 R^2	0.096	0.138	0.101
F 值	4.499	—	—

注:括号中是稳健性修正的 t 值

*、**和***分别表示在10%、5%和1%的统计水平上显著

1) 考虑异常样本点的影响

首先采用剔除异常值进行回归的方法进行稳健性检验。普通的最小二乘法的估计系数会受到异常样本点影响,剔除一些样本点有利于结果的稳健性。为此,本章剔除首尾两端1%的样本点,在此基础上对剩余 1%～99%的样本点重新估计。估计结果如表 14-4 中方程(5)所示。

比较表 14-4 中方程(5)结果和表 14-3 中方程(4)结果,会发现重要的自变量:国际管理标准认证对企业劳动生产率的影响都显著为正,本章的基准回归结果再次得到验证;其他控制变量得到几乎完全类似的回归结果,因此我们认为回归结果具有稳健性。

2) 考虑企业的规模大小

考虑到国际管理标准认证可能对不同规模企业劳动生产率的影响有差异,本章将企

业划分为小微企业组和大中型企业组。世界银行划分企业规模大小的标准是小于或等于 100 人为小微企业，大于 100 人为大中型企业。方程(6)和方程(7)分别汇报了小微企业和大中型企业的回归结果。比较方程(7)大中型企业的回归结果和方程(4)的回归结果，各变量的系数符号和显著性基本类似，因而认为回归结果具有稳健性。

比较方程(6)和方程(7)的回归结果，国际管理标准认证对小微企业和中西部地区大中型企业劳动生产率影响的系数符号相同但显著性不一样。可能原因为小微企业一般技术含量较低，工艺流程相对简单，提升空间有限，因而是否通过国际管理标准认证对小微企业劳动生产率的影响不显著。对于大中型企业而言，其生产工艺往往相对复杂，技术含量高，通过国际管理标准认证后，其内部流程的优化空间较大，技术水平也有较大创新提升空间，因而是否通过国际管理标准认证对提高大中型企业劳动生产率的影响显著。

14.3.3　内生性问题的缓解

首先，关于样本选择偏误的问题。在本章的基本回归模型中，企业究竟是否选择进行国际管理标准认证可能会受到一些不可观测的企业层面异质性因素的影响，同时这些因素又可能影响企业的劳动生产率。这会使基本回归模型中的内生性表现为样本选择偏误。对此，采用 Heckman 两步法来处理企业是否进行国际管理标准认证的样本选择偏误。遵循 Heckman 两步法的步骤，首先采用 Probit 模型对企业是否通过国际管理标准认证进行回归，从而得到每个企业的逆米尔斯比率(inverse Mills ration)；其次，将估计的逆米尔斯比率(imr_i)代入到前文的回归模型(1)进行估计。如果在增加了逆米尔斯比率的回归中，imr_i 的估计系数显著，则表明前文中的模型存在样本选择问题。具体的回归结果见表 14-5。

从表 14-5 第 1 列可以看出，本章关注的企业通过国际管理标准认证变量的系数依然显著为正。结果还显示逆米尔斯比率的系数在 5%水平上显著，从而可以推断前文基本回归中存在样本选择问题，这会导致前文回归结果存在偏误。从企业通过国际管理标准认证变量的系数看，其数值大于前文基本回归结果(表 14-3)中最后一列，这也意味着不处理样本选择问题，会低估企业国际管理标准认证对企业经济绩效的作用。

另外，在缓解不可观测因素对企业是否通过国际管理标准认证的影响中，除采用 Heckman 两步法对处理变量(iso_i)进行直接回归之外，还可以使用 Maddala 提出的处理效应模型(treatment effect)方法进行回归。假设处理变量由以下处理方程决定：

$$iso_i = L(z_i'\delta + \varpi_i) \tag{14-2}$$

式中，$L(\cdot)$ 为示性函数。变量 z_i 可以与模型(1)中的控制变量有重叠的变量，但 z_i 中至少有一个变量不在前文控制变量之中。更进一步，假设 z_i 与模型(1)中的随机误差项不相关，也即 z_i 影响企业是否进行国际管理标准认证，但不会直接影响到企业的生产率。因此这里的 z_i 可以看作是 iso_i 的工具变量。遵照惯常的做法，对上述模型可以进行类似于 Heckman 两步法进行回归，但这会导致效率损失。因此可以采用极大似然估计方法，同时估计模型的所有参数。

表 14-5　Heckman 两步法和处理效应模型回归结果

变量	(1) Heckman 两步法	(2) 处理效应模型
企业国际管理标准认证	0.159*** (2.62)	0.954*** (4.37)
逆米尔斯比率	−0.542** (−2.00)	
企业年龄	0.092* (1.90)	0.097** (2.06)
企业规模	−0.045 (−1.63)	−0.047* (−1.94)
企业是否出口	0.117** (1.99)	0.115* (1.93)
国外技术授权	0.141** (2.05)	0.143** (2.21)
企业人力资本	0.040*** (2.62)	0.041*** (2.88)
企业私人股份占比	−0.001 (−0.16)	−0.001 (−0.27)
外资股份占比	0.000 (0.02)	0.000 (0.01)
国有资本股份占比	0.000 (0.01)	0.000 (0.02)
企业数量		−0.031* (−1.74)
是否隶属于企业集团		0.893*** (6.41)
常数项	11.624*** (14.23)	10.793*** (18.82)
样本量	1421	1421
修正后的 R^2	0.047	
F 值	3.874	

注：括号中是稳健性修正的 t 值

*、**、***分别表示在 10%、5%和 1%的统计水平上显著

　　本章选取两个与模型(1)中不重叠的变量。一个是企业所在城市的省份中，所有获得国际管理标准认证的企业数量，另一个是企业是否隶属于某个企业集团。这是因为企业所属地区通过认证的数量会与该企业是否通过认证存在某种管理，但是该变量并不会直接影响到企业的生产率。此外，如果企业属于某一企业集团，那么集团内部其他企业通过认证会对本企业通过认证产生影响，同样这并不会直接影响到本企业的生

产率。因而这两个变量就符合处理效应模型所要求的工具变量外生条件，而且上述两个变量与企业国际管理标准认证之间也不存在逆向的因果关系。在满足上述条件下，本章采用极大似然估计方法进行回归，从而得到一致性估计结果。具体结果汇报在表 14-5 第 2 列。

表 14-5 的结果显示，本章所重点关注的企业通过国际管理标准认证变量系数在 1% 水平上显著为正，并且其系数进一步增大。这一结果也再次表明，前文回归模型中由于不可观测因素导致的样本选择偏误会低估企业通过国际管理标准认证对企业生产率的效应。

另外，倾向值匹配方法(propensity score matching, PSM)回归。采用以上两种方法处理了不可观测因素导致的样本选择偏误。但企业是否选择认证国际管理标准还会受到企业自身的异质性条件约束，为此采用倾向值匹配法来进行分析，这种方法通过将一些可观测因素相似的样本进行配对，然后比较配对后的样本，从而得到处理效应。在本章中，将通过国际管理标准认证的企业作为处理组(iso 赋值为 1)，否则就作为控制组。

同样遵照文献中惯常的做法，第一步采用 Probit 模型，对企业是否通过国际管理标准认证进行回归，并得到每个企业的倾向值。第二步，同时采用一对一匹配、近邻匹配、核匹配、局部线性回归匹配和马氏匹配五种匹配方法计算处理效应。需要强调的是，在进行倾向值匹配时，对照组与处理组必须在匹配后具有相似的特征，即要符合平衡性条件。因此在进行匹配后，我们对企业的异质性变量(企业的规模、年龄、是否出口、是否获得国外技术授权和企业人力资本)的均值进行 t 检验，结果表明匹配后，处理组和对照组的这些异质性变量都不存在显著差异，表明进行倾向值匹配是合适的。

从表 14-6 可以看出，不论采用一对一匹配还是其他四种匹配方法，本章所重点关注的企业通过国际管理标准认证变量都是显著为正，其效应介于 0.191～0.254。这也表明企业通过国际管理标准认证对企业经济绩效具有显著促进作用。

表 14-6　企业国际管理标准认证对经济绩效影响的倾向值匹配方法回归

变量	(1) 一对一匹配	(2) 近邻匹配	(3) 核匹配	(4) 局部线性回归匹配	(5) 马氏匹配
是否通过国际管理标准认证	0.254** (2.12)	0.234** (2.25)	0.191** (2.06)	0.243** (2.03)	0.246*** (3.92)
控制组企业数	38	38	38	38	38
处理组企业数	80	80	80	80	80
总样本数	118	118	118	118	118

注：括号中是稳健性修正的 t 值
*、**、***分别表示在 10%、5%和 1%的统计水平上显著

14.4　国际管理标准认证对企业劳动生产率的影响

在前文的分析中，企业通过国际管理标准认证，一方面必须在生产运作和日常管

理中进行相应的变革，进行流程再造，而且还需要引入新的产品或服务。另一方面在进行流程再造时，企业生产和经营管理的信息传播也需要企业在信息技术方面进行改造，从而使得信息技术与企业生产运作深入融合。为了有效识别企业进行国际管理标准认证对企业劳动生产率影响的这两个机制，本章借鉴 Baron 和 Kenny 提出的中介效应模型，构建以下三个回归模型检验企业国际管理标准认证影响企业劳动生产率的传导机制。

$$\mathrm{mod\,erator}_i = \alpha_0 + \alpha_1 \mathrm{iso}_i + \phi_i \sum X_i + \varepsilon_i \tag{14-3}$$

$$\mathrm{lprod}_{ij} = \alpha_0 + \alpha_1 \mathrm{iso}_{ij} + \alpha_3 ict_{ij} + \alpha_4 rd_{ij} + \beta_i \sum X_{ij} + \eta_{\mathrm{city}} + \lambda_{\mathrm{industry}} + \mu_i \tag{14-4}$$

$$\ln \mathrm{prod}_i = \theta_0 + \theta_1 \mathrm{iso}_i + \theta_2 \mathrm{mod\,erator}_i + \lambda_i \sum X_i + \xi_i \tag{14-5}$$

式中，$\mathrm{mod\,erator}_i$ 为中介变量，分别是企业在过去三年是否引入了新的产品和服务(rd)，如果企业回答是，则赋值为 1，否则赋值为 0；企业信息技术在生产和经营管理中的应用频率(po)，这是一个排序变量，其值分别为 1、2、3、4 和 5，分别对应于从不、很少、偶尔、经常和全部应用。iso_i 和 X_i 与本章模型(1)一致。

对应中介效应模型，一般检验步骤分三步进行：第一步对回归模型(3)进行回归，检验企业国际管理标准认证对企业创新行为和信息技术在生产经营管理中的应用影响，如果两个中介变量的系数都显著为正，这就意味着企业国际管理标准认证会有助于企业创新和激励企业信息技术在生产经营中的应用，同时进行下一步回归；第二步则是利用模型(4)检验企业国际管理标准认证对企业经济绩效产生的影响，理论上而言，回归结果应该显著为正；第三步则是将企业国际管理标准认证变量与中介变量同时放入回归模型[如模型(5)所示]进行回归，如果国际管理标准认证变量显著为正，且其系数较模型(4)有所下降，同时中介变量也显著为正，则意味着中介变量存在部分中介效应。如果国际管理标准认证变量显著为正，且系数较模型(4)有所下降，同时中介变量都不显著，则意味着企业的创新行为和信息技术应用在其中扮演了充分的中介作用。

表 14-7 报告了本章的中介效应检验。表 14-7 中第 1 列和第 2 列结果分别显示，企业通过国际管理标准认证变量在 5% 统计水平上显著为正。第 3 列结果又表明，企业国际管理标准认证变量与企业经济绩效有正相关关系，并且 10% 水平上显著。第 4 列和第 5 列则将本章的核心自变量和中介变量一同放入回归模型，结果显示，本章的核心自变量在 10% 水平上分别显著为正，而且较模型(4)而言，核心自变量的系数有所降低。同时本章两个中介变量的系数虽然为正，但都不具有统计上的显著性。这就验证了企业的创新行为和信息技术在企业生产经营管理中的应用起到了完全的中介作用。本章的这一结论表明，企业通过国际管理标准认证需要与企业自身具备的异质性条件共同作用，才可能提升企业经济绩效。

表 14-7　国际管理标准认证对企业劳动生产率影响的传导机制检验

变量	(1) OLS	(2) logit	(3) OLS	(4) OLS	(5) OLS
企业国际管理标准认证	0.195**	0.334**	0.114*	0.110*	0.107*
	(2.48)	(2.02)	(1.77)	(1.68)	(1.66)
企业年龄				0.016	
				(0.73)	
企业规模					0.072
					(1.22)
企业是否出口	0.082	0.026	0.052	0.043	0.050
	(1.51)	(0.24)	(1.10)	(0.90)	(1.05)
国外技术授权	0.117***	0.213***	−0.034	−0.032	−0.039
	(4.29)	(3.91)	(−1.22)	(−1.14)	(−1.37)
企业人力资本	0.064	0.293**	0.135**	0.145**	0.135**
	(0.90)	(2.03)	(2.32)	(2.48)	(2.31)
企业私人股份占比	0.508***	1.003***	0.172**	0.174**	0.152**
	(6.69)	(6.03)	(2.35)	(2.35)	(2.08)
外资股份占比	0.083***	0.140***	0.024	0.023	0.024
	(4.15)	(3.48)	(1.31)	(1.23)	(1.26)
国有资本股份占比	0.001	0.015	−0.005	−0.005	−0.005
	(0.07)	(0.75)	(−0.68)	(−0.72)	(−0.68)
	0.002	0.009	−0.003	−0.004	−0.003
城市	控制	控制	控制	控制	控制
工业	控制	控制	控制	控制	控制
常数项	1.035	−4.615**	12.193***	12.396***	12.212***
	(1.21)	(−2.23)	(14.41)	(14.44)	(14.49)
样本	116	119	98	102	108
修正后的 R^2	0.343		0.099	0.102	0.101
F 值	26.596		4.640	4.625	4.645

注：括号中是稳健性修正的 t 值

*、**、***分别表示在 10%、5%和 1%的统计水平上显著

　　最后需要指出的是，对于本章以上通过逐步回归法探究中介效应，已有文献也存在诸多争议。在对中介效应检验的各种方法进行比较后，温忠麟和叶宝娟(2014)认为逐步检验方法是一个有效的检验方法，这是因为逐步检验方法的检验力在各种方法中是相对最低的。即逐步检验方法如果能够得到显著的回归结果，那么该检验方法得到的回归结果相对就是有效的。

14.5　研究结论与政策启示

本章采用对南京江北新区企业 2018 年的调查数据,实证检验了国际管理标准认证对江北新区企业经济绩效的影响。考虑到异常样本点、企业地域和规模大小都可能影响回归结果,对回归结果进行了稳健性检验;并采用处理效应模型和倾向值匹配法缓解模型中可能存在的内生性;最后为了有效识别国际管理标准认证对企业劳动生产率的影响机制,还采用中介效应模型,构建回归模型检验国际管理标准认证影响企业经济绩效的传导机制。研究结果表明:①在控制其他影响企业劳动生产率变量的情况下,国际管理标准认证、企业是否出口和企业是否具有国外技术授权均与企业经济绩效呈现显著正向关系;②国际管理标准认证对企业劳动生产率的影响具有异质性,即国际管理标准认证对大中型企业的经济绩效显著正向影响,而对小微企业的劳动生产率影响不显著;③作为中介因子,信息化和技术创新在国际管理标准认证对企业经济绩效的影响中确实起到了中介传导作用。这些经验事实表明,国际管理标准认证可以促进企业经济绩效的提高,其主要通过影响企业的信息化程度和技术创新等渠道来提高企业经济绩效。由此为政府如何制定相应的政策提供了参考依据。

本章的政策含义也显而易见。首先从政府视角来看:①政府应大力引导鼓励企业参与国际管理标准认证,特别是鼓励小微企业参与认证。尽管目前小微企业认证国际管理标准对经济绩效的提高不显著,但是从长远来看,这个好的影响是显而易见也是必然的。政府一方面加大对国际管理标准的宣传,另一方面可采用财政补贴或税收优惠等措施来促进企业参与国际管理标准认证。②政府应鼓励企业开拓海外市场、加大产品出口,政府应大力扶持企业产品出口帮助企业步入国际舞台,可搭建交流平台并采用出口退税等优惠政策。其次从企业角度来看:①企业应主动引入国外技术授权,进而提高产品质量,加强企业竞争力,扩大海外市场或增加市场份额。②企业应主动进行技术创新并加强企业内部的信息化建设,这主要体现为加大研发投入和信息化建设投入,促进创新成果的产出和扩大对计算机的使用范围,最终提高企业劳动生产率。

第五篇　乡　村　篇

第15章 江北新区美丽乡村建设中农民共建共享机制调查研究

15.1 江北新区美丽乡村建设现状

15.1.1 江北新区美丽乡村建设范围

江北新区位于南京市长江以北,包括浦口区、六合区的部分区域和栖霞区八卦洲街道。2015年6月国务院批复国家级江北新区规划范围为788平方千米,主要是城市建设区域,江北新区386平方千米直管区范围则更为集中(内含33.2平方千米核心区)。本书主要针对的美丽乡村建设,分布范围广、地点分散。目前浦口区的"十大珍珠"、六合的"茉莉花园"、八卦洲生态农场、江北新区特色旅游街镇(汤泉、竹镇、冶山)多数都不在江北新区直管区,因此调查研究的范围采用广义的江北新区。因此本章研究的江北新区是广义的2451平方千米范围,包括核心区、直管区、共建区和协调区。在城镇,江北新区侧重发展工业、高新技术、医药健康、高等教育等,构建"两城一中心"产业空间格局,打造具有全球影响力的科技创新核心承载区;在农村,还要进行美丽乡村建设,实现城乡协调发展。

15.1.2 江北新区美丽乡村建设成效

江北新区环境优势明显,拥有国家级老山森林公园、长江滨江风光带、滁河风光带及散发着乡愁气息的美丽乡村。近年来,江北新区在美丽乡村建设方面取得了较好的成绩,有很大的发展空间。作为江北新区核心的浦口,其被称为"十颗珍珠"的美丽乡村近年来应运而生。它们是水墨大埝、知青故里、楚韵花香、桃园静谷、西埂莲乡、芳草香甸、盘城葡萄园、九华茶坊、山贡里人家、老山不老村。其中美丽乡村建设的成功范例之一是水墨大埝,2016年4月正式开园,开园2年多时间,接待游客突破200万人次,被评为"南京最美乡村""江苏省休闲农业观光示范村""江苏省四星级乡村旅游区"等,2017年创建为"国家3A级旅游景区"。据统计,该区美丽乡村占全区总面积的68.13%,位列全市第一。此外,永宁街道成功打造了知青故里、东葛驿站、姚徐老街、侯冲油菜花节等特色景点,2016年以来吸引游客37万人次,在全国70多家媒体共同主办的"中国最美村镇"评选活动中,成为30个"中国最美村镇"之一,是南京唯一入围村镇。江浦街道不老村和汤泉街道瓦殿社区分别获"中国最美村镇50强"和"2017中国最美村镇生态奖"称号。

15.1.3 江北新区美丽乡村建设理念

美丽乡村建设的落脚点在"农村",但它的出发点和着眼点在"农民"。如何得到村民的信任和支持，显得尤为重要。美丽乡村建设的落脚点在"农村"，重点在"农民"，初心在"农民"，坚决不能为了建设而建设，要把人民高兴不高兴、满意不满意、答应不答应作为检验工作的标准。美丽乡村建设的目的在于改善农村环境与百姓生活品质，改变过去农村的一些不良习惯，让村庄更加整洁美丽，环境更优美，让百姓享受到农村独特的田园风光与乡村风情。同时吸引城市人来农村观光旅游，增加消费，带动农村产业的发展，增加农民收入。只有让每一位村民发自内心的认可，才可能建设好美丽乡村。只有群众富了，生活好了，精神愉悦了，实现全民共建共享，才是最终发展目的。要让农村成为安居乐业的美好家园，让农业成为有奔头的产业，让农民成为体面的职业。

15.1.4　江北新区"美丽乡村+"模式

在江北新区美丽乡村建设过程中，非常注重采用"美丽乡村+"模式，注重可持续发展。浦口区委农工委相关负责人介绍，建设中我们坚持生态和谐的建设理念，以示范片区内的道路体系、生态修复、水体整治、旅游开发项目为重点，推动片区村落景观、道路景观、水体景观、绿化景观自然协调。在"珍珠村"西埂莲乡，永宁街道按照特色景观农业发展思路，将原本分布凌乱的荷塘整合，打造了万亩集观光、农事体验、农家乐餐饮于一体的休闲观光农业模式，成为南京市民夏日休闲避暑的好去处。同时，西埂莲乡也是我市水生蔬菜最大的供应基地之一，并由此催生出莲藕休闲食品深加工产业，自创品牌"半瓶摇"莲藕汁供不应求。位于老山北麓的美丽乡村水墨大埝彰显的则是体育文化，建起南京市首个山地自行车骑行俱乐部，并承接多次骑行、攀岩专业赛事。边骑车边看老山风景，游客在这里得到了独特的体验。在投入机制上，美丽乡村建设坚持政府引导，多元主体参与；在运营机制上，坚持建管分离，由专业的人做专业的事。在打造美丽乡村的过程中，浦口区不断延伸美丽乡村产业链，积极发展"美丽乡村+特色产业""美丽乡村+健康""美丽乡村+文创"等新业态，2017 年全区乡村旅游共接待游客约 300 万人次，乡村旅游总收入达到 90 亿元。

15.1.5　江北新区农民参与"美丽乡村+"共建共享

建设美丽乡村，农民是主体，农民参与是重点，保障农民利益是根本。在打造美丽乡村过程中，选择留下或是搬迁，浦口区完全尊重村民的意愿。对于愿意留下的村民，政府不但改造了整个村庄的硬件设施，还统一为他们出新房屋，并鼓励扶持农户利用自家房屋开办农家乐或民宿。浦口区农民已享受到美丽乡村建设带来的红利。姚徐老街建成后，所有的商铺交由当地村民经营；侯冲社区成立的旅游发展有限公司吸纳了 120 多位本地村民就业，每人每月的收入超过 3000 元；在旺季，桃源谷农家乐的日营业额达到 6000～7000 元；"二牛"农家乐、"三婶家"民宿、"周老二土菜馆"等经营户都达到了 30 万元以上的年收入。通过打造乡村旅游景区、发展家庭农场，越来越多的农民选择了返乡工作。据统计，在按月缴纳各项社保费用的基础上，返乡就业农民的人均工资达到 3000 元/月。江北新区直管区的美丽乡村建设也如火如荼，盘城街道永丰社区、落桥社区、渡桥社区等都在进行美丽乡村建设。浦口"十大珍珠"之一的盘城街道葡萄园虽然在直管区，但目前盘城葡萄园侧重于葡萄种植和农民创收，对于乡村旅游的带动效应相对有限。

15.2　江北新区美丽乡村建设调查

15.2.1　调查情况概述

对美丽乡村建设的实地调查主要是与基层政府召开座谈会和进行提问式的访谈。座谈会和访谈主要围绕农民和基层政府两个主体分开调查，以下是两方面材料的汇总。

1) 对农民的访谈

(1) 你是否认为基础设施是美丽乡村建设中最重要的部分？

(2) 你是否会认为美丽乡村建设与自己无关，主要是政府的事情？

(3) 你是否向基层政府和美丽乡村建设单位提出过相关建议和意见？

(4) 你家的土地、房屋拆迁方案安置是否合理？

(5) 你是否在美丽乡村建设点附近进行了创业？如有，主要是经营什么？

(6) 你是否受到基层政府的相关职业培训？如有，主要是培训何种职业？

(7) 美丽乡村建设中给你提供了什么就业岗位？就业待遇如何？

(8) 你是否参与到美丽乡村建设的经费使用的监督工作中？

(9) 你对本地美丽乡村建设的持续发展有何建议？

2) 对基层政府的访谈

(1) 美丽乡村建设的经费来源有哪些？

(2) 政府认为自己在美丽乡村建设中的角色是什么？

(3) 政府认为农民在美丽乡村建设中的角色是什么？

(4) 政府认为美丽乡村建设中最重要的工作是什么？

(5) 政府是否有相应的体现农民主体性的举措？如有，是什么？

(6) 政府是否有相应的机构对农民进行职业培训？

(7) 本地美丽乡村建设中解决农民就业的途径主要有哪些？

(8) 本地美丽乡村建设中农民创业和创收的情况如何？

(9) 政府对设计单位和施工单位的要求是什么？如何在设计和施工中更好地提高农民的参与度和获得感？

15.2.2　实地调查过程

1) 六合区雄州街道美丽乡村建设调查

2018 年 8 月 20 日调研人员走访了六合区雄州街道经济发展服务中心，与雄州街道规划办主任戴之明、雄州街道党工委副书记王勇(挂职)、雄州街道党工委委员和人武部长祁东文、雄州街道经济发展中心周林等座谈了 2 个多小时，现场做了笔记，对访谈录音，回来后整理了访谈录音，了解雄州街道美丽乡村建设中农民共建共享情况。

2) 浦口区永宁街道水墨大埝美丽乡村建设调查

2018 年 10 月，唐美丽和沈婷实地调查和访谈了水墨大埝景区、浦口区城乡建设集团和浦口区委党校，了解永宁街道水墨大埝美丽乡村建设中农民共建共享情况。

3)六合区竹镇美丽乡村建设调查

2018 年 11 月调研组参加了六合区竹镇美丽乡村建设情况调研，对竹镇镇长刘敏进行了访谈，走访调查了大泉湖几户农民，收集了相关资料。

4)参观其他江北新区美丽乡村建设景点

调研组参观了江北新区江浦街道不老村、盘城街道格冠生态农场、六合竹镇大泉湖、桃花岛、止马岭、巴布洛生态谷、八卦洲街道的红杜鹃生态农场、陌上花渡等美丽乡村建设景区，了解江北新区美丽乡村建设中农民共建共享情况。

15.2.3　具体调查内容

1)筹集美丽乡村建设资金情况

以水墨大埝为例：国资+社会资本+农户。

国资：浦口区城建集团作为国有企业参与水墨大埝的开发建设，充分发挥国有资本的带动作用。该公司首期投入 2.14 亿元资金，打造"一街三馆五园"的格局，推动九曲水街、自行车文化体验馆等一批特色项目建设，截至 2018 年底，营业收入已突破 300 万元。同时，国有企业将自身的企业精神以及现代经营理念融入开发建设和经营管理全过程。城建集团发挥"敢想敢干、大干快干、苦干实干"的集团企业精神，仅用三个月的时间，使昔日的一个偏僻乡村实现了华丽转身，成为浦口美丽乡村建设的示范村、样板村，体现企业的实干精神，高效的执行力。

社会资本：水墨大埝的运作模式，是由国有资本先期投入，过程中不断吸收社会资本进入，待发展成熟后国有资本逐渐退出，由社会资本运营，这种模式能够有效缓解项目前期对社会资本吸引力不足的问题。目前，景区内滑草场、树上探险、水上拓展桥、童乐园、水上乐园等项目均引入专业的运营团队，借助社会资本运作，采用分成合作的形式为景区创造收入，依托景区的品牌价值及影响力实现双方的互利共赢。

农户：水墨大埝以项目带动农户创业，鼓励农民投资民宿、农家乐等产业，充分调动村民的参与积极性。通过土地流转，让农户入股分红，增加农民收入。

雄州街道：六合区雄州街道以自筹资金为主，市财政奖补和区配套为补充的筹资方式

雄州街道在已确定的村庄布点规划村组来实施美丽乡村建设。从 2016 年开始推动美丽乡村建设，每年投资在 1000 万～2000 万元。街道在开展美丽乡村建设过程中获得的社会效益主要用于居民。

2)农民参与监督经费使用、参与规划设计情况

水墨大埝建设之初，多次组织村民开座谈会、外出参观，让村民直观感受共建美丽乡村带来的好处，真切感受到党和政府是真心实意在为他们做事情，赢得百姓支持。同时大力推进党风廉政建设，通过建章立制、规范财务及"三资"管理，做好党务、村务公开，主动接受群众监督，赢得百姓信任。

雄州街道美丽乡村建设经费的使用单位主要有建设单位、建筑单位和施工单位，由街镇和村级管理施工，经费使用监督部门多，由市审计局、市劳工委和区审计局、区劳工委对美丽乡村项目进行审计。农民参与民主理财小组和民主监督会，参与整个建设的全过程中，启动推进动员会，后进入工程施工阶段。以村为单位的建设方，先成立领导小组，再成立监督组(其中包括民主理财小组和民主监督委员会成员、村里的人大代表、党员和村组的干部)，监督组对施工质量和资金使用情况等进行监督。项目资金是设定造价，村组通过公开招投标，招标后保证质量的情况下，完成工程。雄州街道美丽乡村建设中农民参与规划，规划进度维持两个月，从上到下、从下到上反复经过多轮探讨修改，最终到区规划办、规划委员会审批。农民参与这些过程，提高对农民的要求，不断地提升了农民的参与度及农民的自身素质。虽然农民参与这些过程没有报酬，但他们积极性很高，乐意参与，知道在为农民自身谋福利。

3) 整治土地、提高土地利用率情况

水墨大埝通过土地流转，让农户入股分红，增加农民收入。在建设过程中，把危旧房和违建房拆掉，盘活闲置农房、土地资源，在不改变土地性质及用途的前提下，鼓励农民通过入股、租赁等形式进行流转，鼓励农业专业化、集中化、规模化经营。近年来，水墨大埝共流转土地 2000 多亩，按照土地租金每年每亩 1000 元来算，每年农民增收达 200 余万元，每年人均固定增收 1078 元。另外，流转土地能带来青苗费，农民一次性青苗补偿近 5000 万元，一次性人均增收 2.7 万元。通过土地股份合作社集中农民土地，统一打包交由旅游开发有限公司发包整合；通过民宿合作社集中农民闲置农房，统一对外招商，让资源变资产，资产变收益，增加村民收入。

六合竹镇变优良的生态本底为"后发优势"，发展步入快车道。过去守着好山好水好生态的竹镇，却鲜有现代农业企业问津。为此，竹镇首先解决农村基础设施和生活配套设施落后、耕地经营分散、村庄布局凌乱、土地浪费严重、集约化程度不高等问题。2009年开始，在金磁、烟墩、送驾、三星、光华村试点实施"土地综合整理"工程。过去的"烧饼田""油条沟""碟子塘"变成了渠成行、田成方的高标准农田，既提高了土地利用率，又优化了环境。搬迁零散居住村民进入安置小区，土地连点成线成片，规划高标准农田，同时，同步推进土地流转、道路交通、村庄环境整治等。截至 2018 年底，共实施土地整治 123240 亩，流转土地 10.67 万亩，引进农业龙头企业 33 家，成立农地股份合作社 38 家，入股农户 6345 户，每年通过村集体和土地股份合作社向 7000 多农户发放土地租金 4900 万元。

六合区雄州街道对村庄建设合理规划，集约节约利用土地，改善了生产生活条件。美丽乡村建设不涉及农民的农用耕地，只在村庄原有基础上进行改善，主要做绿化、道路、污水处理、环境整治、疏通沟渠，并结合当地民俗或过去古老遗留下来的值得回忆的东西去挖掘与恢复。将相对分散的农民住户拆迁统一建小区，整合原有居住用地为农田，种植农作物，提供集中耕种。在农民集中居住的前提下，集中供给配套设施，包括幼儿园、小学、卫生院、活动场所等。

4) 发展休闲农业、生态农业情况

水墨大埝。2013 年之前，大埝村以农业为主，居民生活品质不高。水墨大埝景区开放后，村内第三产业迅速发展，旅游农家乐、民宿等服务业成为新增长点。目前大埝正在修建更大规模的民宿，以满足团队活动的餐饮、住宿、会议等配套服务。深挖周边农产品、旅游资源，试验田，对老百姓的粮食、土特产、农产品进行收购、包装，发展休闲生态农业。积极拓展营销渠道，搭建电子商务平台，如"水墨大埝"微信公众号、为民服务群、党员群等，拓宽农特产品的销售渠道，实现线上线下同步销售。此外，大埝发挥新乡贤群体、文化能人、民间艺人引领示范作用，运用新联会、诗书画院、民宿协会、农家乐协会等民间组织，让老百姓参与美丽乡村建设。

六合竹镇。竹镇通过"土地综合整治"吸引了巴布洛、朗诗、伊利等一批现代农业企业落户。目前，正在加快建设现代农业产业园区和南京现代生态循环农业科技园区，引进农业龙头企业 33 家，总投资约 24.6 亿元，其中，国家级农业龙头企业 2 家、省级 3 家，形成以镇区为中心、西部干线和北部干线为两翼的 V 字形产业发展廊道和大泉湖——止马岭休闲农业、金磁生态循环农业、大泉八里粮油蔬菜三个核心片区。

六合雄州街道。以钱仓社区姚顾美丽乡村示范点为例，该社区申报了农民创业基地。由于先天条件好，地大、地域面积广，土地质量好；有葵园，影响力大，务工人员比较多。姚顾村创业申报超过 25 户。申报创业的条件是具有本地农民身份，持有营业执照的个体经商户。姚顾美丽乡村示范点申报了 59 户，注册资金 1755 万，带动劳动力就业 228 人。农业项目不仅没有税收，上级还补助每人每年 3000~5000 元。

5) 特色景观、民生工程建设与农民宜居环境情况

水墨大埝从基础设施与公共服务方面着手，努力提高农民生活的幸福感。2013 年之前的大埝，用老百姓一句谚语，叫"村内出行无好路，污水靠蒸发，垃圾靠风刮"。兴建景区以来，大埝发生了翻天覆地的变化。在美丽乡村建设过程中，大埝坚持运动、休闲、健康发展方向，保留原住民的生产生活方式，不大拆大建，保持和利用原有优越的地形地貌，加强村道硬化、亮化、垃圾分类处理、卫生改厕污水处理、村庄绿化等系列民生工程建设，着力改善村居环境。此外，江北新区美丽乡村建设依据乡村特色，打造生态宜居环境和绿色农业产业链条，如盘城葡萄园(以葡萄为农业主题)、西埂莲乡(莲藕之乡，打造以荷花为主题的美丽乡村)，以生态为本创建康乐养生品牌，不老村、汤泉的温泉小镇，以独有的资源搞开发。文化元素也是可以利用的资源，如以怀旧为轴串联知青元素遗存的知青故里、以历史为源挖掘楚汉文化精品的楚韵花香等，通过梳理挖掘地方特色资源，放大做强特色优势，深挖美丽乡村的内涵品质，努力做到避免"千村一面"或内容同质。在浦口，可以"春品香茗、夏游莲乡、秋赏林海、冬浴温泉"。

6) 提供就业、创业机会，提供职业培训，带领农民致富情况

水墨大埝。大埝将部分基础性、技术要求不高的岗位留给附近村民就业，如保洁、保安、园林绿化和养护等岗位，增加农民收入。2013 年之前，大埝过半数以上村民外出打工，人均年收入只有 1.4 万元，兴建水墨大埝以来，村内外出打工人员纷纷返乡就业、创业，两年来，直接带动村民就业 200 余人，每年创造工资性收入 400 多万元。如今，

水墨大埝现有的员工，85%以上都是周边的老百姓，在九曲水街北侧打造的农家乐、民俗及手工艺品步行商业一条街，让全村近一半人吃上"美丽饭"。村集体收入和农民人均收入从 2013 年的 120 万元和 1.4 万元，提升到 2017 年的 460 万元和 2.6 万元，村集体收入增长 2.83 倍，人均收入增长 857%。

六合竹镇。竹镇采取引进大型农业企业促就业和引导鼓励农民自主创业两种方式。目前，通过引进的大型农业企业就提供了约 5000 个就业机会，解决了本地农民就业和外出务工返乡就业。政府积极引导农民创业就业。一是鼓励农户利用自家庭院创办"农家乐"。目前竹镇镇已有"农家乐"近 60 家，几乎遍布各个景点。"大泉人家"已成为竹镇乡村旅游中最闪亮的明星。二是引导成立家庭农场。据统计，目前竹镇已有家庭农场近 100 家，专业的农业合作社 117 家，传统简单低效种植的作业方式已发生了巨大变革。

六合雄州。过去雄州街道农民增收的主要渠道包括务工、经商等。美丽乡村建设以来主要是通过农民就业、创业增收。以钱仓葵园为例，钱仓葵园以种植观赏性向日葵为主，带动旅游业的发展。主要采取"农业公司+村集体"的经营管理模式，以村为主体种植，专业农业公司从事管理。钱仓葵园不收门票，主要是为了带动旅游，农户可以售卖自己富足的农产品增加收入。另外，建立专门的交易市场，对外出租摊位，承租者按规定自行开展经营活动，如农家乐等。据统计，参观钱仓葵园的游客年均可达到 10 万人次。在职业培训方面，雄州街道成立了劳务中心和社会劳动保障所，专门针对农民免费提供职业技能培训。

7) 合理分配农民耕地补助和合作社收益情况

雄州街道农民耕地收益主要来自以工业反哺农业，每亩耕地除了种植收益，可以获得至少 1000 元收入(基本补助 600 元+粮食、种子补贴 130 元+耕地保护费 300 元)。耕地上有经济作物可以提升信誉，还可向银行抵押贷款。耕地贴息模式：一是合作社贴息，二是家庭农产贴息，具备条件后国家贴息 50%。根据国家政策，合作社要进行股份制改革，要分红，以其经营性资产全部量化给农民，比如有 100 万经营性资产量，农民占 80%，合作社留取 20%。以雄州街道高于社区为例，以农民合作医疗的形式对农民进行补贴，失地农民每户年均超过 120 元。街道通过各种途径提高农民收入。

美丽乡村建设中，基层政府能够认识到政府是主导，农民才是主体。美丽乡村建设源于民而惠于民；公共设施是美丽乡村建设中的前提和基础。在访谈过程中，基层政府也表示希望能够得到农民的支持和积极参与。从村民幸福感来看，江北新区各个社区已经能够感受到浓郁的"爱、敬、诚、善"氛围，村民幸福感大大提升，总体实现了共同建设、共享资源、共促发展。

15.3　江北新区美丽乡村建设中农民共建共享机制存在的不足

在美丽乡村建设中，江北新区在推进农民建立共建共享机制方面进行大量卓有成效的工作，取得了较为突出的成绩，但仍存在一些问题，需要在以后的工作中进一步改进。

1）农民在美丽乡村建设中的参与度仍需进一步提高

农民虽然对美丽乡村建设有一定的了解，但其参与的主动性和积极性仍需进一步提高，且表现出极强的功利主义和利己主义，更多关注自身利益，公共空间意识和整体意识不强，缺乏对美丽乡村建设系统意义的认识。

2）农民与政府、设计建设单位之间存在信息不对称问题

农民对美丽乡村建设的理解还停留在较初级层面上，掌握的信息相对有限，加上农民科学文化素质不高，如果缺乏相应的激励参与机制，农民参与的主动性和积极性就会受到影响。政府虽然对美丽乡村建设认识很充分，且主导性较强，但在发挥农民主体性上的有效举措不多，这在一定程度上影响建设进度和效率。

3）管理部门多，部门之间工作协调仍有待进一步提升

美丽乡村涉及多方参与和管理，体现了政府对美丽乡村建设的统筹协调，但牵涉规划、环境、文体、改革、税务等多个部门，部门之间管理标准不统一，统一推进存在一定障碍，需要在镇一级，甚至区一级进行统筹，便于提高办事效率。

4）美丽乡村建设的长效管理任务有待加强

美丽乡村需要大量的基础工程，更需要长效管理。美丽乡村建设中解决了大量农民就业问题，但同时也出现了长效管理短板。如环境、公共设施的维护与保洁，相应的经费如何筹集等问题。另外，如何提高农民自觉性，积极参与共建，节约管理成本，也是下一步迫切需要解决的问题。

15.4 完善江北新区美丽乡村建设中农民共建共享机制的对策建议

1）鼓励农民自主、自愿加入到美丽乡村建设中

美丽乡村建设中，每项工作都要以农民为本，从农民利益出发来考虑问题。政府工作人员本身应做到亲民和亲力亲为，为农民树立榜样，农民可能会更主动参与到美丽乡村建设中。设计建设人员同样也应该从农民的角度进行建设工作，倾听农民的建议和意见，让农民体会到作为主人翁的自豪感和责任心，全力投入到美丽乡村建设中去。

2）成立农民参与的美丽乡村建设委员会

建议相关部门牵头成立美丽乡村建设委员会，让包括农民等各方主体参与交流、沟通，集中各方智慧，同时定期汇报各自工作，畅通建设过程中信息共享机制和问题反馈协调机制，共同解决发展中遇到的问题。同时通过定期交流沟通，增加参与各方为建设美丽乡村这一共同目标奋斗的使命感和责任感，降低管理成本和提高自我约束，高效有序推动美丽乡村建设。

3）因地制宜优先解决最基本问题

根据各地特点具体情况具体分析，不搞一刀切。调查表明，江北新区各乡镇、街道、社区在经济条件、环境生态、文化特点、产业优势等方面各有特点。因此，在推动美丽

乡村建设中,首先需要因地制宜解决各地基本问题。如乡村道路、管道、卫生设施等基础设施发展水平有高有低,那么可按照基本公共服务均等化水平要求,优先补足发展水平低的乡村,满足其最基本、最迫切的生产生活需求。

4) 构建多元主体共建共管机制,实现由政府主导向政府引导转变

充分发挥市场决定性作用,努力做到多元主体共同经营、互利共赢,实现由管理乡村向治理乡村转变。政府管理部门的主要责任是定规划、定标准,引导市场主体主要按照市场规律共建美丽乡村。此外,政府人力、资金等都相对有限,难以做到大包大揽、事无巨细。因此,政府管理部门需要从过去"董事长式"管理向"理事长式"管理转变,变主导为引导,引导村民自治推动美丽乡村建设。

5) 推动由建设乡村向经营乡村、美丽乡村向美好乡村的转变

规划上,努力做到各个美丽乡村交通上成线、空间上成片、功能上互补、特色上差异化,既有机串联,又错位发展,实现"1+1>2"的综合效应。产业上,转变思路,变建设乡村为经营乡村,多渠道盘活资源、延展产业链,实现经济高质量发展,筑牢美丽乡村发展基础。理念上,力争实现人与自然、环境的和谐相处,这要求不仅要完善基础设施等硬件,还要打造和睦友好的邻里关系,生态环保的产业发展,使乡村成为农民安居乐业之地,城市居民休闲之地,实现由美丽乡村向美好乡村转变。

江北新区美丽乡村建设拥有良好的基础和巨大的市场潜力,不仅有利于改善农村生产生活条件、水平和质量,也有利于实现城乡统筹发展。美丽乡村建设是一项长期艰巨的任务,难以一蹴而就,需要社会各方广泛参与。下一步,需要按照"产业兴旺、生态宜居、乡风文明、治理有效、生活富裕"的要求,创新体制机制,发挥各个参与主体的能动性和积极性,先行先试,力争将江北新区美丽乡村建设成为南京市、江苏省,乃至全国可供借鉴的样本。

第 16 章　江北新区街道社区"党建+"乡村振兴模式研究

16.1　"党建+"乡村振兴模式概述

2017 年以来国家出台了实施多项"乡村振兴"政策，涉及乡村振兴的重大意义、总体要求、战略举措、实施方案等，还突出了加强和完善党的领导。其中关于党建引领乡村振兴，既是国内学界研究的重点领域，也是基层推进乡村振兴的重要抓手。本研究首先对近年来国家出台的关于乡村振兴中党建的政策进行梳理，作为江北新区推动"党建+"乡村振兴的政策指引。

《中共中央国务院关于实施乡村振兴战略的意见》中针对农村基层党建存在薄弱环节，乡村治理体系和治理能力亟待强化，提出加强农村基层党组织建设，推进乡村振兴的基本方略：一是政治上引领乡村振兴。扎实推进抓党建促乡村振兴，突出政治功能，提升组织力，抓乡促村，把农村基层党组织建成坚强战斗堡垒。强化农村基层党组织领导核心地位，创新组织设置和活动方式，持续整顿软弱涣散村党组织，稳妥有序开展不合格党员处置工作，着力引导农村党员发挥先锋模范作用。二是建立选派第一书记工作长效机制。全面向贫困村、软弱涣散村和集体经济薄弱村党组织派出第一书记。实施农村带头人队伍整体优化提升行动，注重吸引高校毕业生、农民工、机关企事业单位优秀党员干部到村任职，选优配强村党组织书记。健全从优秀村党组织书记中选拔乡镇领导干部、考录乡镇机关公务员、招聘乡镇事业编制人员制度。三是发挥党员在乡村振兴中的先锋模范作用。加大在优秀青年农民中发展党员的力度。建立农村党员定期培训制度。四是全面落实村级组织运转经费保障政策。推行村级小微权力清单制度，加大基层腐败惩处力度，严厉整治在惠农补贴、集体资产管理、土地征收等领域侵害农民利益的不正之风和腐败问题。

中共中央、国务院印发的《乡村振兴战略规划(2018—2022 年)》中关于党建工作涉及如下几个方面：一是推动全面从严治党向纵深发展、向基层延伸，严格落实各级党委尤其是县级党委主体责任，进一步落实县乡纪委监督责任，将抓党建促脱贫攻坚、促乡村振兴情况作为每年市县乡党委书记抓基层党建述职评议考核的重要内容，纳入巡视、巡察工作内容，作为领导班子综合评价和选拔任用领导干部的重要依据。二是加强农村基层党风廉政建设，强化农村基层干部和党员的日常教育管理监督，加强对《农村基层干部廉洁履行职责若干规定(试行)》执行情况的监督检查，弘扬新风正气，抵制歪风邪气。三是充分发挥纪检监察机关在督促相关职能部门落实中央政策方面的作用，加强对落实情况特别是涉农资金拨付、物资调配等工作的监督，开展扶贫领域腐败和作风问题专项治理，严厉打击农村基层黑恶势力和涉黑涉恶腐败"保护伞"，严肃查处发生在惠农资金、征地拆迁、生态环保和农村"三资"管理领域的违纪违法问题，坚决纠正损害农民利益的行为，严厉整治群众身边的腐败问题。

16.2 江北新区"党建+"乡村振兴模式实践

本章选取江北新区雄州街道的龙虎营社区、瓜埠社区和永宁街道的永宁社区三个社区，进行比较和总结经验。资料来源主要包括两个方面：一是通过网络收集关于三个社区的新闻报道、连续性简报和相关政策措施等。二是进行实地访谈及问卷调查，获取党建引领乡村振兴工作的一手资料，并对相关社区负责人、工作人员和村民进行补充性访谈。

16.2.1 龙虎营村"党建+"产业兴村模式

雄州街道龙虎营村坐落在风景秀丽的灵岩山脚下，是一个远近闻名的蔬菜特色村。村域面积 8 平方千米，耕地面积 5230 亩，下辖 42 个村民小组，人口 6482 人。龙虎营村党总支下辖 8 个党支部，共有党员 205 名。近年来，龙虎营村党总支坚持党建引领，积极推进"党建+"品牌，通过拓展"党支部+合作社(公司)+农户"具有本村特色党建品牌发展模式，加快推进"强富美高"新农村建设。

1) 强化农村基层党组织领导核心地位，打造"党建+"品牌

基层组织是党的全部工作和战斗力的根基。龙虎营村实施"头雁"工程，让党组织带头人率先"学起来"，坚持领导带头学，动员全村上下广泛开展"大学习、大调研、大讨论"活动，同时把大讨论活动与解放思想、对标找差、精准扶贫、社会治理和乡村振兴结合起来，确保党的声音发出最强音。该社区"党建+"品牌打造主要有如下几个方面：一是定期开展党员活动日、支部会议、"三会一课"等。通过理论宣讲、小组学习等形式认真学习贯彻党的十九大精神，村工作人员、党员代表和群众面对面座谈、心贴心交流互动，用通俗易懂的语言为群众宣讲，推动学习宣传贯彻工作学的深、用的实。二是开展对标找差活动。全面对标古泉、奋力争先进位，学习先进单位，组织外出学习，查找自身差距，力争在新一轮发展进程中位次靠前。三是创新"1933"网格化社会治理模式。把网格打造成采集信息、发现风险的第一感知触角，化解矛盾、消除隐患的第一前沿阵地，便民利民、解决问题的第一服务窗口，群众自治、多元参与的第一共治平台，走出一条符合基层实际、适应工作需要、体现龙虎营特点的社会治理创新之路。四是结合解放思想大讨论，落实精准扶贫，打好脱贫攻坚战。充分发挥党员干部的先锋模范作用和社会爱心企业的作用，引导他们参与到"党旗引航，心中有爱"帮扶困难群体活动中去。

2) 成立骁营蔬菜合作社，发挥党支部战斗堡垒作用

六合区骁营蔬菜合作社成立于 2008 年 8 月，当时成立时只有 18 人，注册资金 56 万元，合作社成员团结一条心，抱拳闯市场，使合作社规模不断扩大。效益显著，到 2009 年 10 月合作社成员发展 398 户，注册资金 152 万元。目前骁营蔬菜合作社有蔬菜基地 2000 多亩，设施大棚 1500 余亩，经纪人 5 人，汽车 4 部，有蔬菜仓储室 300 平方米，基地检测室一间。2009 年被南京市农业委员会授予"五有"合作社，2011 年被江苏省农业委员会授予"省示范合作社"称号，其中蔬菜有芹菜、西红柿、黄瓜被农业部授予"无

公害农产品"。2011 年骁营蔬菜合作社创建"骁营牌"蔬菜商标。骁营蔬菜合作社党支部的战斗堡垒作用主要体现在如下几个方面：一是在引导农民种、指导农民管、帮助农民销上下功夫。合作社党支部定期邀请专家教授来村指导培训，使农户技术不断提高、知识不断更新；积极扶持农民创业，鼓励农户利用骁营农产品多、销往渠道广的特点，大力发展农家乐、农产品销售等，多渠道带动富民增收。二是骁营蔬菜合作社党支部成员充分发挥党员先锋模范带头作用。建立一支以党员干部为主的农技指导员队伍，定期上门指导农户种植，实行支委成员包到生产组，党员包到户。成立以党小组为基础的党员志愿者服务队伍，帮助劳动力不足的农户种植和销售蔬菜。

3)践行"为民服务宗旨"，产业兴村成效显著

村党总支始终坚持从实际出发，牢固树立"功成不必在我"的决心，集中力量做好普惠性、基础性、兜底性的民生工程，不断提高基本公共服务能力，全面提升保障和改善民生的持久力。譬如，2018 年全年先后完成沟南、蒋庄组 760 米，仝庄组 1370 米，三山组、山邱组 840 米一事一议灰色化道路建设，滁河、骁营河、昶丰河堤防消险加固工程及龙虎营商业街公共厕所改造升级项目。落实密切联系群众制度，定期召开村民议事会、民监会，成立大走访活动小组，定期对辖区内群众进行走访，听民声、察民情、汇民智、解民忧、办实事，向村民发放上面印有社区村电话、分管网格员姓名及联系方式的连心卡，为村民办事不出门提供便利。继续推进为民服务"全程代办"。深入推进服务型村居建设，为残疾人、孤寡老人、住处较远不便来村办事的群众等实行上门服务，提高为民服务能力水平，提升村民居住幸福感。

4)形成党建引领乡村振兴的三大效应

龙虎营村乡村振兴关键在党，始终把抓基层党建工作和抓基层党员干部的学习教育和管理作为党总支工作的主职。一是发挥头雁效应。村党总支采取领导干部带头学、下笨功夫认真学、拓宽载体创新学、多种形式灵活学等多种方式定期组织党员干部学习，举行学习贯彻党的十九大精神专题学习会，2018 年度共开展了 12 次党员电教片观看活动，4 次党员集中学习会议，2 次书记汇报工作，鼓励党员干部交流学习十九大精神的体会，力促学有所思、学有所悟、学有所获。二是凝聚班子合力效应。切实履行书记抓党建第一责任人的职责，定期召开两委会议，查摆问题，找出不足；坚持政策学习，学透吃透党在农村的路线方针政策、涉农方面的法律法规等；两委班子成员定期开展谈心谈话，做到相互督促提醒，找准工作难点、把握工作节奏、推动工作落实。三是党员在群众中的示范效应。在党员中，推行"1+10"工作法，即 1 名党员联系 10 户群众，随时收集群众意见，及时为群众排忧解难。发挥党员先锋作用，做到"一名党员就是一面旗"。

16.2.2　瓜埠中心社区"党建+"村民自治模式

瓜埠中心社区位于南京市六合区东南部生态廊道内，东临南京化学工业园红山精细化工区，南与长芦街道接壤，西临滁河，北与台园村相连。社区总面积 5.7 平方千米，其中农用地 132 公顷。街道管理干部 9 人，辖 9 个村民小组，常住户 1532 户，户籍人口 7808 人，实际居住人口 4873 人。党员总数 198 名，设五个党支部，14 个党小组。

1) 成立村民自治理事会，党建引领村民自治

瓜埠中心社区于 2017 年 6 月正式启动村民自治理事会工作，先后召开多场次社区两委会，党员群众代表参加的动员大会及全体村民户代表会议选举产生了 9 个村民理事会，成员总数达 49 名。并在 9 个村民小组成立 14 个党小组，党员总数达 196 名。党小组在理事会的工作开展中发挥着引领作用，发挥党风民主与党外民主修建密切联系群众的桥梁和纽带。在党建引领下，9 个村民小组都制定了村民理事会的具体选举办法，对选举原则、候选人的提出、选举实施进行了明确的规定，尊重和保障村民的民主权利，充分发扬民主，体现选举人的意志。在选举办法的基础上，也制定了较为完善的村组理事会成立的工作流程。通过理事会的参与和管理工作，村民自治工作取得了较好的成效。

2) 网格化治理中实现"三治"融合

社区根据街道党工委要求划分了五个网格工作站，配备专职网格员 5 名、兼职网格员 10 名、志愿者 15 名。结合村民理事会建设要求，充分发挥 9 个村民理事会、14 个党小组、49 名理事会成员的作用，将党支部建在网格上。时刻强调把党的领导放在首位，始终突出党建引领，把网格化社会治理和村民理事会深度融合，始终突出"法治、德治、自治"深度融合。通过有效的网格化社会治理，村民自治取得了显著成效。目前，各项工作环环相扣，无缝对接，脚踏实地，社区内人民生活幸福，社会稳定和谐，环境整洁优美，乡风民风焕然一新。"三治"融合，打造了一个共建共治共享的治理新格局，推动乡村组织振兴，瓜埠中心社区既充满活力又和谐有序。

3) 服务群众中践行党的宗旨

突出服务群众转作风，做到真改。一是认真落实"大走访"活动。首先，变为了完成任务为拉近群众的距离，以老百姓方便的时间为走访的时间，白天不行就晚上走访，工作日不行就节假日走访，外出务工人员就预约走访。其次，带着问题走访，以发现问题、解决问题为目的，摸实情、求实效，真正做到"进得了门、认得了人、说得上话、交得了心、帮得上忙"，最后，带着诚意走访，到目前为止社区 8 名干部共走访群众 445 户，在解决老百姓反映的问题上，"今天再晚也是早、明天再早也是晚"，力争做到即知即改、急事急办。二是全面推行为民服务、"全程代办"服务体系。首先，要求"全科社工"能够做到"面对询问一口清、提交材料一次全、传输信息一网尽、结果送达一趟行"，强调服务态度。其次，在老百姓中宣传"全程代办"不是"全面包办"。最后，加强三级网格员、村民小组组长的培训指导，提升他们完成为民服务"最后 100米"的能力和态度。

16.2.3　永宁社区"党建+"精准扶贫模式

永宁社区位于永宁街道的东部，紧邻永宁街道工业集中区，由原永宁镇永合村、真相村与永宁居委会 3 个村合并而成，共有 21 个居民小组，共有居民 1597 户。境内地形呈现半山半圩结构，耕地 5424.07 亩，水面 833 亩，林地 1383.9 亩，丘陵 800 亩，主要农作物以水稻、小麦、油菜为主，以苗木种植和水产养殖为特色农业。永宁社区是 2016

年南京市根据《江苏省农村扶贫开发条例》规定程序和省市扶贫办建档立卡方案要求认定的 130 个欠发达村之一。

1) 党建破题，实施精准扶贫新路径

永宁社区按照"工作到村、扶贫到户、责任到人、措施到位"的基本思路，坚持精准施策，形成党建精准扶贫的工作流程：一是摸清家底，逐户制定帮扶措施。摸清搞扶贫对象准是精准扶贫的关键，永宁社区党支部结合全村大走访活动，两委成员多次深入农户，开展进村入户细致排查，找准"穷根"、分类施策，从而确保精准扶贫工作取得实效。二是"瞄准靶心"，增强造血型扶贫能力。首先，开对"药方子"，彻底拔掉"穷根子"。例如，在了解王家兵是永宁社区四组低收入农户的家庭情况之后，为其与浦口区城建集团积极协商基于帮扶，暂时免除他的固定摊位的租金，使王家兵夫妻依靠售卖农产品，具备了"造血"能力，有了稳定经济来源。其次，永宁社区还组织实施职业技能提升计划，着力推进就业扶贫，针对低收入农户展开面点培训，并对培训期间的参与学习人员给予 60 元/天的务工补助。

2) 组织牵引，探索扶贫协作新模式

永宁社区党支部以发展农民合作社为主要抓手，以产业扶贫为基本工作思路，整合多方资源，帮助贫困户加快脱贫，达到富民增收。一是加强与区内有实力的企业联合扶贫。区城建集团是永宁社区精准扶贫的重要合作伙伴，它通过项目合作和提供就业岗位等方式持续地对社区进行扶贫帮扶。如允许社区中低收入农户中的部分人员在水墨大埝风景区内免费做小生意，实现脱贫致富。二是协作性扶贫。永宁社区党支部通过成立新公司，整合资源，寻求扶贫帮助，获得了其他多个主体的协作性扶贫。例如，2016 年，永宁社区注册成立了南京昌运劳务有限公司，并以此公司与云水涧建设发展有限公司开展协作性"精准扶贫"，助力农民增收。2017 年，永宁社区成立了"德润青宁"农产品专业合作社，吸收有劳动力的低收入农户入股、参与入社打工挣钱和承包土地补租金，共帮扶了 33 名有劳动力的低收入农户。2018 年，南京昌运劳务有限公司与社区中低收入农户中有劳动能力的 14 户签订零时用工协议，在他们待业期间优先安排工作，以此增加他们额外的生活收入，渡过难关，贴补家用。

3) 党员示范，打造志愿服务大品牌

在永宁街道统一的部署下，永宁社区在精准扶贫中注重发挥党员干部的先锋模范作用，创建"党建+"志愿者服务，以"小服务"赢得"大民心"。一是党员示范志愿服务在永宁社区的"大走访"活动中得到了充分的体现。近年以来，永宁社区干部及党员利用空余时间积极开展大走访活动，将"大走访"变成"常走访"，以聊天、谈心的方式走进老百姓家中，倾听群众的所忧、所思、所盼，汇集民声，凝聚民意。党员"大走访"共形成了三大特色：从小问题着手，不轻易对群众说"不"；全覆盖式走访，探索矛盾化解长效机制；畅通民意表达，构建良性社会治理模式。在 2017 年的大走访活动社区两委干部 11 名总共走访 894 户居民，梳理脱贫攻坚类 11 个，解决 5 个。党员干部"大走访"有效地实施精准扶贫帮扶。二是永宁社区开展了丰富多彩的扶贫帮扶志愿互动。2016 年 5 月，永宁社区专门成立社区"爱家园"志愿者服务队，共计吸引党员、团员、少先队员以及广大社区居民 26 名志愿者参与，以关爱空巢老人、农民工、流动儿童、残疾人等为重点，解决群众各种困难需求，广泛开展志愿服务。

16.3　江北新区"党建+"乡村振兴模式的优化路径

江北新区三个典型"党建+"乡村振兴模式各具特色，在实践中也取得较好的成效，但也还存在进一步改进的空间。基于此，本书在总结现有经验和破解问题的基础上，提出了一个"党建+"乡村振兴模式的优化路径。

16.3.1　社区"党建+"乡村振兴模式存在的问题分析

"党建+"乡村振兴是一种新的发展模式，三个社区在实践活动中也面临一些发展中的问题，亟待采取措施加以破解。

(1)特色产业兴村的动力不足。在龙虎营村"党建+"产业兴村模式中，存在的主要问题有：第一，个别党员意识形态上的认识教育不足。重业务、轻党建的现象仍然存在，个别党员干部的作风不够过硬，工作方法简单粗暴，违规、违纪现象时有发生，工作上还存在扯皮推诿现象，对自身要求有所放松，为民服务意识不强，在班子队伍中出现"本领危机""人才危机""能力危机"。第二，工作上的创新思维和创新理念不够强。许多工作都是被动执行，思想境界不够高，业务能力、水平有限，缺少新思路、新举措。第三，与先进村党员干部仍存在一定的差距，赶超意识不强，解决办法不多。在党建驱动力不够强的情况下，农村社区的产业融合发展不足，农业供给质量和效益亟待提高。

(2)基层民主协商的功能不彰。在瓜埠中心社区"党建+"村民自治模式中，存在的问题主要有：第一，党的建设抓不到位，特别是党建创新方面缺乏特色，对党员干部的教育管理不够深入，管党治党的责任履行的不够扎实，导致部分党员宗旨意识不强，作用发挥不好，有少数党员存在违法违纪行为，严重影响党组织的整体形象。第二，制度执行不严格，标准不高，要求不严，原则性不强，职责不清，责任不明。第三，班子整体素质亟待提高，贯彻力、执行力有待提升，学风作风有待加强，少数干部言行不规范，服务不热情，举止不文明，对待群众来访态度粗暴，处理问题方法简单，在群众心目中留下了不好的印象。

(3)村民"自造血"的能力不强。在永宁社区"党建+"精准扶贫模式中，存在的问题主要有：第一，扶贫工作没有和社区的产业发展结合起来。虽然扶贫工作能够精准实施，但是扶贫范围不够大，扶贫程度不高，难以实现实质性的富民增收。第二，没有形成一村一品、一村一策的差别化扶贫政策，难以统筹推进村集体经济发展，提升村级发展能力。社区扶贫主要是通过街道支持和外部资源帮扶，且主要是以活动形式开展扶贫，没有形成持续性的协作扶贫机制。第三，在党员示范扶贫工程中，"第一书记"的引领作用没有得到较为充分的发挥，党员扶贫具有临时性、分散化的特性。上述问题的存在导致农村社区"造血"功能不强。

16.3.2 社区"党建+"乡村振兴模式的发展路径

（1）产业融合，开展"党建+"产业兴旺。通过"党建+"引领，构建一个农村社区三次产业融合发展格局，具体措施包括：一是优化现代农业产业结构，瞄准都市型现代农业需求，加快推动农业供给侧结构性改革，形成绿色化、优质化、特色化现代农业产业体系；二是大力发展智慧农业、设施农业、创意休闲农业、旅游观光农业和生态农业；三是打造新载体新模式，依托现代农业产业园、农业科技园区、农产品加工园、农村产业融合发展示范园等，打造农村产业融合发展的平台载体，促进农业内部融合、延伸农业产业链、拓展农业多种功能、发展农业新型业态等多模式融合发展；四是培育新产业新业态，深入实施电子商务进农村综合示范，建设具有广泛性农村电子商务发展基础设施，加快建立健全适应农产品电商发展的标准体系。研发绿色智能农产品供应链核心技术，加快培育农业现代供应链主体。通过这些有力措施，大力推动要素跨界配置和产业有机融合，让农村社区一、二、三产业同步升级、增值和受益，同时支持和鼓励农民就业创业，拓宽增收渠道。

（2）夯实基层，实现"党建+"村民自治。把夯实基层基础作为固本之策，建立健全党委领导、政府负责、社会协同、公众参与、法治保障的现代乡村社会治理体系，坚持自治、法治、德治相结合，打造共建共治共享的治理新格局，让农村社会充满活力、和谐有序。一是加强农村基层党组织建设。进一步加强农村基层基础工作，充分发挥农村基层党组织领导核心作用，以党建引领乡村治理，以党建带群建，抓党建促乡村振兴。二是健全"三治"相结合的乡村治理体系。坚持以自治为基础、法治为根本、德治为先导，健全创新村党组织领导的规范有序、充满活力的乡村治理机制。三是加强农村群众性自治组织建设。规范村民委员会等自治组织选举办法，健全民主决策程序。依托村民会议、村民代表会议、村民议事会、村民理事会等，形成民事民议、民事民办、民事民管的多层次基层协商格局。

（3）精准扶贫，提升"党建+"富民增效。要在党建引领下，在精准分析、找准扶贫对象致贫原因的基础上，构建三大精准扶贫机制：一是构建精准扶贫与精准脱贫工作机制。要因地制宜、因户施策，探索多渠道、多样化的精准扶贫与精准脱贫路径，提高扶贫措施针对性和有效性。加强和改进定点扶贫工作，健全驻村帮扶机制，落实扶贫责任。二是精准衔接，完善民生共享发展机制。进一步推进社会救助与扶贫开发在政策、对象、标准、管理等方面的有效衔接，切实兜牢民生安全底线。三是推动形成横向协作、纵向联动的扶贫开发工作推进机制。要精准联动，形成多方协作攻坚合力。健全社会力量参与机制，引导激励社会各界更加关注、支持和参与脱贫攻坚。通过这些机制创新，对失劳、失能低收入人口实行政策性兜底，通过扶持购岗、鼓励创业、帮助入股让有劳动能力的低收入农户脱贫致富。实施一村一品、一村一策的差别化扶贫政策，统筹推进村集体经济发展，提升村级发展能力。不断拓宽农民增收渠道，促进社会公平正义，增进农民福祉。

第17章 江北新区城市化进程中矛盾纠纷化解研究

17.1 江北新区矛盾纠纷现状及成因分析

17.1.1 江北新区矛盾纠纷现状

江北新区成立以来,南京江北地区兴起了开发开放的新高潮,不仅带来经济社会发展的新机遇,也推动了城市化进程。江北新区核心地带主要集中在浦口区,小部分涵盖六合区与栖霞区。为了便于研究江北新区在发展过程引发的矛盾纠纷数量及化解情况,本章以浦口区法院审理的案件情况为主要数据进行分析(因为江北新区没有单独成立辖区法院,涉及江北新区的案件主要在浦口区法院审理)。根据浦口区法院的粗略统计,江北新区矛盾纠纷涉及诉讼案件约占浦口法院审理案件数的55.4%~57.5%。

近年来,江北新区矛盾纠纷整体呈现上升态势,管辖新区诉讼案件的浦口区法院案件数量也大幅增长,主要体现在如下几个方面(表17-1)。

表17-1 城市化进程中典型案件数量统计表

案由	2015年7~12月	2016年	2017年	2018年1~8月	合计
民间借贷纠纷	219	1157	1272	924	3572
物业纠纷	153	1239	1082	666	3140
机动车交通事故纠纷	229	1118	1068	787	3202
离婚及离婚后财产纠纷	302	1763	1164	748	3977
信用卡纠纷	0	1	10	24	35
房屋租赁纠纷	76	245	273	211	805
生命权、健康权、身体权纠纷	38	170	146	123	477
金融借款纠纷	0	123	136	88	347
房屋买卖纠纷	859	769	926	446	3000

(1)离婚及离婚后财产纠纷猛增。2016年浦口区法院受理此类案件1763件,达到历史极值。三年来离婚案件总数最多,达3977件。离婚案件增加的原因在于:江北新区成立后浦口区加快了城市化建设及改造工程,大量当地居民因旧城改造及新区规划面临拆迁问题,通过办理离婚手续,拆迁户可多得到安置住房,江北新区在成立后房价大涨,导致拆迁户为获得较多房屋而"自愿"离婚。2017年以来,为维护国家及公共利益,防止因拆迁而随意离婚,浦口区法院加大对离婚条件的审查力度,对于感情没有破裂,达不到离婚条件的坚决不准许离婚,从而遏制了离婚案件的上涨势头,使离婚案件数量回归到正常水平。

(2)民间借贷纠纷较多。主要是因为江北新区成立造成人流量增加,经济发展引发资金融通需求增多,国家宏观金融管理"去杠杆"致使金融机构贷款审查较严,正式融资成本增加,非正式民间借贷渠道开始活跃,从而导致此类矛盾纠纷增多。

(3)机动车交通事故纠纷增长较快。江北新区建设及开发造成人员车辆增多，加上交通运输系统未能跟进，连通安徽滁州地区的外来流动车辆较多，增加了交通运输管理的难度，使此类案件呈稳步上升态势。

(4)物业纠纷矛盾凸显。主要原因体现在两个方面：一是物业费征收的困难导致物业纠纷增多。江北新区成立后，商品房销售随着房价上涨加速增加，但投资居多，入住率低，导致物业费缴纳不及时带来物业纠纷增多。二是物业服务水平与当地经济发展不相适应。业主对物业服务水平的新要求和新期待与物业服务水平偏低相矛盾，进而引发物业费征收诉讼。三是房屋买卖纠纷增多。原因在于随着江北新区快速发展，商品房价格上涨较快，投资大幅上升，消费者既关注房产升值预期，也对房屋质量提出更高要求，房屋购买中的矛盾也随之增多，如因房屋贷款问题、购房资格问题、房屋质量问题、精装房的交付标准问题都会引发各种矛盾纠纷。

(5)环境污染导致的矛盾。随着江北新区的开发，当地居民以环境污染为由要求对化工污染企业进行整体拆迁或要求进行生态补偿。六合龙池街道某社区发生过 200～300 人围堵化工园大门的现象，坚决要求拆迁，处理非常困难。拆迁需要资金，开发建设也需要一个过程，不能一蹴而就。在不能满足居民拆迁或补偿要求的情况下，因环境污染导致的此类现象无法避免。

(6)企业改制带来的矛盾。2000 年左右，江北地区国有大型企业陆续进行了改制，部分参加改制的职工看到现在的企业效益好，在岗职工收入高，心理产生不平衡，发生群体上访现象。有的职工在事业单位身份改成企业身份后，因收入下降等原因要求恢复事业单位身份。如南京钢铁集团因改制带来的矛盾纠纷问题，原来南京钢铁集团的职工认为改制不符合规定，导致国有资产贱卖，有10多人集中进行上访投诉。另外，还发生过近百名职工从南京钢铁集团总部出发准备去沿江大道堵路被阻截。目前该上访群体仍活动频繁，带来新的社会不安定因素。

(7)城市规划带来的矛盾。目前这种矛盾集中出现在浦口地区，在浦口部分地段，因为城市规划不科学，道路建设与小区居民距离太近，随着江北车流量增大，噪声增大，不适合居住，购买房屋的业主认为开发商未讲明道路规划就建设商品房销售，侵犯了群众的知情权，且现在已经无法更改，业主开始闹事信访，要求解决问题或者赔偿。

(8)教育资源短缺问题产生的矛盾。这类问题在南京桥北地区较为突出。由于南京桥北地区建设速度快，居民入住率高，教育资源配套不足问题暴露的比较早。因居民增多，子女入学现象比较突出，原有的小学满足不了新居民子女入学的要求，江北新区安排他们到别的地方入学，但是由于江北新区教育资源不均衡，好学校不多，居民对新学校不认可，对教育政策不满意，目前江北新区有 39 个教育项目在建，但完工及使用还有一个过程，目前该矛盾在逐步缓解。

除了上述涉民生案件增多外，随着江北新区建立，人们对江北新区充满了发财的梦想和欲望，传销刑事案件开始出现，每年有 70～80 件，原因在于江北新区很多楼盘空置房较多，如苏宁天润城等规模比较大的楼盘。很多外地人租用空房进行传销活动，集中进行投资洗脑，社区治理没有及时到位，导致传销犯罪在当地屡屡打击不止，给当地社区治理带来新挑战。

江北新区矛盾纠纷的增多，不仅体现在上述涉及民生类案件的数量上涨，还体现在浦口区法院每年受理案件数的上升上。从表 17-2 中不难发现，自江北新区成立后，南京浦口区法院案件收案数稳步上升，根据浦口法院审管办统计数据，2016 年收案数比2015 年收案数增加 9985 件，同比上升 107%，案件净增加数居南京基层法院前列。2016年浦口区法院全年结案比 2015 年增加 2521 件，同比上升 19%，江北新区成立后矛盾纠纷爆发明显。2017 年随着江北新区各项改革措施推进，社会发展及生活走向正轨，矛盾纠纷趋向平稳，案件呈现小幅上涨，收案数同比增加 1108 件，结案数同比增加 1121 件，收结案变动呈现平稳态势。

表 17-2　浦口法院案件统计表

时间	案件数	
	收案数	结案数
2015 年 7~12 月	7076	8461
2016 年	19311	15758
2017 年	20419	16879
2018 年 1~8 月	14525	10179

17.1.2　江北新区矛盾纠纷多发的社会成因

城市化进程中，江北新区的社会结构、社会关系发生了巨大变化，社会矛盾纠纷增多，原有的治理模式已不能适应新时代的需要。其主要原因表现在如下几个方面：

1）社会主体由稳定性向流动性转变

20 世纪 80 年代后期以来，江北地区农民逐步放弃对土地的依赖，以廉价劳动力的形式进入城市，寻求新的发展空间，以此改善自身的经济与命运，农民由稳定性向流动性转变。这种转变，既表现为水平空间上的跨区域跨领域，也表现为垂直空间上贫富差距带来的阶层变化。江北新区成立后，江北地区居民的组成和面貌发生巨大变化：本地居民因拆迁而变动，在江北新区就业居住增多，外来投资人口也增加。由此带来社会主体稳定性丧失和流动性增加，这一新变化不仅增加了江北新区发展活力，也激发了各级各类人才的创新创业热情。

2）社会生活由同质性向异质性变化

随着江北地区的发展和江北新区的成立，传统的生产生活方式悄然发生变化，原有的田园牧歌式生活正在被水泥森林、现代化工厂、制造业打破，江北新区的超前规划设计正在改变着传统落后、污染严重、服务业不发达的状况，传统乡土社会生活由同质性向异质性转变。这种异质性来源于地区之间、城乡之间生活方式的交汇，以及经济建设大干快上的地理变迁。随着金融等现代服务企业的入驻，人们的生活和就业选择更加丰富，生活质量也逐步提高，这些变化使江北新区治理比之前更为复杂。

3）社会关系由熟悉型向陌生型转变

传统的江北地区，除了农民及少量居民外，主要是几个大型企业，在南京城区合并之前，江北由浦口区、大厂区组成，其余部分为郊县。以前的浦口区、大厂区人口少，高校也不多，社会关系主要是世代聚族而居的熟人社会，它通过加强人际关系和相互信任引导熟人之间相互自愿合作。江北新区成立后，随着农民工的流动、乡村旅游的发展及城市建设的扩容，江北地区的社会关系由熟悉性向陌生性转变。这种转变逐渐打破了熟人社会秩序，熟人社会的诚信式交往逐步转向生人社会契约式交往。

4) 社会空间由地域性向公共性转变

传统农业的功能定位为单一种养业。随着农业多功能性的逐步显现和乡村旅游的蓬勃发展，农业正在步入一、二、三产业融合协同发展，加上交通通信等基础设施不断完善，乡土社会的社会空间逐步由地域性向公共性转变。这种转变在江北新区表现得尤为明显。观光农业、休闲农业、都市农业、智慧农业等各种农业新业态方兴未艾，农业生产的场地成了人们观光旅游休闲的目的地，农业生产的方式成了科普体验的新追求，农业生产的环境成了人们体悟人生、享受生活的理想地。乡村旅游成为江北新区发展的重要基础和新型城市化平台。开放的乡土社会空间为现代文明的注入打开了通道，拓宽了领域，为江北新区开放包容提供了广阔空间。

5) 社会结构由紧密型向松散型转变

传统的江北社会是一个熟人社会，在这个熟人社会中，人情是一种交往方式，是社会结构紧密的黏合剂；家园红利是一个熟人社会长期积淀的福利，具有很强的向心力、凝聚力、归属感，是"故土难离""叶落归根"的原因所在。近些年来，由于江北地区大量拆迁，外来人口不断冲击原有的社会结构，地铁的修通及交通出行的便利改变了江北地区的出行生态，房屋价格上涨催生了一批投资阶层，原来城乡二元的社会结构向一元的城市社会结构过渡，社会结构由紧密型向松散型转变。

6) 社会文化由前喻文化向后喻文化转变

美国人类学家玛格丽特·米德对人类文化的传播提出了"三喻"论，即"前喻文化"、"并喻文化"和"后喻文化"。"前喻文化"是指年轻的要向年长的学习，在农业文明时代，文化的传承是前辈向后辈传递。"并喻文化"是指不需要先辈的经验积累，文化可以在同代人之间传播，这是工业文明时代的文化传播方式。"后喻文化"是指年长的需要向年轻的请教，到了当下的信息社会，科技高度发达，年轻人比老年人思维更敏捷，接受新事物能力更强，文化传播发生了反转，由后辈向前辈传播。江北新区社会文化具有典型的"后喻文化"特征，年轻人正在发挥着主导作用。一个典型的例子是年轻人利用电商平台，嫁接各种服务于乡村与城市的资源，促使实体经济与虚拟经济高度融合发展。

7) 社会治理由权威性向碎片性转变

在传统村落中，村落的精英分子以身作则，以自身行为和道德风范形成"权威"并影响村落，呈现出很强的凝聚力、吸引力和号召力。城乡二元制度实行以后，农村精英单向流往城市，乡贤文化由盛转衰，近于凋散，乡土社会的社会治理由权威性向碎片性转变。江北新区过去资源单向流向城市的时代已告终结，乡村逐步成为人们旅游休闲、养生养老、投资创业、诗意栖居的理想地，构建"自治、法治、德治"相结合的治理体系，为推进实施乡村振兴战略，注入了新的活力。如何注入新活力，如何引导离退休的干部职工、新富阶层等力量共同作用来推进江北新区的社会治理成为当前的重要课题。

17.2　江北新区矛盾纠纷化解实践

江北新区在矛盾纠纷化解上已经下了很大功夫，取得了一定成效。主要体现在如下三个方面：

1)机制灵活，拥有法治创新的政策优势

江北新区成立之初，非常注重新区的法治创新建设，确定了由南京市人大常委会行使宪法和组织法所赋予的重大事项决定权作为依法赋权的路径，并由江苏省人民代表大会常务委员会批准出台了《南京市人民代表大会常务委员会关于南京江北新区行政管理事项的决定》，使江北新区各项工作能够依法先行先试，具有后发创新优势。

2)注重顶层设计，加强新区依法行政的科学性与主动性

2016 年 7 月，新区党工委、管委会对党工委职责、议事和决策流程、执行程序及工作督查机制等做出全面规定，对依法科学决策制定了严格流程，对科学民主决策提出明确要求。2017 年 1 月，江北新区管理委员会制定出台《关于加强依法行政工作的指导意见》，联合中国法治现代化研究院出台《南京江北新区法治政府建设实施规划(2018—2010年)》，明确了江北新区法治政府建设的目标任务、指导思想与战略步骤，细化分解了法治政府建设各牵头部门的 100 项分解任务，为推进依法行政和建设法治政府提供了路线图、施工图和时间表，凸显了法治先行的创新亮点。

3)汇聚各方力量，打造一支高素质法治专家队伍

近年来，江北新区联合各类法律机构成立了最高人民法院第三巡回法庭、江北新区知识产权法庭、江北新区仲裁院等法律机构，化解各类矛盾纠纷。江北新区还创设了涵盖公共法律服务中心及由 6 家省内高端律所、1 家司法鉴定所以及 1 家公证处入驻的法律服务产业园，以此为依托逐步构建了法律服务产品研创中心、知识产权服务中心、法律风险防控中心及法治宣传教培中心，完善了江北新区法律服务功能，展现了江北新区高端法律服务水平，提升了江北新区发展品质与营商环境。此外，江北新区还组建了法律顾问专家库，为江北新区各单位对接选聘提供法律智力支持。

17.3　江北新区矛盾纠纷化解面临的挑战

一是法院审判面临新挑战。自江北新区成立以来，案件数量上升，法官疲于奔命，院内法官人均案件 300 件以上，审理时间短、任务重，导致审理粗糙，法官没有时间做调解工作，一审案件被二审法院发回重审及改判案件增多，影响了案件的审理质量。

二是在城市化进程中因外来人口增加，带来送达难题，影响了审判效率。地处城乡发展结合部、两省交界地带，很多交通事故、民间借贷当事人都是流动人口，居无定所，导致法院审理案件时送达困难。很多新楼盘也是城区人口过来买房，但不实际居住，空

置房多，导致物业纠纷送达也很困难。当地拆迁人口多，居住安置变化快，也加剧了送达难题。法院70%的诉讼案件都要通过邮寄或公告送达，不仅影响了案件审理的效率，因当事人无法到庭，也影响了法官对案件事实的查明，导致有的案件需要反复开庭（如民间借贷纠纷）。

三是城市化进程中的拆迁工作引发的纠纷值得关注。拆迁是城市化进程中必然要开展的工作，拆迁不仅改变了城市的面貌，也改变了城乡不同人群的利益分配格局，带来新的利益调整。江北新区拆迁工程巨大，影响的人群也多，因拆迁而离婚的现象在南京其他地区早已存在，家事财产纠纷也随之增多。如因拆迁房屋原户主去世，子女对房子产权分配的争议问题，拆迁房屋引发的租金问题，公租房转让使用权未办理过户手续引发的拆迁款纠纷。还存在农村集体土地房屋转让给集体土地之外人员，因房屋拆迁与原房主签订协议，与新房主容易产生矛盾纠纷。另外，还有农村宅基地房地产证发放问题，因为户主去世容易引发兄弟姐妹之间的矛盾，尤其在拆迁利益较大时。在房屋拆迁后，异地安置还带来户籍问题，由于六合与浦口发展差异大，江北的拆迁户在房屋安置到六合时，普遍不愿意把户籍迁到六合，而愿意户口保留在浦口，这就带来治安管理与户籍严重不一致问题，继而影响到拆迁安置户的落户、养老、医疗、子女入学等各个方面，会引发各种矛盾纠纷。

四是诉调对接及多元化解矛盾纠纷缺乏力量整合。目前，江北新区对下辖街道进行实际管理，但是江北新区不是法定的行政区域，成立的机构实行扁平化管理，不同于浦口区、六合区等传统的行政管理模式，这就给诉调对接及矛盾多元化解带来新挑战，因为管理机构不同、机制不同，江北新区产生的矛盾纠纷没有对应的江北新区法院审理，这导致浦口区法院、六合区法院、栖霞区法院在审理涉及江北新区的案件时，无法与江北新区建立有效的诉调对接及矛盾纠纷化解机制。江北新区综合治理局虽然有专门的司法办（类似于区司法局），并建立了劳资、卫生、环保、交通、物业等纠纷调解组织，开展了公调对接、检调对接、诉调对接工作，但是存在人民调解员年龄偏大，数量不足，调解员补助不高的问题，制约了人民调解员的工作积极性。同时江北地区的人民调解员与南京江南城区的调解员素质存在一定差距，影响了调解效果。另外通过调研发现，南京市江北新区管理委员会综合治理局与六合区法院开展的多元纠纷化解工作比较充分，纠纷解决效率及质量较高，与浦口区法院在诉调对接及矛盾纠纷多元化解上衔接不够、化解还仅仅是形式或制度层面，化解效果还没有体现出来，矛盾纠纷多元化解机制还有较大的潜力可以挖掘。因为管理机构、管理模式的不同，对接机构的多元，增加了诉调对接的阻力和多元化解矛盾的成本。目前江北新区针对重点信访人员启动司法救助，虽然给浦口区法院、六合区法院提供了一些司法救助资金，针对重点案件加强协调联系，但目前缺乏正规化常态化的工作机制，双方的人事关系完全分开，需要由更高层级的领导来协调解决。

五是社会管理及综合治理工作面临挑战。目前，南京市江北新区管理委员会既有社会民生工作，又有信访维稳及应诉工作，还有各种突发应急事件协调工作。但在社会管理及综合治理中存在部门不对应、职权不协调的问题。由于江北新区采取扁平化管理，没有政法委等机构，也没有专门的江北新区法院、检察院、公安局，这就为江北新区综合治理带来协调成本较高的问题。因为虽然江北新区有直管街道，还有协管地区，对于直管街道，江北新区比较容易协调处理，但由于江北新区地域广阔，对于非直管街道辖区，社会管理及综合治理需要协调不同的区级单位和街道，协调管理成本较高。如龙池石榴社区环境污染问题，因为行政区划涉及六合浦口两个行政区，处理起来政策不同，信访化解难度很大。市委、市政府对江北新区信访工作要求高，而江北新区接待人员不足，市里按照行政区标准考核江北新区不合理。这导致江北新区虽然实现了扁平化管理，但还要按照传统垂直考核的要求来做，在江北新区人员编制较少，区域面积较大的情况下，江北新区负责信访维稳工作的同志明显感觉力不从心。另外，江北新区因为不是专属的行政区划，对于辖区街道涉诉案件，既可能到六合区法院诉讼，又可能到浦口区法院诉讼，存在多头诉讼管辖，存在裁量尺度不统一问题。另外，由于江北新区涉及浦口的地方开发较为成熟发达，涉及六合的地方可能还在城市化过程中，且存在涉农街道，这就会带来劳动用工成本、拆迁建设成本等差距较大的问题，江北新区难以做到统一平衡、统一管理，进而导致各种突发事件及安全隐患。

六是信访案件较多，信访隐患较大。从 2018 年 8 月开始江北新区处理自己的信访案件。信访范围较大，涉及农业、教育、道路、社保、城市管理环境污染等问题。信访主要反映的是发展不平衡、不充分的问题，如拆迁诉求过高、缠访闹访问题，涉及信访案件 300 多件，信访总人数达到 3000~4000 人，经过初步统计，六合、浦口地区 60%~70%的信访矛盾集中在江北新区。

17.4　江北新区社会治理现代化的路径

虽然江北新区具备了纠纷解决的人才资源优势、机制政策优势、管理科学民主优势，但应当看到目前江北新区在纠纷解决及社会治理能力现代化上存在精细化程度不够、法律人才资源辐射带动作用还没有充分发挥、社会共建共享共治的格局还没有形成等问题和不足。从江北新区纠纷爆发反映的态势来看，社会治理存在三方面突出问题：一是治理资源的分配不合理、整合程度较差，治理者(尤其是基层治理者)无法有效应对大量聚焦的社会矛盾；二是治理体制转型滞后，旧的治理技术、治理模式与新的治理模式同时存在，不能适应新的社会环境；三是治理机制过于依赖自上而下的行政运作。针对以上问题，在推进社会治理现代化进程中，江北新区需要在以下三个方面发力。

1)大力推进社会治理能力现代化的转型升级

社会治理能力现代化转型升级主要涉及三个：一是实现社会治理由简约治理到网络治理的转变。在快速城市化背景下，简约治理的社会基础正逐步消解，社会关系已经失去了传统的熟悉化特征，简约的社会治理逻辑遇到日益严重的挑战，治理者必须进行转型应对，网格化社会治理模式成为精细化社会治理的典范。二是社会治理从分工治理向协同治理转变。这一转向需要通过党政体制的推动来完成。主要采取以下两种方式推动：第一种是江北新区党政体制通过联席会议常态化、组织机构稳定化的方式，实现议事平台的实体化，社会协同治理能够依托固定的组织和稳定的制度展开；第二种为江北新区党政体制通过中心工作、一票否决等独特的运作方式，实现不同治理主体的协调和整合，将制度上的组织合作转化为实践中的治理协同。三是社会治理从行政主导转向合作共治，充分调动社会及市场主体参与合作共治的积极性。

2)发挥法治高端人才的辐射带动作用

法治高端服务不能局限于一个园区、一个单位、一项工作，而是通过以点带面辐射更大的范围和领域。具体来说包括三个方面：一是建立高端法治人才服务网络及服务阵地，实现资源共用、人才共享、信息互通。二是法治高端人才要参与纠纷化解及社会治理工作，不能仅仅坐而论道或不提供"见面式"服务。要将法治高端人才与纠纷解决渠道联系起来，使人才能够参与纠纷解决的过程，发挥理论引导与实践经验指导的作用。三是建立符合法治规律的法律服务市场。法律服务既可以是有偿的，也可以是无偿的，但是要形成法律服务市场，必须扩大有偿服务的范围，通过有偿服务来调动法律工作者的积极性、主动性，提高法律服务的质量。要继续推行政府购买法律服务的模式，在各个法院设立律师工作站、在街道社区设立服务点，支持有较高调解或仲裁纠纷水平的专家成立专门的法律工作室，将后发的法治高端人才及服务优势与高效行政管理、法律市场结合起来，满足人们的法治需求。

3)优化区域法治发展环境

优化江北新区法治发展环境，不仅是建立法治先导区的要求，也是区域法治发展的重要路径。优化法治发展环境，要在以下四个方面下功夫。一是要在优化区域立法发展环境上下功夫。健全完善江北新区地方立法体制机制，及时反映和表达江北新区现代化进程的法律需求，立有效之法，使规则更加透明，促进规则公平公正。二是要在优化区域行政法治环境上下功夫。加快建设区域法治政府，建议扩大江北新区行政覆盖面的范围，将江北新区与六合、浦口部分或全部合并，成立真正意义上的有单独行政编制区域的江北新区，实现行政区域与法治区域的协调统一。三是要在优化区域司法环境方面下功夫。建议江北新区在行政区划单独设立后，尽快成立单独的江北新区法院，配备高素质的法院工作队伍，以江北新区法院为司法载体开展好司法审判工作，提升司法服务保障水平。四是要在持续优化区域法治文化环境上下功夫。针对江北新区经济社会发展的具体特点，要创新区域法治教育机制，深化区域法治文化建设，大力加强法治文化宣传，着力培育全民法治信仰，努力打造区域法治文化软实力，积极营造加强区域法治建设、推动区域法治发展的良好氛围。

主要参考文献

陈强. 2014. 高级计量经济学及 Stata 应用(第二版)[M]. 北京: 高等教育出版社.

华荷锋, 祁保华. 2015. 科技型中小企业知识产权融资能力研究[J]. 财会通讯, (6): 112-115.

林毅夫, 李永军. 2001. 中小金融机构发展与中小企业融资[J]. 经济研究, (1): 10-18+53+93.

刘小玄, 李双杰. 2008. 制造业企业相对效率的度量和比较及其外生决定因素[J]. 经济学(季刊), 7(3): 843-868.

刘尧飞. 2014. 科技型中小企业融资能力理论研究与实证分析[J]. 南京邮电大学学报(社会科学版), 16(2): 34-41.

路江涌, 何文龙, 王铁民, 等. 2014. 外部压力, 自我认知与企业标准化环境管理体系[J]. 经济科学, (1): 114-125.

牛玉, 汪德根. 2016. 城市交通与高铁站接驳系统特征及模式——以苏州和上海为例[J]. 旅游学刊, 31(3): 106-113.

商开慧. 2016. 商业银行人力资源流失的原因与对策分析[J]. 中国市场, (1): 67+69.

沈惊宏, 陆玉麒, 兰小机, 等. 2012. 区域综合交通可达性评价——以安徽省为例[J]. 地理研究, 31(7): 1280-1293.

孙林杰. 2007. 科技型中小企业融资能力评价研究[J]. 科学学与科学技术管理, (5): 146-150.

涂英. 2014. 中国中小企业人才流失的影响因素分析及对策研究[J]. 经济研究导刊, (28): 185-187.

万芊, 刘力. 2010. 地区金融环境与中小企业融资行为——基于苏州、无锡中小企业调查问卷的研究[J]. 金融论坛, 15(10): 73-80.

汪德根, 章鋆. 2015. 高速铁路对长三角地区都市圈可达性影响[J]. 经济地理, 35(2): 54-61.

王岚, 王树恩. 2006. 我国科技型中小企业融资的困境及出路[J]. 科学管理研究, (1): 110-113.

王钊, 杨山, 龚富华, 等. 2017. 基于城市流空间的城市群变形结构识别——以长江三角洲城市群为例[J]. 地理科学, 37(9): 1337-1344.

温忠麟, 叶宝娟. 2014. 中介效应分析: 方法和模型发展[J]. 心理科学进展, 22(5): 731-745.

肖章瑜. 2013. 内归因与员工工作绩效的关系[D]. 杭州: 浙江理工大学.

徐茜, 张体勤. 2010. 基于城市环境的人才集聚研究[J]. 中国人口·资源与环境, 20(9): 171-174.

徐万里, 吴美洁, 黄俊源. 2013. 成本领先与差异化战略并行实施研究[J]. 软科学, 27(10): 45-49.

杨东宁, 周长辉. 2005. 企业自愿采用标准化环境管理体系的驱动力: 理论框架及实证分析[J]. 管理世界, (2): 85-95.

张杰, 杨连星, 新夫. 2016. 房地产阻碍了中国创新么?——基于金融体系贷款期限结构的解释[J]. 管理世界, (5): 64-80.

张捷. 2002. 中小企业的关系型借贷与银行组织结构[J]. 经济研究, (6): 32-37+54-94.

张三峰, 曹杰, 杨德才. 2011. 环境规制对企业生产率有好处吗?——来自企业层面数据的证据[J]. 产业经济研究, (5): 18-25.

张涛, 杨晨. 2007. 基于实物期权的知识产权价值评价体系研究[J]. 科学管理研究, (2): 92-95+102.

张笑楠, 仲秋雁. 2011. 软件外包企业技术能力提升机理研究[J]. 管理科学, 24(6): 18-28.

周百灵. 2011. 浅议企业财务核心能力及其评价指标的构建[J]. 电子商务, (7): 49-51.

周恺, 刘冲. 2016. 可视化交通可达性时空压缩格局的新方法——以京津冀城市群为例[J]. 经济地理, 36(7): 62-69.

周宗安, 王显晖, 周沫. 2014. 科技型中小企业融资能力评价与创新研究——以山东省为例[J]. 经济与管理评论, 30(6): 89-98.

Albulescu C T, Drăghici A, Fistiş G M, et al. 2016. Does ISO 9001 quality certification influence labor productivity in EU-27? [J]. Procedia-Social and Behavioral Sciences, 221: 278-286.

Baron R M, Kenny D A. 1986. The moderator-mediator variable distinction in social psychological research: conceptual, strategic, and statistical considerations[J]. Journal of Personality and Social Psychology, 51(6): 1173-1182.

Bloom N, Eifert B, Mahajan A, et al. 2013. Does management matter? Evidence from India[J]. The Quarterly Journal of Economics, 128(1): 1-51.

Calza E, Goedhuys M, Trifković N. 2017. Drivers of productivity in Vietnamese SMEs: the role of management standards and innovation[R]. WIDER Working Paper.

Casadesús M, Gimenez G. 2000. The benefits of the implementation of the ISO 9000 standard: empirical research in 288 Spanish companies[J]. The TQM Magazine, 12(6): 432-441.

Ceccobelli M, Gitto S, Mancuso P. 2012. ICT capital and labour productivity growth: a non-parametric analysis of 14 OECD countries[J]. Telecommunications Policy, 36(4): 282-292.

Corbett C J, Montes-Sancho M J, Kirsch D A. 2005. The financial impact of ISO 9000 certification in the United States: an empirical analysis[J]. Management Science, 51(7): 1046-1059.

Dunu E S, Ayokanmbi M F. 2008. The impact of ISO 9000 certification on the financial performance of organizations[J]. Journal of Global Business Issues, 2(2): 135.

Fikru M G. 2014. Firm level determinants of international certification: evidence from Ethiopia[J]. World Development, 64: 286-297.

Fritz M S, MacKinnon D P. 2007. Required sample size to detect the mediated effect[J]. Psychological Science, 18(3): 233-239.

Garcia-Pozo A, Sanchez-Ollero J L, Marchante-Mera A. 2014. Environmental good practices, quality certifications and productivity in the Andalusian hotel sector[J]. International Journal of Environmental Research, 8(4): 1185-1194.

Goedhuys M, Mohnen P. 2017. Management standard certification and firm productivity: micro-evidence from Africa[J]. Journal of African Development, 19(1): 61-83.

Häversjö T. 2000. The financial effects of ISO 9000 registration for Danish companies[J]. Managerial Auditing Journal, 15(1/2): 47-52.

Heraset I, Dick G P M, Casadesus M. 2002. ISO 9000 registration's impact on sales and profitability: a longitudinal analysis of performance before and after accreditation[J]. International Journal of Quality & Reliability Management, 19(6): 774-791.

Jaffee S M, Henson S. 2005. Agro-food exports from developing countries: the challenges posed by standards[J]. Global Agricultural Trade and Developing Countries, (3): 91-114.

Lafuente E, Bayo-Moriones A, García-Cestona M. 2010. ISO-9000 certification and ownership structure: effects upon firm performance[J]. British Journal of Management, 21(3): 649-665.

Levine D I, Toffel M W. 2010. Quality management and job quality: how the ISO 9001 standard for quality management systems affects employees and employers[J]. Management Science, 56(6): 978-996.

Mačiulytė-Šniukienė A, Gaile-Sarkane E. 2014. Impact of information and telecommunication technologies development on labour productivity[J]. Procedia-Social and Behavioral Sciences, 110(5): 1271-1282.

Maddala G S. 1986. Limited-Dependent and Qualitative Variables in Econometrics[M]. Cambridge: Cambridge University Press.

Manders B, de Vries H J, Blind K. 2016. ISO 9001 and product innovation: a literature review and research framework[J]. Technovation, 48: 41-55.

Sıtkıİlkay M, Aslan E. 2012. The effect of the ISO 9001 quality management system on the performance of SMEs[J]. International Journal of Quality & Reliability Management, 29(7): 753-778.

Ullah B, Wei Z, Xie F. 2014. ISO certification, financial constraints, and firm performance in Latin American and Caribbean countries[J]. Global Finance Journal, 25(3): 203-228.

附 录

附录 I 图 目 录

附录Ⅱ 表 目 录

附录Ⅲ　调　查　问　卷

"江北新区绿色金融发展"调查问卷

为推进江北新区绿色金融发展,拟开展有关问卷调查,请您抽时间填写,以利于开展有关工作,谢谢您!

一、基本信息

1.您所在企业性质(　　)

A 国有企业　　　　B 民营企业　　　　C 三资企业

2.您所在企业行业类别(　　)

A 制造业　　　　B 服务业

3. 您所在企业技术类别（　　）

A 传统企业　　　　　B 高新技术企业

4. 您所在企业规模（　　）

A 资产 5000 万元以下　　　　　　　B 资产 5000 万～1 亿元

C 资产 1 亿～5 亿元　　　　　　　　D 资产 5 亿元以上

二、调查信息

1. 您对绿色金融的了解程度（　　）

A 十分了解　　　　B 有了解过　　　　C 不太了解　　　　D 没听说过

2. 您对国内绿色金融的发展前景有何看法（　　）

A 前景好，未来的潮流　　　B 能在国家政策下持续一段时间，以后不好说

C 前景黯淡　　　D 不太了解绿色金融，无法判断

3. 您对江北新区人均地区生产总值满意吗？（　　）

A 十分满意　　　　B 满意　　　　C 不太满意　　　　D 太低，不满意

4. 您认为江北新区绿色发展现状如何（　　）

A 很好　　　B 有提升空间，存在不足　　　C 绿色发展缓慢　　　D 几乎没有绿色产业

5. 您是否关注政府对金融机构的政策（　　）

A 十分关注　　　　B 比较关注　　　　C 偶尔关注　　　　D 从不关注

6. 您对金融机构信用工程建设满意吗？（　　）

A 十分满意　　　　B 满意　　　　C 不太满意　　　　D 不满意

7. 您对银行工作人员的专业性和服务态度满意吗？（　　）

A 十分满意　　　　B 满意　　　　C 不太满意　　　　D 很不满意

8. 您认为您有责任为改善环境采取行动吗？（　　）

A 有责任　　　　B 一般　　　　C 责任很小　　　　D 没有责任

9. 您觉得是否有必要普及绿色金融知识以促进环保行业发展（　　）

A 十分有必要　　　　B 有必要　　　　C 一般，作用不大　　　　D 没必要

10. 如果您有能力，您愿意投资环保行业吗？（　　）

A 愿意　　　B 不清楚，暂时没有能力　　　C 不如投资其他行业　　　D 不考虑

11. 如果您参与某银行节能低碳计划可以获得贷款优惠，您愿意参与吗？（　　）

A 十分愿意　　　B 有兴趣，看具体情况　　　C 不太愿意　　　D 不愿意

12. 您愿意以同定期存款相近的利率，将钱存入绿色账户用于政府绿色投资吗？（　　）

A 十分愿意　　　　B 愿意　　　　C 不太愿意　　　　D 不愿意

13. 如果组织关于绿色信贷和绿色消费金融的培训，您愿意参加吗？（　）

A 十分愿意　　　　B 有时间就会参加　　　C 不太愿意　　　D 没有兴趣

14. 您愿意购买绿色债券、绿色保险等绿色金融产品吗？（　）

A 十分愿意　　　　B 愿意　　　　C 不太愿意　　　　D 不愿意

15. 您认为银行发展绿色金融业务存在哪些问题：

16. 您对银行发展绿色金融业务有什么建议：

"江北新区集聚海外高端人才机制与政策研究"调查问卷

问卷填写说明

海外高端人才对江北新区实施创新驱动发展战略具有重要意义。为了总结新区海外高端人才集聚方面取得的成功经验，查找存在的问题，有针对性地提出相关政策建议，特制定本调查问卷。

1. 填写问卷时，除有特殊说明的以外，请在相应备选项上打√。

2. 问卷填写内容务必客观、真实、准确；每项必填，填写过程中如有疑问，请及时与联系人联系。

调查人基本信息

填表人职称　A 无职称　　B 初级　　　C 中级　　D 副高级　　E 正高级

引进时间　年　月

一、专家基本情况调查

1. 您的性别是：　　　A 男　　　　　　B 女

2. 您的年龄(周岁)：

A 25~29　　　B 30~34　　　C 35~39　　　D 40~44　　　E 45~49

F 50~54　　　G 55~59　　　H 60 周岁及以上

3. 您的专业背景是：

A 理学　　　　B 工学　　　　C 农学　　　　D 医学　　　　E 经济学

F 管理学　　　G 其他(请注明)

4. 您所从事的工作领域为：

A 基础研究　　　B 应用研究　　　C 科技管理工作　　　D 其他领域

5. 您的国籍是：

A 中国籍　　　　B 华裔外籍　　　　C 非华裔外籍

6. 您海外从事学习或科研的国家为：

A 美国　　　B 英国　　　C 德国　　　D 法国　　　E 香港

F 新加坡　　　G 加拿大　　　H 澳大利亚　　I 俄罗斯

G 瑞典　　　K 日本　　　　L 韩国　　　M 其他国家(请注明)

二、人才引进状况调查

1. 您人才引进的工作单位为：

A 国家"双一流"建设高校　　　B 普通本科院校　　　C 研究机构

D 国有企业　　E 私营企业　　F 自主创业　　　　G 其他

2. 您是通过何种渠道了解到人才引进信息的：

A 朋友或亲戚推荐与联系　　B 公开招聘　　　C 大学推荐或联系

D 政府推荐或联系　　　　E 企业合作　　　F 猎头公司　　　G 其他方式

3. 您来新区发展的最重要原因：(多选，至多三项，并请排序)

第一　　　　第二　　　　第三

A 报效祖国，为祖国的科研事业出力　B 新区处于创业发展期，回来发展机会更多

C 落叶归根的情感，寻找归属感　　　D 亲情或友情原因　　　E 新区文化的吸引

F 新区科研条件更好　　　G 新区收入待遇比较稳定

4.您在此次人才引进中首先考虑以下那些因素？（多选，至多三项，并请排序）

第一　　　　　第二　　　　　第三

A 个人发展机会　　　B 单位发展前景　　　C 薪酬和福利水平

D 科研平台建设　　　E 领导重视　　F 良好人际关系　　G 便利家庭生活

H 人才引进政策　　　I 户籍及子女上学　　J 城市环境质量

5.您认为制约海外高端人才归国的主要原因有：（多选，至多三项，并请排序）

第一　　　　　第二　　　　　第三

A 科研氛围不理想　　　　B 科研条件相对较差　　　C 收入待遇相对较低

D 发展机会相对较少　　　E 人才引进政策不够灵活

F 人才流动壁垒相对过高　　G 户籍制度问题　　　　H 子女教育问题

6.总的来说，您对此次人才引进的满意度为：

A 很满意　　B 比较满意　　C 基本满意　　D 不太满意　　E 很不满意

三、工作状况调查

1.您每年在中国的工作时间为：

A 不到 1 个月　　B 1~3 个月　　C 3~6 个月　　D 6~9 个月　　E 全年

2.您人才引进后以第一作者或通讯作者发表的学术期刊论文（SCI/SSCI/CSSCI/CSCD）有（　　）篇；主持国家级或省部级项目（　　）项，项目经费支持（　　）万元；以第一发明人名义申请的专利有（　　）项；指导的学术团队成员有（　　）名。

3.您认为在国内从事科研工作有哪些优势：（多选，至多三项，并请排序）

第一　　　　　第二　　　　　第三

A 薪酬和福利待遇高　　　B 科研经费充足　　　C 科研配套设施齐全

D 学术氛围宽松、自由　　E 团队能力强　　　F 领导重视　　　G 政策完善

4.您觉得科研或者工作压力大吗？

A 非常轻松　　B 比较轻松　　C 一般　　D 压力比较大　　E 压力非常大

5.您的工作压力主要来自于：（多选，至多三项，并请排序）

第一　　　　　第二　　　　　第三

A 工作时间长　　　B 工作强度大　　　C 工作任务重　　　D 人际关系复杂

E 工作硬件条件不好　F 职称评审困难　　G 工作收入太低　　H 其他

6.您认为以下哪些因素影响了您在单位的科技创新工作：（多选，至多三项，并请排序）

第一　　　　　第二　　　　　第三

A 科研激励机制不健全　　　　B 科研经费投入不足

C 资料缺乏或技术创新信息匮缺　　D 领导创新意识不强　　E 缺乏科研、学术氛围

F 缺乏团队支撑或团队力量弱　　G 科研平台或硬件条件差

H 科研工作时间无法保证　　I 学术交流不够　　J 科研评价机制不完善

K 其他

7.您认为新区科研及创新创业环境存在的主要问题有:(多选,至多三项,并请排序)

第一　　　第二　　　第三

A 研究风气不好,把太多的时间花在科研之外的"公关活动"上,工作过程中不能充分发挥个人作用

B 科研项目审批不透明,存在拉关系、走后门现象

C 人际关系太复杂,存在行政化、官本位化现象

D 政策与实际存在较大偏差

E 住房、子女就学等生活成本过高　F 科研项目手续烦琐复杂

8.目前,您在签约时承诺的政策落实情况如何?

A 全部落实　　B 大部分落实　　C 正在启动落实　　D 落实还有困难

9.单位人事部门主动服务情况:

A 非常主动　　B 一般　　C 不主动　　D 不作为

10.总的来说,您对目前的工作状况是否满意:

A 很满意　　B 比较满意　　C 基本满意　　D 不太满意　　E 很不满意

四、生活状况调查

1.您对自己目前的收入状况:

A 很满意　　B 比较满意　　C 基本满意　　D 不太满意　　E 很不满意

2.您如何看待单位提供给您的福利待遇?

A 很满意　　B 比较满意　　C 基本满意　　D 不太满意　　E 很不满意

3.您对单位的住房补助或住房扶持力度的满意度:

A 很满意　　B 比较满意　　C 基本满意　　D 不太满意　　E 很不满意

4.您的生活压力主要来自:(多选,至多三项,并请排序)

第一　　　第二　　　第三

A 工资待遇偏低　　B 子女升学和就业困难　　C 配偶工作调动或就业困难

D 住房和生活条件差　　E 经常出差,不能和家人在一起

F 工作压力过大导致身体健康问题　　G 配偶及子女的医疗保险问题　　H 其他

5.总的来说,您对目前的生活状况是否满意:

A 很满意　　B 比较满意　　C 基本满意　　D 不太满意　　E 很不满意

感谢您对课题组调研工作的支持和帮助!

附录Ⅳ　表　附　录

江北新区与研究地区(江浙沪皖)现状(2018年)与规划年(2035年)研究测算数据。

附表 7-1　江北新区、长三角城市群城市 2018 年公路可达性、铁路可达性及相关数据

起点城市名称	终点城市名称	公路可达性/小时		铁路可达性				
				规划年(2020年)			现状年(2018年)	
		规划年(2020年)	现状年(2018年)	城市内部交通(公共交通+步行)时间占比/%	铁路可达性/小时	城市内部交通(公共交通+步行)时间占比/%	铁路可达性/小时	
江北新区	安庆市	3.26	3.60	39.88	3.68	42.67	3.62	
江北新区	宣城市	2.62	2.28	41.67	1.82	22.14	3.62	
江北新区	无锡市	2.35	2.40	44.99	1.73	42.22	1.97	
江北新区	合肥市	2.63	2.33	33.99	2.42	54.64	2.50	
江北新区	金华市	5.37	5.73	29.62	3.69	34.18	3.77	
江北新区	杭州市	3.75	3.71	40.97	2.67	56.19	2.73	
江北新区	泰州市	1.57	1.90	53.16	2.09	33.21	3.28	
江北新区	扬州市	0.90	1.19	34.70	2.36	98.17	2.52	
江北新区	绍兴市	4.69	4.72	71.67	1.97	56.85	3.60	
江北新区	镇江市	1.01	1.50	31.94	2.67	97.02	2.98	
江北新区	盐城市	2.87	2.95	22.17	4.35	24.57	4.38	
江北新区	宁波市	5.68	5.57	48.45	2.17	31.64	3.48	
江北新区	池州市	2.96	3.05	40.72	3.39	46.51	3.17	
江北新区	芜湖市	1.90	1.87	35.84	2.43	62.97	2.73	
江北新区	南通市	2.99	2.73	69.36	1.40	32.85	3.25	
江北新区	滁州市	0.72	1.13	52.25	2.97	95.28	3.15	
江北新区	上海市	4.30	4.12	48.33	2.61	51.92	2.55	
江北新区	苏州市	3.01	3.04	35.63	1.95	33.10	2.22	
江北新区	湖州市	2.93	2.85	89.68	1.50	61.75	2.43	
江北新区	南京市	0.30	0.60	72.53	0.95	94.08	0.89	
江北新区	马鞍山市	1.02	1.24	43.64	2.54	96.37	3.37	
江北新区	常州市	1.66	2.06	32.81	1.78	57.14	1.88	
江北新区	铜陵市	2.47	2.65	43.57	3.10	49.36	2.92	
江北新区	嘉兴市	4.03	3.82	29.79	3.47	47.53	3.70	
江北新区	台州市	6.93	7.09	34.99	4.76	30.57	5.45	
江北新区	舟山市	5.83	6.10	暂无数据	3.21	暂无数据	暂无数据	

续表

起点城市名称	终点城市名称	公路可达性/小时		铁路可达性			
				规划年 (2020 年)		现状年 (2018 年)	
		规划年 (2020 年)	现状年 (2018 年)	城市内部交通(公共交通+步行)时间占比/%	铁路可达性/小时	城市内部交通(公共交通+步行)时间占比/%	铁路可达性/小时
江北新区	江北新区	0.00	0.00	0.00	0.00	0.00	0.00
上海市	江北新区	4.30	4.01	48.33	2.61	51.92	2.55
杭州市	江北新区	3.75	3.73	40.97	2.67	56.19	2.73
合肥市	江北新区	2.63	2.34	33.99	2.42	54.64	2.50
南京市	江北新区	0.30	0.48	72.53	0.95	94.08	0.89
安庆市	江北新区	3.47	3.73	39.88	3.68	42.67	3.62
泰州市	江北新区	1.53	1.88	53.16	2.09	33.21	3.28
扬州市	江北新区	0.90	1.21	34.70	2.36	98.17	2.52
绍兴市	江北新区	4.69	4.62	71.67	1.97	56.85	3.60
镇江市	江北新区	1.44	1.45	31.94	2.67	97.02	2.98
盐城市	江北新区	2.87	2.95	22.17	4.35	24.57	4.38
宁波市	江北新区	5.68	5.61	48.45	2.17	31.64	3.48
池州市	江北新区	2.96	3.10	40.72	3.39	46.51	3.17
芜湖市	江北新区	1.90	1.80	35.84	2.43	62.97	2.73
南通市	江北新区	2.99	2.75	69.36	1.40	32.85	3.25
滁州市	江北新区	0.72	1.13	52.25	2.97	95.28	3.15
苏州市	江北新区	3.01	2.99	35.63	1.95	33.10	2.22
湖州市	江北新区	2.93	2.93	89.68	1.50	61.75	2.43
马鞍山市	江北新区	1.02	1.23	43.64	2.54	96.37	3.37
常州市	江北新区	1.66	1.98	32.81	1.78	57.14	1.88
铜陵市	江北新区	2.47	2.68	43.57	3.10	49.36	2.92
嘉兴市	江北新区	4.03	3.86	29.79	3.47	47.53	3.70
台州市	江北新区	7.35	7.37	34.99	4.76	30.57	5.45
舟山市	江北新区	5.83	6.40	暂无数据	3.16	暂无数据	暂无数据
宣城市	江北新区	2.62	2.28	41.67	1.82	22.14	3.62
无锡市	江北新区	2.35	2.44	44.99	1.73	42.22	1.97
金华市	江北新区	5.37	5.75	29.62	3.69	34.18	3.77

注：由于篇幅限制，此处仅收录包含在国家发展改革委、住房城乡建设部批复的《长江三角城市群发展规划》中的 26 个研究区域城市，即南京、镇江、扬州、常州、苏州、无锡、南通、泰州、盐城、上海、杭州、嘉兴、湖州、绍兴、宁波、舟山、金华、台州、合肥、芜湖、滁州、马鞍山、铜陵、池州、安庆、宣城

附表 7-2　江北新区及研究区域 2018 年、2020 年铁路可达性、公路可达性的多维尺度变换结果

| 城市名称 | 公路可达性多维尺度变换结果 | | | | 铁路可达性多维尺度变换结果 | | | | 陆路可达性多维尺度变换结果 | | | |
| | 现状年(2018年) | | 规划年(2020年) | | 现状年(2018年) | | 规划年(2020年) | | 现状年(2018年) | | 规划年(2020年) | |
	X坐标值	Y坐标值	X坐标值	Y坐标值	X坐标值	Y坐标值	X坐标值	Y坐标值	X坐标值	Y坐标值	X坐标值	Y坐标值
江北新区	0.49	−0.10	0.56	−0.09	−0.10	−0.23	0.42	0.04	0.21	−0.12	0.54	−0.14
亳州市	2.24	0.29	2.27	0.76	2.59	−0.39	1.93	0.87	2.46	0.28	1.98	0.82
安庆市	0.32	1.34	0.12	1.54	0.52	1.50	−0.04	1.53	0.35	1.47	0.01	1.56
阜阳市	1.79	0.87	1.57	1.26	2.30	0.05	1.34	1.15	2.12	0.86	1.38	1.16
徐州市	1.95	−0.39	1.59	−1.62	0.75	0.03	1.58	−0.01	1.13	−0.04	1.61	−0.02
宣城市	−0.10	0.53	−0.12	0.48	0.54	0.97	−0.24	0.57	−0.04	0.67	−0.20	0.60
无锡市	−0.26	−0.60	−0.19	−0.63	−0.10	−0.09	−0.21	−0.76	−0.17	−0.51	−0.20	−0.76
合肥市	0.91	0.81	1.01	0.74	0.33	0.11	0.61	0.90	0.45	0.77	0.64	0.92
金华市	−1.73	0.46	−1.51	0.59	−1.22	0.79	−1.71	−0.07	−1.72	0.22	−1.71	0.00
衢州市	−1.40	1.22	−1.31	0.93	−0.54	1.10	−1.86	0.39	−1.47	0.99	−1.80	0.48
杭州市	−0.99	0.04	−0.93	0.04	−1.12	0.12	−1.02	−0.21	−0.92	0.03	−1.01	−0.19
泰州市	0.28	−0.81	0.23	−0.95	0.15	−1.78	0.68	−1.47	0.48	−1.06	0.67	−1.47
扬州市	0.39	−0.49	0.38	−0.40	−0.43	−0.98	0.49	−0.98	0.60	−0.70	0.51	−0.94
黄山市	−0.62	1.16	−0.72	1.28	0.43	1.38	−0.87	1.19	−0.59	1.29	−0.84	1.22
绍兴市	−1.39	−0.12	−1.25	−0.16	−0.77	0.58	−1.38	−0.04	−1.32	−0.13	−1.33	−0.02
镇江市	0.22	−0.43	0.17	−0.80	0.04	0.07	0.36	−0.37	0.29	−0.37	0.39	−0.41
盐城市	0.54	−1.24	0.22	−1.23	0.16	−1.54	0.62	−1.69	0.79	−1.44	0.61	−1.68
丽水市	−2.19	0.60	−1.89	0.72	−1.67	1.04	−2.02	0.12	−2.21	0.27	−2.00	0.20
宁波市	−1.66	−0.45	−1.55	−0.46	−1.01	0.46	−1.46	−0.27	−1.51	−0.20	−1.42	−0.24
蚌埠市	1.34	0.31	1.27	0.34	0.22	−0.30	0.92	0.47	0.70	0.44	0.96	0.48
连云港市	1.38	−1.28	0.99	−1.86	2.62	0.42	1.76	−1.37	1.77	−1.29	1.75	−1.39
池州市	0.18	1.09	0.15	0.99	0.51	0.98	−0.17	1.22	0.32	1.21	−0.12	1.26
淮安市	1.00	−0.84	0.92	−0.94	0.76	−2.36	1.22	−1.12	1.32	−0.89	1.24	−1.11
芜湖市	0.22	0.50	0.26	0.47	0.00	0.35	0.10	0.88	0.37	0.56	0.14	0.89
南通市	−0.11	−1.02	−0.28	−0.93	−1.17	−1.08	−0.20	−1.35	0.01	−1.31	−0.18	−1.34
滁州市	0.79	−0.02	0.75	0.04	0.22	0.04	0.60	0.44	0.42	−0.05	0.66	0.35
上海市	−0.86	−0.88	−0.93	−0.82	−0.76	−0.01	−0.68	−0.89	−0.76	−0.56	−0.66	−0.88
苏州市	−0.55	−0.61	−0.55	−0.54	−0.56	−0.30	−0.37	−0.63	−0.43	−0.47	−0.36	−0.61
湖州市	−0.64	−0.08	−0.57	−0.16	0.06	0.12	−0.87	0.25	−0.54	−0.07	−0.80	0.07
南京市	0.33	−0.04	0.37	−0.09	−0.08	−0.23	0.31	0.08	0.09	−0.03	0.36	0.04
马鞍山市	0.36	0.27	0.37	0.19	0.10	0.09	0.43	0.53	0.44	0.15	0.47	0.54
六安市	1.16	1.05	1.48	1.26	0.78	−0.34	0.76	1.25	0.95	1.04	0.82	1.24
常州市	−0.03	−0.58	0.02	−0.30	−0.26	0.21	−0.02	−0.72	0.03	−0.52	0.00	−0.73
宿州市	1.68	0.03	1.63	0.49	0.57	−0.37	1.53	0.35	1.06	0.31	1.55	0.39
宿迁市	1.37	−0.81	1.22	−1.03	−1.85	−3.32	1.60	−0.87	1.73	−0.82	1.62	−0.87
淮南市	1.33	0.56	1.44	0.69	1.14	0.20	1.11	0.90	1.24	0.67	1.15	0.89
铜陵市	0.14	0.88	0.21	0.80	0.57	0.12	0.00	0.98	0.30	0.97	0.05	1.02
嘉兴市	−0.99	−0.34	−0.94	−0.33	−1.13	0.58	−0.74	−0.96	−0.96	−0.53	−0.80	−0.91
温州市	−2.58	0.17	−2.38	0.50	−1.89	0.83	−2.44	0.06	−2.55	0.19	−2.40	0.13
台州市	−2.40	−0.39	−2.50	−0.14	−0.70	1.19	−2.04	−0.38	−2.28	−0.22	−2.03	−0.32
舟山市	−1.91	−0.67	−1.57	−0.65	暂无数据	暂无数据	暂无数据	暂无数据	−2.10	−1.05	−1.26	−0.24

附表 7-3　江北新区及研究区域 2018 年、2020 年铁路可达性、公路可达性的四参数转化结果

城市名称	现状年份(2018 年)				规划年份(2020 年)					
	公路可达性拟合空间经度/(°)	公路可达性拟合空间纬度/(°)	陆路可达性空间经度/(°)	陆路可达性空间纬度/(°)	公路可达性拟合空间经度/(°)	公路可达性拟合空间纬度/(°)	铁路可达性拟合空间经度/(°)	铁路可达性拟合空间纬度/(°)	陆路可达性空间经度/(°)	陆路可达性空间纬度/(°)
江北新区	118.7176	32.1546	118.7176	32.1546	118.7176	32.1546	118.7176	32.1546	118.7176	32.1546
亳州市	116.1190	33.8834	114.0103	35.0418	115.5492	33.2155	115.8990	33.7265	115.2058	33.2075
安庆市	116.6043	30.7189	114.2040	30.4821	116.6902	29.836	115.6395	30.5085	115.1786	30.2447
阜阳市	115.6904	32.8618	113.0005	33.8465	115.5296	31.8423	115.6283	32.7082	114.9347	32.2245
徐州市	117.5183	34.1291	117.0434	33.4389	119.9402	35.0661	118.1095	33.8228	117.4916	33.3842
宣城市	118.3606	30.9195	116.9936	30.8403	118.5928	30.7393	117.9317	30.8729	117.6164	30.6971
无锡市	120.3367	31.6969	120.4028	32.0461	120.3632	31.8814	120.9059	31.7979	120.7956	31.7131
合肥市	116.7905	31.8819	115.9367	31.4727	116.952	31.7667	116.6608	31.8444	116.1389	31.4991
金华市	120.3114	29.052	120.9228	28.8709	119.9453	28.9989	120.2692	29.2218	120.3197	29.2864
衢州市	118.7351	28.7975	118.4181	28.3255	119.1951	28.8488	119.3397	28.718	119.2643	28.8194
杭州市	120.1536	30.2875	120.1536	30.2875	120.1536	30.2875	120.1536	30.2875	120.1536	30.2875
泰州市	120.0701	32.5086	120.8386	33.6654	120.4057	32.7267	121.9351	33.5203	121.7105	33.3093
扬州市	119.4380	32.3748	119.6801	33.4269	119.3948	32.2896	120.9561	32.932	120.6199	32.7098
黄山市	117.9581	29.7727	116.1993	29.2921	118.0107	29.1428	116.9119	29.564	116.7053	29.4452
绍兴市	120.8497	29.9502	121.2159	29.877	120.8103	30.1252	119.9979	29.6789	120.0377	29.7659
镇江市	119.5391	32.1124	119.2874	32.5705	120.2383	32.5046	119.6775	32.3403	119.4703	32.1711
盐城市	120.4735	33.1835	121.3681	34.5816	120.8385	33.0360	122.4664	33.5871	122.2617	33.3863
丽水市	120.6031	28.4010	121.5784	28.0792	120.1542	28.4059	120.0442	28.6665	120.0979	28.7910
宁波市	121.6805	29.9204	121.7213	29.6803	121.6049	30.1054	120.5712	29.7206	120.6241	29.8168
蚌埠市	117.1001	32.813	116.4261	32.2305	117.2769	32.5184	117.4319	32.5675	116.8816	32.2094
连云港市	119.5915	34.2115	119.3848	35.8622	120.9736	34.6277	121.0571	34.9834	120.6007	34.5795
池州市	117.1624	30.7772	114.9448	30.7465	117.5146	30.4852	116.4197	30.5314	115.9888	30.3044
淮安市	119.3044	33.3839	119.0381	34.7336	119.6292	33.5218	120.8200	34.0533	120.3881	33.7375
芜湖市	118.0620	31.3203	116.6362	31.5957	118.1914	31.1931	117.0093	31.1441	116.6242	30.8987
南通市	120.8392	32.2292	122.2963	33.2631	120.9243	32.1099	122.2228	32.2074	122.142	32.1658
滁州市	118.2393	32.4332	118.1952	32.3747	118.3147	32.2487	117.6911	32.1368	117.4443	31.9351
上海市	121.4726	31.2317	121.4726	31.2317	121.4726	31.2317	121.4726	31.2317	121.4726	31.2317
苏州市	120.6858	31.363	120.7035	31.612	120.6173	31.3671	120.7025	31.4866	120.5764	31.3943
湖州市	119.9500	30.8098	119.8181	30.9779	120.0668	30.9213	119.0391	30.2065	119.3591	30.3548
南京市	118.7905	31.9238	118.6769	31.8592	118.9157	31.9419	118.689	31.9751	118.4515	31.7976
马鞍山市	118.2685	31.6849	117.632	32.1755	118.4951	31.6258	117.5872	31.8381	117.163	31.5573
六安市	116.1243	31.9634	114.3902	31.8801	115.6373	31.7422	115.7706	31.8322	115.2284	31.4740
常州市	120.0542	31.9542	120.0987	32.3500	119.6317	31.7591	120.6942	32.0411	120.5510	31.9304
宿州市	117.1611	33.4554	116.2065	32.9165	116.6535	32.7685	117.3192	33.5057	116.6022	33.0074
宿迁市	118.8542	33.8010	118.1887	35.2548	119.4305	33.9771	120.0174	34.4229	119.4872	34.0283
淮南市	116.7072	32.5802	114.9266	32.7558	116.5602	32.3315	116.3311	32.5468	115.7637	32.1450
铜陵市	117.5372	30.9093	115.6283	30.9957	117.7383	30.7704	116.8389	30.9328	116.4042	30.6894
嘉兴市	120.7546	30.6185	121.7322	30.9038	120.736	30.6758	121.6783	31.1842	121.6669	31.0848
温州市	121.7237	28.3016	122.3438	27.6716	121.0364	28.0711	120.4306	28.1215	120.6198	28.3448
台州市	122.4161	28.9929	123.0079	28.5443	122.1404	28.6404	121.1779	28.9702	121.3466	29.1362
舟山市	122.3057	29.8076	124.9737	29.8132	121.9115	30.2918	暂无数据	暂无数据	120.4857	30.0137